DEFENSE PRACTICE IN CASES RELATED
TO
TRICK LOAN CRIMES

"套路贷"
涉刑案件辩护实务

主　编／陈旭明　赵文捷
副主编／庄洁萍　井丽娟　孙　伟

法律出版社 LAW PRESS · CHINA
北京

图书在版编目(CIP)数据

“套路贷”涉刑案件辩护实务 / 陈旭明，赵文捷主编. -- 北京 : 法律出版社，2022(2024.4 重印)
ISBN 978-7-5197-6102-8

Ⅰ. ①套… Ⅱ. ①陈… ②赵… Ⅲ. ①金融诈骗罪－研究－中国 Ⅳ. ①D924.334

中国版本图书馆 CIP 数据核字(2021)第 221945 号

“套路贷”涉刑案件辩护实务
“TAOLUDAI” SHEXING ANJIAN BIANHU SHIWU

陈旭明　赵文捷　主编

策划编辑 邢艳萍
责任编辑 邢艳萍
装帧设计 汪奇峰

出版发行 法律出版社
编辑统筹 法律应用出版分社
责任校对 似　玉
责任印制 刘晓伟
经　　销 新华书店

开本 710 毫米×1000 毫米　1/16
印张 15.25　　字数 270 千
版本 2022 年 2 月第 1 版
印次 2024 年 4 月第 2 次印刷
印刷 唐山玺诚印务有限公司

地址:北京市丰台区莲花池西里 7 号(100073)
网址:www.lawpress.com.cn
投稿邮箱:info@lawpress.com.cn
举报盗版邮箱:jbwq@lawpress.com.cn

销售电话:010-83938349
客服电话:010-83938350
咨询电话:010-63939796

书号:ISBN 978-7-5197-6102-8　　定价:58.00 元

凡购买本社图书,如有印装错误,我社负责退换。电话:010-83938349

序

北京市京师(深圳)律师事务所的鹏城明理团队是陈旭明律师于2020年年初创建的一支综合型业务团队,聚齐了多个专业领域的律师精英,他们在繁忙的工作之余挤出时间以“套路贷”犯罪为课题进行研究,并结合法学理论以及平时办案的经验,梳理出版《“套路贷”涉刑案件辩护实务》一书,着实令我敬佩。

我们都知道,虽然都吃“专业这碗饭”,但律师和理论研究者最大的区别在于,前者的工作需要大量的实务应对,后者却多是在思维领域的耕耘。我作为教授,一向注重理论和实践的结合,在我自己的学术领域,也一直倡导学理的展开要基于相关实践的研究和思考。

我认为本书研究问题着眼于司法实务,聚焦于“套路贷”犯罪中存在的若干问题,剖析经典案例,结合法学理论进行探讨,是一本可读之书,借此机会聊发几句,算作序。

首先,“套路贷”犯罪中涉及刑法理论多个疑点难点,对其的研究具有积极的价值,并不受时效限制,打击“套路贷”犯罪和保护正常经济秩序之间的矛盾一直存在,目前实体法在适用中也存在一系列的问题亟须解决,此书为此提供了一些方向和观点,以备参考;

其次,本书根据收集的案例展开法理探讨,具有实用性和实操性,有广泛的借鉴作用。本书的案例均列有裁判观点,并附有律师点评,有的还收集了相关数据并制成表格对比分析,更加直观明了。本书引用的案例均为典型案例,法理分析较深入,信息提供和分析也较全面,文字精练有趣,这是本书亮点之处。

最后,本书是诸位作者多年职业经历的回顾和思考,也是他们对自我事业的期许,想通过本书与广大同仁分享经验,交流碰撞。据悉,主编陈旭明、赵文捷及副主编井丽娟有多年公检法司工作及教学经验，面对实务中的问题保有敏锐性，点评和说理视角独特，此为难能可贵之处。例如：在“金融科技产业链”与“套路贷”共犯司法解释解读这一章中，提出了要从金融科技产业链的不同阶段来综合认定的观点。再如：“套路贷”涉刑案件刑民交叉问题中，作者关注到最后的财产处置，并提出了自己的观点。

思想结晶变为书香纸墨从来都不是件容易的事，更何况是实践者的首次尝试，其中艰辛可想而知。当然，本书无论就写作规范还是问题分析的深度和广度，仍有一些不足，但本着“穷理智知、反躬践实”的原则，总结探索，不断前行，本书的作者们定会在今后获得更大的收获，并为我国法治建设添砖加瓦。

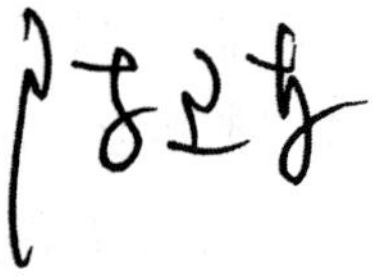

2022 年 1 月

目 录

第一章 “套路贷”涉刑案件概述 …… 1

第一节 “套路贷”涉刑案件概念的形成和由来 …… 2

一、“套路贷”背景研究 …… 2

二、“套路贷”涉刑案件侵害的法益 …… 5

第二节 “套路贷”涉刑案件法律风险评估 …… 7

一、立法层面打击“套路贷”犯罪的必要性 …… 7

二、“套路贷”涉刑案件裁判文书分析报告 …… 10

三、“套路贷”涉刑案件中辩护人的机遇和挑战 …… 15

第二章 “套路贷”的表现形式及司法认定 …… 16

第一节 “套路贷”的法律定义和法律特征 …… 16

一、民间借贷的法律定义和法律特征 …… 17

二、“高利贷”的法律定义和法律特征 …… 20

三、“套路贷”的法律定义和法律特征 …… 25

第二节 “套路贷”与民间借贷、“高利贷”的区别 …… 28

一、法律概念的角度 …… 28

二、主观故意的角度 …… 28

三、利益计算方式的角度 …… 28

四、还款要求的角度 …… 29

五、法律后果的角度 …… 29

六、侵害客体的角度 …… 29

第三节　“金融科技产业链”与“套路贷”共犯司法解释解读 ………… 30
一、“套路贷”共犯问题 …………………………………………… 30
二、关键词“明知”的法律含义 ………………………………… 32
第四节　“套路贷”涉刑案件常见的表现形式……………………… 33
一、“空贷” ……………………………………………………… 33
二、“车贷” ……………………………………………………… 36
三、“房贷” ……………………………………………………… 38
四、“校园贷” …………………………………………………… 41
五、“美容贷” …………………………………………………… 44
第五节　“套路贷”涉刑案件的司法认定…………………………… 47
一、“套路贷”涉刑案件的本质特征 …………………………… 47
二、“套路贷”涉刑案件常见犯罪手法和步骤 ………………… 48
三、“套路贷”涉刑案件的标志性行为 ………………………… 52
第六节　“套路贷”涉刑案件“立案难”案例分析 ………………… 53
一、案件证据指向的基本事实 …………………………………… 53
二、案件诉讼过程及处理结果 …………………………………… 55
三、刘某行为与“套路贷”涉刑法律规定的分析比对 ………… 55
四、侦查机关不予立案的原因 …………………………………… 57
五、“套路贷”犯罪被害人控告立案难的原因 ………………… 58

第三章　“套路贷”涉刑案件共犯认定……………………………… 60
第一节　“金融科技产业链”与“套路贷”共犯的常见形态 ……… 60
一、共同犯罪的定义 ……………………………………………… 60
二、共同犯罪的分类 ……………………………………………… 62
三、“事中帮助犯”的定位 ……………………………………… 64
第二节　“金融科技产业链”参与“套路贷”涉刑案件共犯特征 ……… 65
一、具体身份隐蔽化 ……………………………………………… 65
二、帮助形式合法化 ……………………………………………… 66

三、意思联络模糊化 …… 66
四、产业犯罪链条化 …… 66
五、犯罪故意概括化 …… 67
第三节 “金融科技产业链”与“套路贷”共犯的证据搜集及审查 …… 68
一、是否以虚假身份、地址或者其他虚假方式提供或者接受技术、服务 …… 70
二、是否违背行业操作规范 …… 70
三、是否接到投诉、举报后仍然继续提供技术或者服务 …… 70
四、是否受到行政主管机关以书面等方式进行告知后仍然继续提供技术或者服务 …… 70
五、是否存在执法人员询问时不予提供技术配合,而是以销毁、删除、修改数据等方式故意规避调查 …… 71
六、是否在执法人员调查时伺机通风报信或者逃离现场 …… 71
七、是否以明显高于市场的价格提供技术或者服务 …… 71
八、是否为他人逃避监管或者规避调查提供个人技术支持、帮助 …… 71
九、其他能够认定行为人明知的情形 …… 72
第四节 “金融科技产业链”与“套路贷”共犯的行为评定 …… 72
一、行为违法性不是认定共犯的唯一条件 …… 73
二、行为违法性不是认定共犯的必然条件 …… 73
三、不具备犯罪动机不能认定为共犯 …… 74
四、“金融科技产业链”主观“明知”的推定与认定 …… 74
五、技术中立及违法性认识不足并不影响共犯的认定 …… 74

第四章 “套路贷”涉刑案件罪数认定原则与规则 …… 76
第一节 “套路贷”涉刑案件的罪数认定 …… 76
一、罪数基本法律原则——罪刑法定原则、人人平等原则、罪责刑相适应原则 …… 76
二、罪数基本评价原则 …… 78

第二节 “套路贷”涉刑案件的认定 …… 79
一、“套路贷”涉刑案件复杂 …… 80
二、“套路贷”涉刑案件罪数理论不统一 …… 80
三、“套路贷”涉刑案件定性存在争议 …… 80
四、一罪与数罪的争议 …… 84
五、共犯明知争议 …… 85
第三节 “套路贷”涉刑案件罪数认定案例分析 …… 85
一、没有虚构事实、隐瞒情况,后期采用非法方式催债 …… 86
二、前期虚构事实、隐瞒真相,后期采用非法方式催债 …… 90

第五章 “套路贷”涉刑案件中言词证据的收集和固定 …… 98
第一节 “套路贷”案件言词证据的概念 …… 99
第二节 “套路贷”案件言词证据的特点 …… 100
一、言词证据能够系统、生动地证明案件事实 …… 100
二、言词证据主观性大且稳定性差 …… 100
三、“套路贷”涉刑案件言词证据的虚假或失真及应对 …… 101
四、“套路贷”涉刑案件中言词证据的阶段性特点 …… 101
第三节 “套路贷”案件中言词证据的分类及其收集和固定 …… 102
一、“套路贷”涉刑案件中被害人陈述 …… 102
二、“套路贷”涉刑案件中嫌疑人供述及辩解 …… 104
三、“套路贷”涉刑案件证人证言及鉴定意见 …… 107
第四节 “套路贷”案件中言词证据影响判决的案例分析 …… 108

第六章 “套路贷”涉刑案件犯罪数额的认定规则 …… 112
第一节 “套路贷”犯罪数额“虚高”的认定趋势 …… 112
一、犯罪数额规定的合理性考察 …… 112
二、“套路贷”犯罪数额认定的必要性 …… 113
三、宏观层面:“套路贷”犯罪数额“虚高” …… 113

四、微观层面:“套路贷”犯罪数额“虚高” …………………………… 115
第二节 “套路贷”犯罪数额与民间借贷金额的区别 ……………… 116
一、“套路贷”犯罪与民间借贷定性的区别…………………………… 116
二、“套路贷”犯罪数额与民间借贷金额的区别………………………… 118
第三节 “中介费”“服务费”“上门费”等费用的认定 ……………… 119
一、“中介费”“服务费”“上门费”等费用的性质 ………………… 119
二、“中介费”“服务费”“上门费”等费用的认定 ………………… 120
第四节 “套路贷”数额认定案例集锦 ……………………………… 122

第七章 “套路贷”犯罪之刑民交叉问题研究 ……………………… 138
第一节 “刑民交叉”的基本定义 ……………………………………… 138
第二节 “套路贷”刑民交叉案件程序处置分类及处置思路 ……… 139
一、刑民交叉程序处置的分类 …………………………………………… 139
二、程序先后处置之法理分析 …………………………………………… 142
第三节 “套路贷”案件中民事欺诈与刑事诈骗的界定 ………… 145
一、“套路贷”民事欺诈与刑事诈骗审查思路…………………………… 145
二、“套路贷”民事欺诈与刑事诈骗案例评析…………………………… 148
第四节 “套路贷”案件刑事判决对民事合同效力的影响 ……… 152
一、“套路贷”涉刑案件之民事案件合同效力审查要点………………… 152
二、“套路贷”涉刑案件之民事合同效力案例评析……………………… 153

第八章 “套路贷”涉刑案件之涉黑涉恶问题研究 ………………… 161
第一节 我国黑社会性质组织犯罪的历史沿革 ……………………… 161
第二节 “套路贷”案件中的涉黑犯罪的异同 ……………………… 162
一、黑社会性质组织的本质与认定 ……………………………………… 163
二、“套路贷”涉刑案件涉黑认定标准…………………………………… 178
三、“套路贷”涉黑案例分析……………………………………………… 182
第三节 “套路贷”案件中的涉恶犯罪的难点 ……………………… 192

一、恶势力组织犯罪的本质与认定 …… 192
二、“套路贷”涉恶案例分析…… 196
三、“套路贷”案件涉恶认定标准…… 204

附录 法律法规司法解释 …… 213
1. 中华人民共和国刑法(节录) …… 213
2. 最高人民法院、最高人民检察院、公安部、司法部关于办理“套路贷”刑事案件若干问题的意见 …… 217
3. 最高人民法院、最高人民检察院、公安部、司法部印发关于办理非法放贷刑事案件若干问题的意见 …… 222
4. 最高人民法院关于对为索取法律不予保护的债务非法拘禁他人行为如何定罪问题的解释 …… 224
5. 最高人民法院关于审理黑社会性质组织犯罪的案件具体应用法律若干问题的解释 …… 225
6. 最高人民检察院关于强迫借贷行为适用法律问题的批复 …… 227
7. 最高人民法院关于审理民间借贷案件适用法律若干问题的规定(2020 年第二次修正) …… 227
8. 最高人民法院关于新民间借贷司法解释适用范围问题的批复 …… 234

第一章 “套路贷”涉刑案件概述

“套路贷”由民间借贷发展、变化而来,“套路贷”涉刑案件与民间借贷之间存在千丝万缕的关系,在民间借贷这块肥沃的土壤里孕育出了“套路贷”涉刑案件这颗“毒果”,对民间借贷“前世今生”的了解和探讨,有利于我们对“套路贷”及其涉刑案件进行研究。

民间借贷行为在我国由来已久,据史料记载,我国早在部落时期就有以物换物商品关系的存在,其后逐渐发展出民间借贷的雏形。部落与部落之间存在“出借”与“归还”的活动,例如,甲部落今年和乙部落之间约定好,借乙部落10头牛明年再归还,甲部落同意,于是甲、乙两部落按照该约定进行了借、还10头牛的活动,这就是借贷行为的雏形。之后数年,随着商品经济的日趋发展,民间借贷成了民间社会生活的常态,老百姓特别是商品经济的从业者们,都体会到了此种方式给生活带来的便利及好处。

随着民间借贷在社会经济中的地位日益提高,资金供求矛盾也日益突出,民间借贷市场更趋活跃。到了近代,民间借贷更是呈现出借贷规模扩张迅速、借贷用途多种多样的趋势,借贷形式也不再局限于“有借有还,再借不难”的传统模式,特别是沿海经济发达地区(如广东、福建、浙江),民间借贷行为、民间融资行为尤为盛行。这些活跃的民间金融行为给个人及中小企业的发展带来便利和帮助,但同时也埋下了法治隐患。

早在2010年,民间借贷市场中便存在使用“套路”方法利用借贷行为实施诈骗的行为,但由于犯罪行为极其隐蔽,司法实践中多以“民间借贷”纠纷处理。目前现实生活中出现了以民间借贷为名,实际通过“虚增债务”“制造资金走账流水”“肆意认定违约”“转单平账”“虚假诉讼”等手段,达到非法占有他人财物目的的犯罪行为。

上述各种手段均可以理解为“套路贷”刑事案件中的各种典型的“套路”，而现实生活中“套路”的形式更是纷繁复杂，行为人为了达到非法占有他人财物的目的，可谓“开动脑筋”“花样百出”，“套路”连着“套路”，“套路里还有套路”，让人防不胜防。无论是办案机关办理案件，还是刑事律师代理案件，在法律适用、事实认定以及证据规则方面都面临新的挑战和困境。这些新的挑战和困境带给法律共同体什么样的思考？如何应对新的挑战和困境？此为本书出版之目的及初衷所在。

“套路贷”涉刑案件的发展蔓延，不仅直接侵害被害人的合法财产权益，而且侵害了我国正常的金融秩序并严重威胁社会稳定，比如“套路贷”从初期的透支卡、网贷等，向房产合同、借款合同演变，使陷入“套路贷”的被害人背负高利贷，只能卖车、卖房还债，还会引发一系列的社会和法律问题。

因此，笔者认为研究“套路贷”涉刑案件应当从“套路贷”涉刑案件的概念和由来开始，并以辩护人或刑事代理人的角度分析此类案件的辩护空间及相关法律问题。

第一节　“套路贷”涉刑案件概念的形成和由来

一、“套路贷”背景研究

2018 年 1 月 16 日，《最高人民法院、最高人民检察院、公安部、司法部关于办理黑恶势力犯罪案件若干问题的指导意见》（以下简称《办理黑恶势力犯罪的指导意见》）引起社会各界的高度关注，其中第 5 条“依法打击非法放贷讨债的犯罪活动”中规定了非法放贷的几大典型特征——“虚增债务”“制造资金走账流水”“肆意认定违约”“转单平账”“虚假诉讼”。《办理黑恶势力犯罪的指导意见》中规定的上述非法放贷的特征，为从司法上正式定义“套路贷”涉刑案件奠定了理论基础。

《办理黑恶势力犯罪的指导意见》的出台有助于办案机关准确认定“套路贷”犯罪行为，统一司法适用标准，提升案件办理质量，提高司法效率。“套路贷”既不是法律概念，也不是政策概念，“套路贷”的称谓源于实践，作为一种概括性称谓，主要是对现象的描述，属于犯罪学层面的概念。[1] 其使用有相当的随意性，因为概念的随意性，也意味着对该概念的内涵与外延的认识存在较大的分歧，特别在办案过程中，对概念认识及理解的不同，显然不利于司法实务部门开展工作，不利于司法裁判标准的统一，自然不利于维护被告人的合法权益，也不利于准确高效地为被害人挽损追偿。

“套路贷”社会行为的本质决定了“套路贷”涉刑案件的规制范围和边界，同时也关乎、审视着“套路贷”的出发点和治理“套路贷”的方法论。我们可以从不同角度进行探讨，首先从理论上对“套路贷”这一社会现象本质的理解存在三种不同观点。第一种观点认为，“套路贷”的本质是犯罪，甚至是有黑社会性质的有组织犯罪行为，凡属于“套路贷”的行为，都是犯罪行为。“套路贷”与“民间借贷”格格不入，两者在主观目的、行为方式、侵害客体、违约态势等方面存在根本区别，并不存在兼容之处。因此，治理“套路贷”现象面临的问题是如何采用刑事手段予以打击，与保护正常的“民间借贷”等无关联。此观点一般倾向于认为，“套路贷”的行为人从行为伊始，就存在设置“套路”骗取被害人钱财的故意，只要有“套路”就是诈骗，只要是“套路贷”就构成诈骗罪。[2] 第二种观点认为，“套路贷”是高利贷的异化行为，与高利放贷者希望借款人按约定支付高额利息并返还本金不同，“套路贷”中的“借款”已经不再具备资本性特征，其实质是行为人通过设计的一系列“套路”，以“借款”为名，行非法占有被害人财物之实。[3] “高利贷”的本质是“食利”，“套路贷”的本质是侵犯财产，两者虽然在外部行为表征上高度相似，但“套路贷”与“高利贷”具备本质的差别。第三种观点认为，“套路贷”是民间借贷的升级变异，不论“套路贷”发生何种升级

---

〔1〕 参见卢建平：《扫黑除恶中如何正确认识“套路贷”犯罪》，载《人民法院报》2019年4月11日。

〔2〕 参见张明楷：《不能以“套路贷”概念取代犯罪构成》，载《人民法院报》2019年10月10日，第5版。

〔3〕 参见陶建平：《高利贷行为刑事规制层次论析》，载《法学》2018年第5期。

变异，其本质还是民间借贷，或者说是源于民间借贷。[1]

基于理论中对于“套路贷”本质的不同认识，实践中出现混乱现象，笔者认为，“套路贷”涉刑案件纷繁复杂，切不可单一化地将“套路贷”界定为单一本质，应当具体情况具体分析。为此，笔者将“套路贷”犯罪类型化，概括其典型特征，明确其可能触犯的罪名、犯罪形态，以此帮助读者正确认识和理解“套路贷”的相关行为表现，进而准确认定“套路贷”犯罪行为（形态）。

鉴于实践中遇到的问题，最高人民法院通过召开调研座谈会、书面征求意见等一系列的举措，几经修改和完善后形成正式的《最高人民法院、最高人民检察院、公安部、司法部关于办理“套路贷”刑事案件若干问题的意见》（以下简称《办理“套路贷”若干问题的意见》），并经联合会签后于 2019 年 2 月 28 日向社会公布。

这是第一次在最高人民法院发布的法律文件中出现“套路贷”的字眼，但究其源头，“套路贷”一词并非专业的法律用语，在刑事立法上并无定义，而是一种约定俗成或者办案过程中总结的概念，通常是指大幅超出了中国人民银行基准利率而为的民间借贷行为，并和当前社会流行词汇“套路”结合来表述，通俗易懂，以“接地气”的方式迅速被社会公众接受和理解。这种通过将日常话语吸纳进司法文件的做法，可以看作最高人民法院的一项大胆“改革”，不仅增强了司法文件的亲民性，而且便于社会公众理解司法文件的内容，进而接受并明白法律禁止什么行为，允许什么行为，什么行为可能会损害自己的合法权益，在急需用钱而借贷的过程中如何识别不法侵害，可采取哪些救济措施，这必然有助于指引和规范人们的行为。

“套路”一词是《咬文嚼字》杂志评出的 2016 年度十大流行语之一。这本是一个网络词汇，随着电子竞技类游戏的兴起而逐渐被公众所熟知，原意是指精心计划的一套方案。在百度词条中，“套路”一词的感情色彩偏于贬义，一般是指某人做事有所欺骗、隐瞒，或者是因为实践经验丰富，从而形成的一类较为固定的行为模式，也就形成最终的“套路”，而在“套路贷”这个概念中，“套路”的

---

〔1〕 参见孟红艳：《新型高利贷诈骗犯罪案件调查分析》，载《人民检察》2016 年第 4 期。

含义显然是强调这里的“贷”是以欺骗、隐瞒的手段精心策划的固定模式。换句话说，此类案件之所以会被称作“套路贷”，原因在于放贷人在借贷关系成立之前就并不想让借款人还款，而是想直接利用各种“套路”手段达到最终侵吞借款人财产的犯罪目的。在司法文件中直接使用“套路贷”这一表述虽然与专业性无关，但是“套路贷”一词是对此类犯罪类型的形象比喻，可以更加凸显此类犯罪的行为人为了侵占他人财产而精心策划的一套犯罪计划，揭示了其根本目的。

由此进一步明确，“套路贷”并不是一个法律概念，更不是《刑法》规定的具体罪名，而是在实务中对假借“民间借贷”之名非法占有他人财物的类型化违法犯罪的概括性称谓，此称谓将非法取得被害人财物的行为予以概括归纳，增强了概念的统摄力。

目前，在我国一些地区，“套路贷”已逐步发展成为黑恶势力较常实施的犯罪活动，严重侵害了人民群众的人身权利、财产权利，严重破坏经济秩序、社会秩序，严重影响了人民群众的安全感和社会和谐稳定，社会危害性极大，人民群众反映强烈。“套路贷”涉刑案件自 2017 年爆发以来热度居高不下，2019 年 2 月 26 日，公安部在北京召开新闻发布会通报了全国公安机关打击“套路贷”犯罪的有关情况。据了解，在全国范围内开展扫黑除恶专项斗争以来，全国公安机关采取有力措施，严厉打击“套路贷”违法犯罪活动。截至 2019 年年底，全国公安机关共侦办“套路贷”团伙案件 1890 起，抓获犯罪嫌疑人 18, 651 人，破获各类刑事案件 18, 790 起，查扣涉案资产 161. 76 亿元。[1]

二、“套路贷”涉刑案件侵害的法益

“套路贷”的危害性，首先表现为对社会治安秩序的破坏。一个繁荣有序的社会，应当是公民的人身权益和财产权益得到强有力保障的社会，而在目前强调发展营商环境，追求经济发展的大前提下，更应该通过制定相关法律来规范经济领域里的“乱象”。“套路贷”直接针对公民的财产权益乃至人身权益，严重扰乱社会金融秩序，扰乱社会治安和被害人正常生产生活，影响社会稳定。

---

〔1〕 源于公安部 2019 年 9 月 3 日发布的数据。

与诈骗罪、非法拘禁罪等侵犯财产类和人身类犯罪不同，以“套路贷”方式实施的犯罪具有组织性、欺骗性、隐蔽性等特征，因而更容易实施，更容易得逞，也更难以防范。被害人一旦不慎钻入不法分子精心设计的、环环相扣的圈套，则无疑掉进了万劫不复的深渊。轻者车房贱卖、高额还款，重者倾家荡产、声名狼藉，甚至精神崩溃、含愤自杀。

“套路贷”的危害性还体现为对司法秩序的破坏。为了达到侵吞借款人更多财产的目的，行为人往往先让借款人签订远高于实际借款金额的虚假借款合同，在故意制造借款人违约的假象之后，再以虚假借款合同的约定金额向借款人追索。如果借款人无法按时还款，行为人便会以虚假的合同和虚假的银行流水作为证据向法院提起民事诉讼。这不仅会干扰司法活动的正常开展，还会严重损害司法的公信力。“套路贷”的危害性，还体现为对金融秩序的破坏。党的十九大报告提出，要“健全金融监管体系，守住不发生系统性金融风险的底线”。“套路贷”的出借资金来源，通常是源于民间非法集资。由于能获得高额的利润回报，社会闲置资金纷纷向从事“套路贷”的不法分子汇聚，从而形成与国家金融相抗衡的地下钱庄、“影子银行”。这些资金达到一定的规模和体量后，势必对正常的信贷秩序产生强烈的冲击，严重影响国家金融安全。

综上可见，“套路贷”已逐渐成为经济和民生领域的一颗毒瘤，迫切需要国家公权力的干预。因此，如何干预？如何规范？如何正确打击和维护权益？均是笔者借此书出版以达到和读者讨论和交流的目的。“套路贷”涉刑案件所侵犯的法益类型虽然错综复杂，但透过表象看本质，此类案件侵犯的最主要的法益还是被害人的财产权益，但“套路贷”涉刑案件行为人为了达到非法占有他人财产的目的，所采取的手段却极有可能侵犯被害人的人身权，侵犯公共秩序、司法秩序甚至市场秩序、金融管理秩序。

但是，许多职业放贷人收取高借款利率、“砍头息”等，事实上并不存在“非法占有”的犯罪目的，借贷双方皆是开诚布公、明码标价，不存在所谓的欺诈或“套路”。即便这些行为违反了相关行政管理性规定或者最高人民法院关于民间借贷利率的有关规定，但并不由此就当然认定为“套路贷”犯罪活动，予以刑事打击。相反，扩大刑事打击面，将职业放贷人、高利借贷、“砍头息”以及其他正常合法的民间借贷行为不加区分,统统纳入“套路贷”刑事打击的范围,债务人动辄就可以债权人从事“套路贷”为抗辩理由,拒绝履行合法的债务,同样会在全社会酝酿严重的借贷信任危机,侵蚀市场经济的道德根基。[1]

就“套路贷”涉刑案件犯罪的定性而言,宜根据“套路”和“索债”行为所符合的具体罪名的犯罪构成要件,结合其属于侵犯财产类犯罪的核心特征和手段行为,分别予以评价。如“套路”行为,系行为人通过一系列的伪装手段故意垒高被害人的债务,行为人攫取的债权尚未变现,即仅是财产性利益;对比传统的侵犯财产类犯罪,则是已经取得了被害人的财物,这一不同点非常重要。此外,行为人所使用的“套路”明显具有虚构事实、隐瞒真相的特征,其行为很可能涉嫌诈骗罪中的诈骗行为;索债行为,则可以根据行为性质分别进行考察。暴力型索债行为,根据行为手段的不同,可能分别构成抢劫罪、敲诈勒索罪、故意伤害罪、非法拘禁罪、侮辱罪、寻衅滋事罪等,而虚假诉讼型的索债行为,是指行为人通过虚假诉讼的方式,借助司法的强制力以达到侵占被害人财物的目的,其行为涉嫌构成虚假诉讼罪、伪造证据罪等。

第二节 “套路贷”涉刑案件法律风险评估

一、立法层面打击“套路贷”犯罪的必要性

2016 年以来,一种被称为“套路贷”的新型犯罪模式出现,最早发生在上海、江苏等经济发达的沿海城市。

2017 年,上海市各级人民法院集中审理了一批“套路贷”案件后,“套路贷”引发了社会各界的广泛关注。例如,当年引起全国人民关注的于欢案,[2]在这起案件中于母以月息 10% 借款,仅因少部分未能归还即招致暴力讨债并由此引

---

〔1〕 参见李有星、潘政:《“套路贷”相关司法问题与对策研究》,载《法律适用》2019 年第 21 期。

〔2〕 参见山东省高级人民法院刑事判决书,(2017)鲁刑终 151 号。

发于欢的反击，社会各界除了对于欢的行为是否构成正当防卫展开了激烈讨论外，还直接诱发学界对暴力讨要高利贷行为的合理性的学术探讨，同时也让我们再度审视涉高利贷行为的刑法规制问题。

上海市各级人民法院也为如何适用刑法有效规制高利贷及其衍生行为提供了借鉴思路。2017 年 8 月 28 日，上海市高级人民法院通报了 4 起涉“套路贷”犯罪案件有关情况。同日，宝山区、静安区、奉贤区人民法院分别对这 4 起涉“套路贷”犯罪案件进行了集中宣判，分别判处 17 名被告人有期徒刑、罚金及责令退赔被害人经济损失。对为首者、起意者、策划者及积极参与者依法给予严厉打击，在 17 名被告人中，有 3 名主犯被判处 10 年以上刑罚，最重的为有期徒刑 16 年。[1] 同年 11 月，闵行区人民法院公开审理了一起涉 24 名被告人、涉案金额近 4000 万元的“套路贷”大案，由于该案涉案人员众多，案情纷繁复杂，社会影响较大，引发多方关注。同年 12 月 28 日，金山区人民法院对一起涉“套路贷”集团犯罪案件进行了集中宣判，认定犯罪集团共涉及敲诈勒索罪、诈骗罪、虚假诉讼罪、非法拘禁罪 4 项罪名，其中 15 名被告人获刑，最高刑期为 17 年。

通过上述案例可知，“套路贷”涉刑案件均为案情复杂、多人多次，涉及罪名众多，但界定标准并不统一。司法实践中某些地区甚至存在只要存在将虚高的利息转化为本金的行为即可将该案件认定为“套路贷”涉刑案件的做法。笔者认为这种认定方式的科学性与合理性均存在很大的漏洞，是否能持续这么认定仍待商榷。

另外，说到“套路贷”涉刑案件就不得不谈到“涉黑涉恶”的问题。“套路贷”涉刑案件因为作案手段和行为，涉及的罪名可能是寻衅滋事罪、敲诈勒索罪、诈骗罪、绑架罪等，这些罪名常常也是黑社会性质犯罪的重要组成部分，而黑社会组织犯罪是一种严重危害社会安全、严重影响人民幸福感的有组织犯罪行为。

我国一贯重视打击此类犯罪，早在 1997 年《刑法》修订时就增加了“组织、领导、参加黑社会性质组织罪”这一罪名，2002 年 4 月 28 日，第九届全国人大常委会

---

〔1〕 参见余东明：《上海三家基层法院集中判决四个“套路贷”案》，载《法制日报》2017 年 8 月 28 日，第 1 版。

对“黑社会性质组织”作出了立法解释，进一步明确黑社会性质组织应该同时具备的特征，2006 年 2 月，中央政法委针对黑社会性质犯罪的不断发展集中部署开展了声势浩大的“打黑除恶”专项行动，效果良好，已基本遏制了黑社会性质犯罪的发展势头。但是，随着中国特色社会主义进入新时代，社会生活的不断发展，传统的黑社会性质犯罪产生了新的特点，发生了新的变化，如果仍坚持依靠“打黑除恶”的传统思维和传统手段，效果将会大打折扣。黑恶势力活动的隐蔽性逐渐增强，增加了“打黑除恶”行动的难度，黑恶势力组织以及获得利益的途径和手段也在不断变化，主要体现在犯罪手段由“硬暴力”向“软暴力”或非暴力手段转变。〔1〕

立法层面认为，“套路贷”涉刑案件常具有隐蔽性、蒙骗性，给人民群众财产安全带来了极大的威胁和挑战。“套路贷”犯罪的滋生和蔓延，不仅直接侵害被害人的合法财产权益，而且其中伴随着的暴力、威胁、虚假诉讼等犯罪行为，极易造成被害人自杀、卖房抵债等严重后果，带来一系列社会问题，必须严厉惩治。因此，“套路贷”不同于一般“高利贷”，它们在行为目的、手段方法、侵害客体、法律后果上皆有不同。

依据《最高人民法院、最高人民检察院关于办理敲诈勒索刑事案件适用法律若干问题的解释》之规定，刑事司法实践中也有将高利放贷所获得的高额利息列为敲诈勒索犯罪构成的情形，但难点在于“套路贷”类型案件往往因案发时间跨度长且借贷双方不平等，造成留证取证困难、证据灭失严重，被告人和辩护人多以民间借贷为由提出系合法债务、不应受到刑事处罚的辩护意见。〔2〕

笔者认为，从“套路贷”涉刑案件犯罪的主、客观方面分析，在主观意志层面，“套路贷”犯罪行为人精心挑选借款人并蒙蔽其或利用其所处困境，虚构不必全额偿还虚增的借款并预先扣除利息后借款，最大限度地虚增借款额，造成借款人“自愿处分”的假象；在客观表现上，“套路贷”行为人利用一切可能的手段，制造并留存发生虚增数额借款的所谓“客观事实”，包括按照虚增的数额通过银行流水记录或采取公证等方式固定“证据”，进而蓄意造成借款人违约的假

---

〔1〕 参见康均心：《从打黑除恶到扫黑除恶》，载《河南警察学院学报》2018 年第 3 期。

〔2〕 参见丁文、徐婧：《扫黑除恶需将“套路贷”纳入刑事处罚范畴》，载《人民法院报》2019 年 3 月 24 日，第 2 版。

象，或肆意单方面认定借款人违约，并故意通过本人借款，更多的是通过第三人借款，以“后款”还“前款”的方式，进一步虚增借款数额。在催讨“借款”时，采用滋扰、恐吓等轻微暴力手段以对借款人形成精神控制，逼迫借款人还款，甚至利用事先留存的“证据”通过诉讼的方式，迫使借款人交付财物或变卖不动产还款。

“套路贷”涉刑案件中，由于大多借款人处于信息不对称的劣势地位，而出借人谙熟法律规则，利用法律漏洞逃避处罚。

在这种严峻的背景下，2018 年 1 月《中共中央、国务院关于开展扫黑除恶专项斗争的通知》发布，决定在全国范围内开展扫黑除恶专项斗争。这其中“扫”字的运用寓意颇深，蕴含着党中央对治理黑恶势力态度的转变以及专项整治斗争内涵的变化，这种变化高瞻远瞩，敏锐地注意到新时代社会背景下黑恶势力犯罪的新变化，其影响可谓是深远的。[1]

二、“套路贷”涉刑案件裁判文书分析报告

笔者以“套路贷”为首要搜索关键词，添加“刑事案件”作为筛选条件，选择截止时间为 2020 年 1 月 27 日，在威科先行及中国裁判文书网平台搜索公布的相关裁判文书，并对裁判文书中的有关数据进行分析。

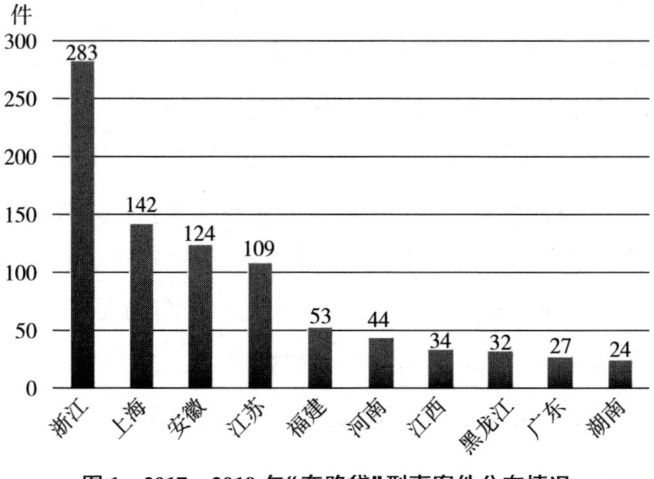

图 1　2017～2019 年“套路贷”刑事案件分布情况

---

〔1〕 参见黄凯：《扫黑除恶背景下“套路贷”犯罪相关问题研究》，载《贵州警官职业学院学报》2019 年 31 期。

首先,图1显示2017~2019年,全国范围内“套路贷”涉刑案件数量共1111件。其中,沿海富庶之地民间借贷活动更为活跃,而作为后来居上的经济大省广东省,反而排在第九名。广东省与“套路贷”相关的涉刑案件仅有27件。单从数据来分析,导致这一局面的原因可能为以下两点:其一,广东省少有“套路贷”涉刑案件发生;其二,广东省有些“套路贷”涉刑案件在证据不足的情况下可能被当作民事纠纷处理。笔者认为第二种可能性较高。

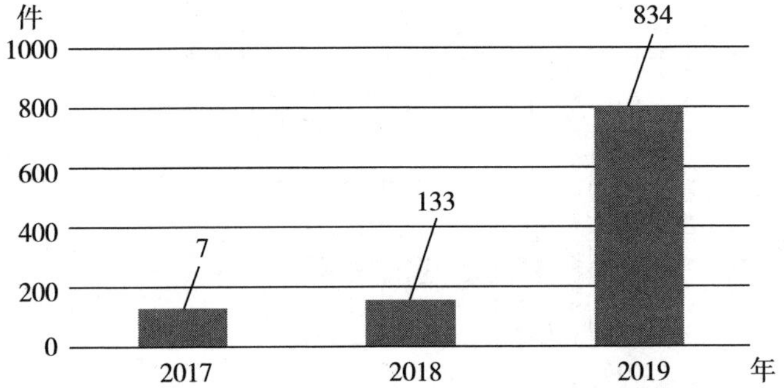

图2 2017~2019年全国“套路贷”涉刑案件数量分析

图2显示2017年以来三年间全国“套路贷”涉刑案件数量增长了足足19倍,这说明,2017~2019年是全国“套路贷”涉刑案件爆发的年份,原因涉及经济结构、人口基数、历史文化传统以及法律规定等。

刑事案件的爆发期存在滞后性,这说明早在2017年之前,“套路贷”就已经出现,有些“套路贷”案件利用套路只是为了获取高额的利息回报和本金,这样的借贷行为仍然属于正常的民间借贷范畴,可能涉嫌“高利贷”;而有些“套路贷”案件中“套路”的目的是攫取被害人的财产,而非利息及收益。这些数据以及相关判决对“套路贷”犯罪的认定,不仅说明“套路贷”案件数量的增长,还进一步说明,案件的定性关键还是在于行为人主观目的的认定。

“套路贷”案件长时间未被当作刑事案件处理,一是因为其“民间借贷”的外衣太具迷惑性;二是办案实践中缺乏相关依据和参考案例。图3中,广州市、深圳市、佛山市、东莞市都属于广东省经济活跃、经济活动较为频繁的市区。这些市区有许多主要为从事“套路贷”而成立的公司,如小额借贷公司。这些小额借贷公司虽以公司名义对外宣传贷款业务,但实际签订借款合同时并非以公司

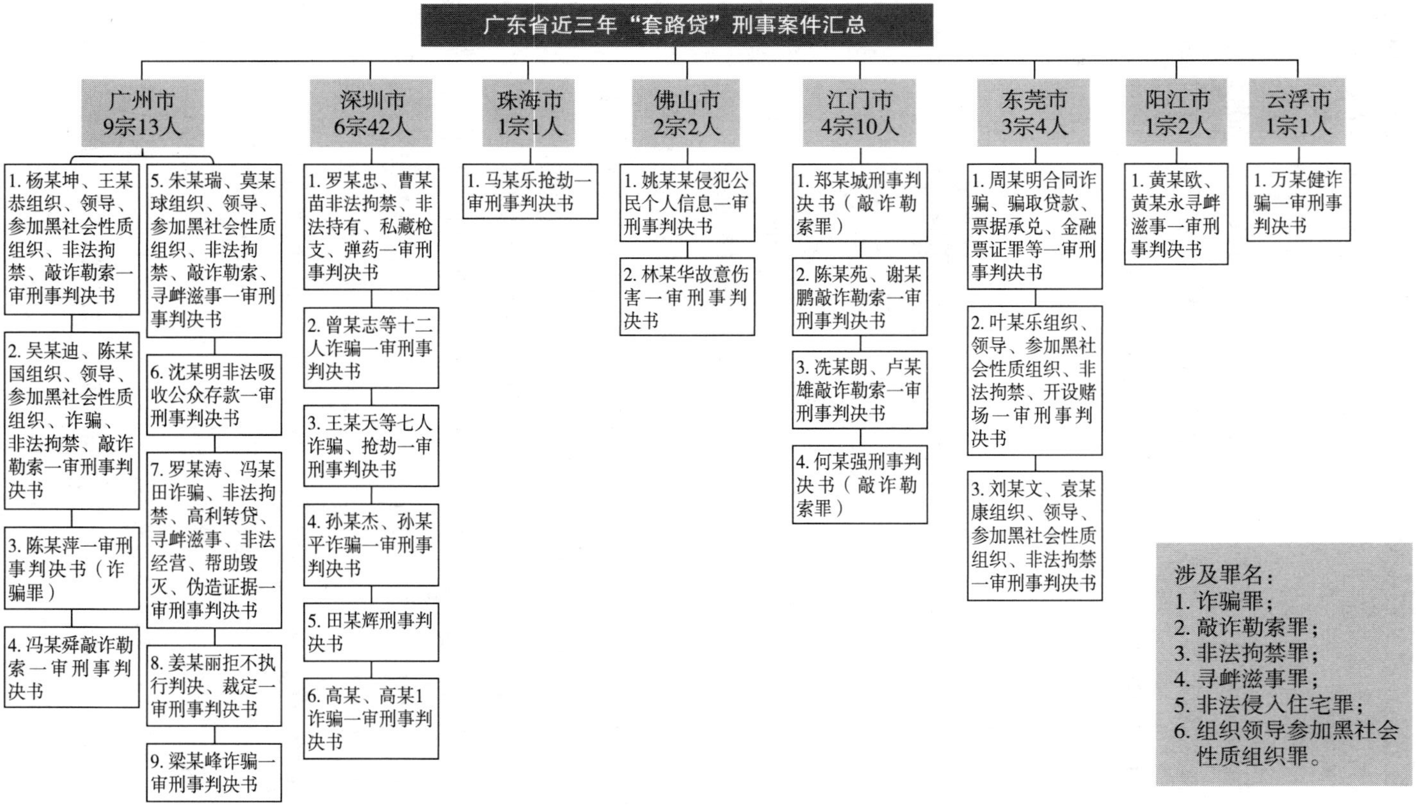

图3　2017~2019年“套路贷”涉刑案件在广东省部分区市裁判文书涉及的主要罪名及相关数据统计

作为贷款方,而是要求借款人直接与公司员工个人签订借款合同,而双方签订的书面借款合同由小额借贷公司收存,小额借贷公司违规发放小额贷款的行为被掩饰为借款人与小额借贷公司员工个人之间的民间借贷行为,因此小额借贷公司的违法放贷行为很难被发现。

其次,有的被害人与行为人之间存在真实的借贷关系,很难从行为人提供的书面材料来判断是自愿给付高额利息还是另有隐情。而犯罪实施过程中准备的借贷合同和银行流水等凭证,足以证明民事借贷关系的存在,使名义上的“借贷纠纷”能够顺利进入民事诉讼程序并获得胜诉。为掩盖犯罪行为,部分行为人会诱骗、逼迫被害人签订多份借贷金额不同的借贷合同或者直接签订多份空白合同,行为人可选择其中一份或多份提起民事诉讼,此类“借贷纠纷”很容易获得胜诉并进入执行程序,给被害人的财产造成严重损害。

2014 年 4 月 17 日公布实施的《最高人民检察院关于强迫借贷行为适用法律问题的批复》中规定,以非法占有为目的,以借贷为名采用暴力、胁迫手段获取他人财物,符合《刑法》第 263 条或者第 274 条规定的,以抢劫罪或者敲诈勒索罪追究刑事责任。

通过分析图 4 可知,被害人确实缺乏借贷经验,对行为人采用的话术信以为真而签订借贷合同的情形,应当定性为“诈骗罪”;若被害人对行为人的作案手段有一定认识,迫于压力不得不签订借贷合同的,应当定性为“敲诈勒索罪”或“抢劫罪”;而索债阶段的定性最为复杂,现实生活中索债的手段主要有口头威胁、提起民事诉讼、限制人身自由、殴打、非法占有抵押物等。采用不同的手段实施的行为,根据情节轻重可能触犯的罪名也并不相同,刑期自然不同。

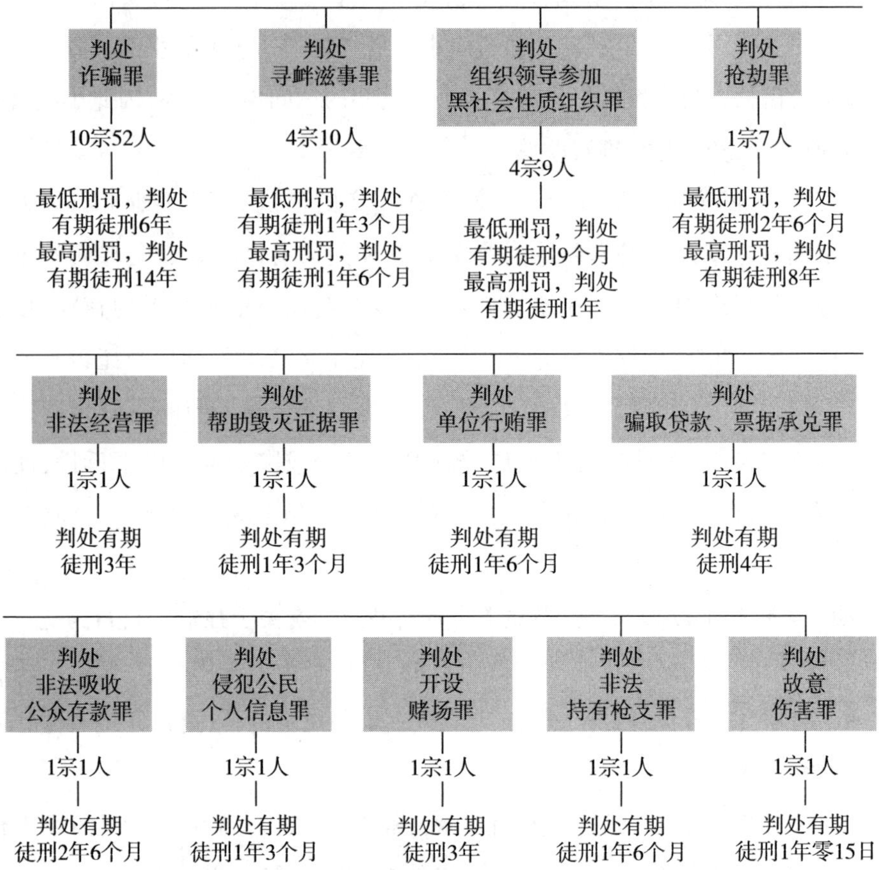

图4　广东省2017～2019年“套路贷”涉刑案件法院判处的罪名类型及相应刑期

最后，笔者发现大多数“套路贷”涉刑案件被认定为个人犯罪。我国相关法律规定及司法解释也没有在“套路贷”涉刑案件的量刑标准中对单位和个人作出过区分，但笔者认为，关于“套路贷”涉刑案件属于单位还是个人犯罪的问题有必要对其进行区分。通过案例检索可知，“套路贷”涉刑案件在大多数情形下被认定为诈骗罪，诈骗罪的犯罪主体是个人，故无法认定为单位犯罪，但“套路贷”涉刑案件除了可能涉嫌诈骗罪外，还可能涉嫌寻衅滋事罪、非法拘禁罪、合同诈骗罪等，其中合同诈骗罪在认定时就可能会涉及单位犯罪的问题，故“套路贷”涉刑案件的量刑标准需要对单位和个人进行区分。

三、“套路贷”涉刑案件中辩护人的机遇和挑战

虽然图 3 数据显示广东沿海城市“套路贷”涉刑案件数量相比华南、华北及内陆地区少了很多，但并不能由此得出广东沿海城市“套路贷”涉刑案件数量较少的结论，从全国范围来看，“套路贷”涉刑案件仍然高发，对于涉案行为人的定罪量刑以及涉案财产的处理难度颇大，这对于刑事律师而言，既是机遇也是挑战。

从立法层面来说，国家针对“套路贷”涉刑案件出台了相关司法解释和指导意见，目的是让司法机关以及辩护人在办理该类案件时，能够准确理解和判断案件性质，但在司法实践中，特别是侦查阶段仍存在打击面过大的问题。例如，一些只收取“砍头息”“服务费”的民间借贷案件、高利贷案件被错误地定性为“套路贷”涉刑案件或者诈骗犯罪，将经济纠纷认定为刑事案件，辩护人在此种情况下进行辩护的难度和阻力很大。我们都知道违法不等于犯罪，用在“套路贷”涉刑案件中就是有“套路贷”行为并不等于“套路贷”犯罪。

自相关司法解释出台后，“套路贷”涉刑案件辩护难度众所周知，很多律师对代理“套路贷”涉刑案件没有信心，多数辩护也流于形式，特别是“套路贷”涉黑涉恶案件，更是基本没有辩护空间可言，能够打掉部分罪名特别是重罪的例子实践中极少。即便如此，在裁判文书网等平台搜索仍然显示有一些成功案例，经过专业律师的代理，成功打掉“套路贷”涉刑案件最典型且量刑重的诈骗罪，采用的方法包括阅卷收集有利证据、梳理确立最有利的辩护思路、正确援引相关法律依据，和当事人充分沟通取得信任、与公检法形成相对有效协作、请求其他政府部门协助等。

笔者认为辩护人在办理该类案件过程中，不仅要立足于案件的事实和证据，还应当从侦查机关入罪思路出发，梳理还原个案的全貌，厘清前因后果，从指控罪名的构成要件入手，针对侦查机关“一刀切”的入罪观念及相应的取证手段，找出漏洞，理顺逻辑，据理力争，以有效方法和手段维护委托人的合法权益。这也是本书出版的另一目的及愿景。因此，参与本书撰写工作的全体编者均期望从上述几个角度结合相关案例，多维度剖析“套路贷”涉刑案件的辩护空间和辩点，以期给予司法从业者们更多的经验及思路，为我国法治建设贡献绵薄之力。

第二章　“套路贷”的表现形式及司法认定

“套路贷”从民间借贷和“高利贷”逐步演变而来,三者之间既有共同的地方,也有本质的不同。

民间借贷随着私有制的产生而出现,历史悠久且受历代法律保护;“高利贷”是民间借贷畸形发展的产物,我国古代法律对其都有限制性规定,而我国社会主义法律制度则明确表示,“高利贷”不受民事法律保护。

“套路贷”是近年来才出现的带有法律色彩的专有词汇,但其表现形式在古代早已存在,是指出借人为非法占有他人财产而实施的一系列犯罪行为,属于民间借贷和“高利贷”畸形发展变异而成的“毒瘤”。

第一节　“套路贷”的法律定义和法律特征

“套路贷”这一社会现象,与“高利贷”相伴相生。《水浒传》中“鲁提辖拳打镇关西”中小妇人关于自己流落异乡的表述,最能表达“套路贷”的实质内涵:

“官人不知,容奴告禀……此间有个财主,叫作‘镇关西’郑大官人,因见奴家,便使强媒硬保,要奴做妾。谁想写了三千贯文书,虚钱实契,要了奴家身体。未及三个月,他家大娘子好生利害,将奴赶打出来……”〔1〕

此处“虚钱实契,要了奴家身体”,放在今天的法律框架下,完全符合“套路

〔1〕 施耐庵:《水浒传》第三回《史大郎夜走华阴县　鲁提辖拳打镇关西》,北方文艺出版社2016年版,第16页。

贷”涉及的诈骗罪、强奸罪的犯罪构成要件。此外还有许多大家耳熟能详的文学作品，其所塑造的文学形象，或者是“套路贷”的施害人，如张驴儿、黄世仁；或者是“套路贷”的被害人，如窦娥、杨白劳。这些传统的文学作品形象及故事内容虽然揭示了当时社会矛盾，展示了普通百姓对施害者的愤慨及抨击，对被害人的同情和怜悯，但并没有对“套路贷”行为的违法性有所觉悟和定义。

回到现代，“套路贷”的泛滥，与市场经济的发展密切相关。1978 年改革开放，我国经济体制由“计划经济”转为“市场经济”，各种经营实体如雨后春笋般一夜崛起，当银行贷款无法满足市场需求时，“民间借贷”的金额和频率高速攀升。至此，“高利贷”重新出现，且很快催生出“套路贷”，致使借款人背负巨额债务，从而倾家荡产，有的甚至被逼自杀。

本节所列名称的法律定义和法律特征，是指在我国法律制度框架下，研究“套路贷”涉刑案件的法律定义和法律特征。我们首先从民间借贷和“高利贷”谈起。

一、民间借贷的法律定义和法律特征

（一）民间借贷的法律定义

民间借贷，是指自然人、法人和非法人组织之间进行资金融通的行为（经金融监管部门批准设立的从事贷款业务的金融机构及其分支机构发放贷款的业务除外）。

上述法律定义的依据，来自 2020 年 12 月 29 日修改后的《最高人民法院关于审理民间借贷案件适用法律若干问题的规定》[以下简称《民间借贷若干问题规定》（2020 修正）]第 1 条：“本规定所称的民间借贷，是指自然人、法人和非法人组织之间进行资金融通的行为。经金融监管部门批准设立的从事贷款业务的金融机构及其分支机构，因发放贷款等相关金融业务引发的纠纷，不适用本规定。”

（二）民间借贷的法律特征

民间借贷不仅是一种经济现象，同时又是一种法律现象。根据最高人民法院对民间借贷的界定，结合相关民事法律法规，其法律构成具有以下几个主要特征。

1. 民间借贷是自然人、法人与非法人组织之间发生的民事法律行为，且其中一方必须是自然人

这里的非法人组织是指不具有法人资格，但是能够依法以自己的名义从事民事活动的组织。非法人组织包括个人独资企业、合伙企业、不具有法人资格的专业服务机构等(《民法典》第102条第1款、第2款)。

按照《民间借贷若干问题规定》(2020修正)，民间借贷的发生主体从理论上有6种组合：自然人与自然人之间、自然人与法人之间、自然人与非法人组织之间、法人与法人之间、法人与非法人组织之间、非法人组织与非法人组织之间。其中，自然人作为“民间借贷”的主体，必须具备相应的民事行为能力；法人独立承担民事责任；非法人组织的出资人或者设立人对非法人组织的债务承担无限连带责任。

(1) 自然人与自然人之间发生的借贷关系。初始的民间借贷只产生于自然人之间，随着社会经济的发展，民间借贷主体范围才逐步扩大到企业和其他组织。因自然人之间的民间借贷较为自由，故自然人之间的借贷关系在“民间借贷”中一直占据重要地位，它也是民间借贷最为标准、原始的状态。

(2) 自然人与法人之间发生的借贷关系。法律对自然人与企业的借款问题，未作禁止性规定，亦未作许可性规定，故实践中对这种借贷关系的效力问题发生很多争议。根据《民间借贷若干问题规定》(2020修正)第1条关于民间借贷的界定，笔者认为，自然人与法人之间的借贷关系，只要双方当事人意思表示真实，应当认定其“民间借贷”关系成立，但法律另有规定的除外。

(3) 自然人与非法人组织之间发生的借贷关系。非法人组织与法人组织的区别，主要是债务承担问题。法人仅以其名下的财产承担民事责任，非法人组织的名下财产不足以承担责任时，它的设立人或者发起人要承担无限连带责任。自然人与非法人组织之间发生的借贷关系，与自然人、法人之间发生的借贷关系一样，法律未作禁止性规定，只要双方当事人意思表示真实，应当认定其“民间借贷”关系成立，但法律另有规定的除外。

(4)法人与法人之间发生的借贷关系。

(5)法人与非法人组织之间发生的借贷关系。

(6)非法人组织与非法人组织之间发生的借贷关系。

从实质上说,第(4)~(6)这三种民间借贷的主体组合方式,均能够以“企业与企业之间发生的借款关系”来概括。这里的企业,不包括经国家批准设立的金融企业。

简言之,民间借贷是自然人与自然人、自然人与法人、自然人与非法人组织之间发生的“借贷”关系。

2. 民间借贷是出借人和借款人达成合约的行为

合约即合同约定,指法律上认可、会被法律强制执行的平等主体间的协议,包括人、事、时、地、物五大要素。

民间借贷的合约内容,其五大要素分别为:

(1)人。借贷双方主体即债务人和债权人。债务人是借钱主体即“借款人”,债权人是向债务人提供款项的主体即“出借人”。

(2)事。借款人因何种事由需要借款?借款人必定要列明足以说服出借人愿意放款的理由,才有可能拿到借款;且该借款事由,可能因借款人不予归还,影响民事或者刑事责任的划分。例如,借款人的借款事由是投资生产,但却将借款用于归还赌债,则有可能涉嫌诈骗犯罪。

(3)时。包括借款时间和还款时间,如双方未确定还款时间,则表明该合约系履行期限不明确的合同,债权人有权随时要求债务人履行债务,但须给对方必要的准备时间。

(4)地。指借贷双方达成合约的具体地点,为日后可能发生的争执确定地域管辖。如果借贷双方就该地点约定不明确且事后未达成补充协议,按照有关条款或者交易习惯仍不能确定的,以借款方所在地为合同履行地。

(5)物。指借贷双方的标的物及其数量,只能是货币或者有价证券,如标的是房屋、车辆等其他有形财产,则不属于民间借贷的范畴。

借款人和出借人达成以上“五要素”的合约,无论是书面协议还是口头协议,只要内容合法,都是受到法律保护的民间借贷行为(但法律对协议形式另有规定的除外)。

综上,合法的民间借贷是民事主体之间发生的民事法律行为,借贷双方通过签订书面借贷协议或达成口头协议形成特定的债权债务关系,从而产生受法律保护的权利和义务。

3. 民间借贷关系以标的物"实际交付"为成立标志

民间借贷法律关系的成立应当符合形式要件和实质要件。形式要件是指书面协议或者口头协议,实质要件是指标的物"货币"或者"有价证券"的"实际交付"。借贷双方如果在签订了借款合同后未实际交付款项,则双方的"民间借贷"关系并未成立。

"实际交付"分为"实物交付"和"转账交付"两种方式。自然人之间小额的"民间借贷",大多数采取"实物交付+收款收据"的方式;而法人、其他组织之间的"民间借贷"数额较大,大多数采取"转账交付"的方式,因银行转账记录有据可查,故不需要"收款收据"予以佐证。

无论哪种支付方式,"民间借贷"均以"实际交付"为合同成立标志。民间大额借款也可能存在现金交付,或者现金交付中收款收据未予签署,或者收款收据因何种原因予以灭失,以此而发生诸多争议,亦不在本书的讨论范围内,此处不予详述。

以上是民间借贷三个最主要的法律特征。当然,民间借贷还必须严格遵守国家法律、行政法规的有关规定,遵循自愿互助、诚实信用原则;出借人的资金必须是属于其合法收入的自有资金,法律禁止吸收他人资金转手放贷。

民间个人借贷利率由借贷双方协商确定,但双方协商的利率不得超过国家对此的相关规定,否则,"民间借贷"即畸形发展成为"高利贷"。

二、"高利贷"的法律定义和法律特征

(一)"高利贷"的法律定义

"高利贷"是指索取高额利息,以致超过法律保护上限的民间借贷。我国现行规定关于民间借贷的利率保护上限为"合同成立时一年期贷款市场报价利率的四倍"。

中华人民共和国成立以来,我国关于民间借贷利率的司法保护上限先后作

过如下规定。

1. 1991 年 8 月 13 日开始实施的《最高人民法院关于人民法院审理借贷案件的若干意见》(已失效)第 6 条:民间借贷的利率可以适当高于银行的利率,各地人民法院可根据本地区的实际情况具体掌握,但最高不得超过银行同类贷款利率的 4 倍(包含利率本数)。超出此限度的,超出部分的利息不予保护。

2. 2015 年 9 月 1 日开始实施的《最高人民法院关于审理民间借贷案件适用法律若干问题的规定》第 26 条规定,年利率超过 24% 或者变相超过年利率 36%,即构成“高利贷”。

3. 2020 年 12 月 29 日实施的《民间借贷若干问题规定》(2020 修正)第 25 条:出借人请求借款人按照合同约定利率支付利息的,人民法院应予支持,但是双方约定的利率超过合同成立时一年期贷款市场报价利率 4 倍的除外。

关于溯及力问题,《民间借贷若干问题规定》(2020 修正)第 31 条规定:“本规定施行后,人民法院新受理的一审民间借贷纠纷案件,适用本规定。借贷行为发生在 2019 年 8 月 20 日之前,当事人请求适用当时的司法解释计算自合同成立到 2020 年 8 月 19 日的利息部分的,人民法院应予以支持;对于自 2020 年 8 月 20 日到借款返还之日的利息部分,适用起诉时本规定的利率保护标准计算。”

综上,笔者认为,2020 年 8 月 20 日以前已经生效的民间借贷判决、裁定,仍然适用 2015 年《最高人民法院关于审理民间借贷案件适用法律若干问题的规定》第 26 条的规定:“借贷双方约定的利率未超过年利率 24%,出借人请求借款人按照约定的利率支付利息的,人民法院应予支持。借贷双方约定的利率超过年利率 36%,超过部分的利息约定无效。借款人请求出借人返还已支付的超过年利率 36% 部分的利息的,人民法院应予支持。”也就是说,已经生效的民间借贷判决、裁定,不得再就利率问题另行提起民事申诉;正在审理及以后发生的民间借贷案件,其保护利率适用 2020 年《民间借贷若干问题规定》(2020 修正)。

(二)“高利贷”的法律特征

1. 民间借贷的年利率超过“合同成立时一年期贷款市场报价利率的四倍”,即成为“高利贷”

中华人民共和国成立以来,我国法律对“高利贷”不予保护的利率变化情况：

(1)自 1991 年 8 月 13 日开始，凡“超过银行同期贷款利率的四倍”，均为“高利贷”，法律不予保护。

(2)自 2015 年 9 月 1 日开始，凡“超过年利率 36%”，均为“高利贷”。其中年利率在 24% 以内的，受到法律强制性保护，年利率超过 36%，受到法律强制性禁止；年利率在 24% ~36% 的，法律不予干涉。

(3)自 2020 年 12 月 29 日规定开始实施之日起，借贷合同成立于 2020 年 8 月 20 日之前的，法律保护原合同规定的合法利率。

(4)自 2020 年 12 月 29 日规定开始实施之日起，借贷合同成立于 2020 年 8 月 20 日之后的，法律保护的合同利率为“不超过同期贷款市场报价的四倍”。

事实上，自 2015 年《最高人民法院关于审理民间借贷案件适用法律若干问题的规定》将“高利贷”的利率界定为超过年利率 36% 以来，一直有市场主体和人大代表、政协委员不断反映人民法院保护的民间借贷利率过高，这个问题最终引起了最高人民法院的重视。2020 年 7 月 22 日，最高人民法院联合国家发展和改革委员会共同举行新闻发布会，发布《最高人民法院、国家发展和改革委员会关于为新时代加快完善社会主义市场经济体制提供司法服务和保障的意见》，提出“包括促进金融和民间资本服务实体经济，修改完善民间借贷司法解释，大幅度降低民间借贷利率的司法保护上限，坚决否定高利转贷行为、违法放贷行为的效力”。时隔一个月，最高人民法院就该问题的解决下发正式规定。

现行有效司法解释将“高利贷”的最低利率限定“合同成立时一年期贷款市场报价利率的四倍”，以 2020 年 7 月 20 日发布的一年期贷款市场报价利率 3.85% 的 4 倍计算为例，民间借贷利率的司法保护上限为 15.4%，即如果向“高利贷”借款 10,000 元，一年要支出 1540 元以上的利息。而实际上，“高利贷”的年利率有的可高达 100% ~200%，而且普遍存在“利滚利”(复利)的情况。

在市场经济环境下，民间借贷的蓬勃发展势必催生“高利贷”的泛滥，这也是资本逐利性的体现。“高利贷”对于社会的发展作用是双向的，故需要法制的调控予以干预，将其回归于民间借贷的良性轨道，才有可能造福于社会。

2. 司法对“高利贷”的复利采取“绝对禁止”原则,对“民间借贷”的复利采取“限制保护”原则

复利是指一笔资金除本金产生利息外,在下一个计息周期内,以前各计息周期内产生的利息也计算利息的计息方法,又称“利滚利”。仍以年利率15.4%为例,借款10,000元,一年后要归还11,540元;如果不能归还本息,第二年则以11,540元为本金计算利息。

复利是“高利贷”常见的表现形式,但并不是计算复利的都属于“高利贷”。

在2020年8月20日以前,签订的借贷合同年利率在24%以内的,受到法律强制性保护;年利率超过36%,受到法律强制性禁止;年利率在24%～36%的,法律不予干涉。

2020年8月20日以后,签订的借贷合同年利率凡超过“合同成立时一年期贷款市场报价利率的四倍”的,一律不受法律保护。

那么,《民间借贷若干问题规定》(2020修正)关于复利的规定是如何呢?其第27条内容如下:“借贷双方对前期借款本息结算后将利息计入后期借款本金并重新出具债权凭证,如果前期利率没有超过合同成立时一年期贷款市场报价利率四倍,重新出具的债权凭证载明的金额可认定为后期借款本金。超过部分的利息,不应认定为后期借款本金。

按前款计算,借款人在借款期间届满后应当支付的本息之和,超过以最初借款本金与以最初借款本金为基数、以合同成立时一年期贷款市场报价利率四倍计算的整个借款期间的利息之和的,人民法院不予支持。”

根据《民间借贷若干问题规定》(2020修正),笔者认为,2020年8月20日之前,我国法律对于“民间借贷”的复利,采取的是“限制保护”原则,即年利率没有超过24%的复利,法律予以全面保护;年利率在24%～36%的复利,法律不予干涉;年利率超过36%的复利,法律予以全面禁止。2020年8月20日之后,凡年利率超过“合同成立时一年期贷款市场报价利率的四倍”的,法律一律予以禁止。

3. “高利贷”大多数都有“砍头息”,法律对“砍头息”采取绝对禁止原则

砍头息,是指“高利贷”或“地下钱庄”,给借款者放贷时先从本金里面扣除

一部分钱,这部分钱称为“砍头息”。如借款 10,000 元,直接扣除 2000 元的利息或者服务费,借款人实际收到 8000 元,而借款人与出借人之间的借据或合同却是 10,000 元,借据或合同记载的数额大于实际借款的数额。

《民法典》及《最高人民法院关于依法妥善审理民间借贷纠纷案件促进经济发展维护社会稳定的通知》,都明确规定了对“砍头息”的禁止。而《最高人民法院关于审理民间借贷案件适用法律若干问题的规定》修改前后均规定:借据、收据、欠条等债权凭证载明的借款金额,一般认定为本金。预先在本金中扣除利息的,人民法院应当将实际出借的金额认定为本金。

实践中,“高利贷”从业者为规避法律规定,利用优势地位,迫使借款方接受不公平的借款条件,在发放借款的同时巧立各种名目,以会员费、服务费、咨询费、快速手续费、加速审核费等借口,想方设法从本金中扣除利息,这些都应当被视为“砍头息”。“砍头息”加重了借款人的负担,是“民间借贷”暗暗转化为“高利贷”的手段行为,借款人因“砍头息”的存在,即便借据或者借款合同约定的利率水平低于 24% 或者低于最新规定的“合同成立时一年期贷款市场报价利率的四倍”,也有可能突破我国对高利贷利率的限制,只是这种突破是隐匿的,不直观的。

4.“高利贷”存在暴力讨债现象

“高利贷”因其上述高额利息、复利、“砍头息”三个常见特征,决定了其特有的“剥削”性质,表现方式就是不管不顾的暴力讨债。

“高利贷”具备“剥削”特征,是因为无论借款人的收入如何增长,仍不足以支付“高利贷”畸高的利息。自古以来,“高利贷”就是饮鸩止渴,一旦到期无法归还,暴力讨债者随即上门,于是,因高利贷无法归还而远离他乡、无家可归、家破人散的被害人数不胜数。这些流浪人员迫于生存需要,很有可能走上犯罪道路,成为社会不安定因素。

民间借贷因借款人的财富增长大于利息的可能性较大,故到期还款的概率也比较高。即便无法还款,双方还可以协商延期,或者债权人提请法律予以保护。笔者认为,最高人民法院此次降低民间借贷的司法保护利率,将上限界定为“合同成立时一年期贷款市场报价利率的四倍”,确实认真考虑了社会再生产的财富增长率，基本能够达到放款人与借款人的利益平衡，成为遏制“高利贷”乱象的有效法则。

从历史角度来看，“高利贷”的目标就是财富，其从业者大多唯利是图，眼里只有金钱利益，根本不会考虑借款人的实际归还能力。如果从业者良知尚存，也会以“欠债还钱、天经地义”作为自己的道德安慰，故暴力讨债一直伴随着“高利贷”的成长与发展，已经成为其区别于“民间借贷”的一个显著特征。令人欣慰的是，近年来国家连续加大对高利贷的规制和打击力度，《刑法修正案（十一）》已经将高利贷的暴力讨债行为纳入犯罪打击范畴。

5. 职业高利贷从业者以“非法经营罪”定罪处罚

《最高人民法院、最高人民检察院、公安部、司法部关于办理非法放贷刑事案件若干问题的意见》第1条规定：违反国家规定，未经监管部门批准，或者超越经营范围，以营利为目的，经常性地向社会不特定对象发放贷款，扰乱金融市场秩序，情节严重的，依照《刑法》第225条第4项的规定，以非法经营罪定罪处罚。

综上，“高利贷”是指超过法律保护利息上限的民间借贷，我国法律近年来开始将职业放贷行为纳入刑事打击范围；“高利贷”大多数存在“复利”“砍头息”“暴力讨债”等非法情况，但这些情况并不是认定“高利贷”的必要条件。

三、“套路贷”的法律定义和法律特征

（一）“套路贷”的法律定义

“套路贷”是对以非法占有为目的，假借民间借贷之名，诱使或迫使被害人签订“借贷”或变相“借贷”“抵押”“担保”等相关协议，通过虚增借贷金额、恶意制造违约、肆意认定违约、毁匿还款证据等方式形成虚假债权债务，并借助诉讼、仲裁、公证或者采用暴力、威胁以及其他手段非法占有被害人财物的相关违法犯罪活动的概括性称谓。

上述法律定义，来自2019年4月9日实施的《办理“套路贷”若干问题的意见》。

（二）“套路贷”的法律特征

什么是“套路”？“套路”即圈套。“套路贷”从字面可以解释为“有圈套的借贷”。“套路贷”从外在表现来看符合“民间借贷”的基本要件，其利息上限明面上不构成“高利贷”，故外表常常披着合法的外衣。

1.“套路贷”具备“民间借贷”的合法表象

“套路贷”从表象来看，大部分是应该受到法律保护的民间借贷，而且往往能够借助法律的力量保护其非法利益。“套路贷”借助民间借贷的合法性，在否定其民事效力之前，出借人与借款人之间存在确定的民事法律关系，致使借款人因为法律后果的存在而屈从于出借人的威逼。同样，出借人基于借贷关系的合法及其法律后果的确定，能够明目张胆地向法院提起民事诉讼，且持有处于绝对优势的诉讼证据，胜诉的概率很高。

“套路贷”为了打造自己“正义”的面孔，通常会借助诉讼手段树立其应该受到法律“保护”的形象，其索要的利息在表面上一般不会超过国家对“民间借贷”的利率限额，故“套路贷”从表象来看，完全不具备“高利贷”的狰狞面目，而是一个无辜的需要保护的“乖孩子”，而借款人则成了一个欠账不还的市井无赖。正是基于其形式的合法性，才导致借款人长期身陷巨额债务而无解救之法，从而惶惶不可终日，压力倍增，精神崩溃，甚至选择自杀来彻底了结无穷无尽的债务。

例如，央视新闻报道的兰州特大“套路贷”涉刑案件，共抓捕嫌疑人 253 人，查封非法放贷 App 和网站 1317 个，非法放贷金额累计 62.73 亿元，获利 28 亿余元，受害者人数达到 39 万人，其中 89 人自杀身亡。这一组触目惊心的数字，轰动全国，闻者无不表示震惊。这一特大“套路贷”涉刑案件揭示了“套路贷”最核心的“套路”就是只要借了钱就根本还不上，直到借贷者倾家荡产，家破人亡。

2.“套路贷”存在大量虚假债务

“高利贷”借款合同中，出借人并没有违背借款人的意志以及认识，借款本金是真实的，计算复利、“砍头息”也是双方协商明确的。因此，“高利贷”是基于双方自愿而约定高额利息的“民间借贷”。

“套路贷”借款合同中，出借人将借款人诱入“圈套”，巧立各种名目和借口，虚增各种名目和各种借款的债务，借款本金是不真实的，借款人在签订借款合同时，主观意志以及思想认识受到了欺骗或者强迫。因此，“套路贷”是充满欺骗或者强迫“借贷”的“不平等条约”。

3.“套路贷”具有非法占有借款人财物的目的

“高利贷”的核心要件是“高利”，出借人希望借款人能够按照约定按时返还本金并同时支付高额利息，其行为尚不存在“非法占有的目的”。“套路贷”中，出借人的根本目的是非法占有被害人的财物，其“借款”只是侵吞被害人财产的手段的切入口。绝大部分“套路贷”从业者根本就没有想过要“借款人”按约定偿还“借款”，而是通过一步步的“套路行为”，让借款人进入一个欲罢不能的圈套，同时炮制一连串的合法“民间借贷”证据，以期“名正言顺”地霸占借款人的财产。

在逐利的表现方式上，“高利贷”表现的是“真小人”，标明自己就是为了获取高额利息；而“套路贷”的表现则是“伪君子”，假装自己是合法的“民间借贷”，其实借贷并不是其目的，侵占借贷者的财产才是其真正目标，因而其隐蔽性更强，危害更大。

4.“套路贷”有极其严重的暴力逼债行为

暴力逼债指债权人通过暴力方法来逼迫债务人还债。“高利贷”的暴力逼债方法通常较为和缓，以“软暴力”居多；而“套路贷”则软硬兼施，透着一股不达目的誓不罢休的狠劲，其常见的逼债手段严重程度已然达到犯罪的程度。

“软暴力”追债以尾随跟踪、围追堵截、言语威胁、贴大字报、拉横幅、撒冥币、泼红油、刷标语为常见方式，给借款人及其家人带来严重心理恐惧和心理压力。

“硬暴力”逼债通常会有“黑社会组织”的介入，以非法拘禁、敲诈勒索、故意伤害、猥亵强奸、绑架，甚至故意杀人等犯罪手段，致使借款人及其家人的人身安全受到严重侵害。

综上，“套路贷”是以非法占有借款人财产为目的，以“民间借贷”为掩护的一系列犯罪行为的概括性称谓，存在虚假债务是其区别于“民间借贷”和“高利贷”的最根本的法律特征。

第二节 “套路贷”与民间借贷、“高利贷”的区别

近年来,“套路贷”、“高利贷”、民间借贷这三个法律词汇频频登上各大新闻媒体的版面,特别是“套路贷”。实务中,如何区分这三个不同属性的法律名词或者说社会现象?笔者认为,应该从以下几个角度进行考量。

一、法律概念的角度

民间借贷是自然人与非金融机构之间发生的,以货币或者有价证券为标的的借贷活动;“高利贷”是利率超出民事法律保护上限的民间借贷,凡是年利率超过“合同成立时一年期贷款市场报价利率的四倍”,均为“高利贷”;“套路贷”是存在虚假债务的民间借贷,凡是出借人对借款人实施有虚增债务行为的民间借贷,均为“套路贷”。由此可见,三者之间既有关联性但又并不相同。

二、主观故意的角度

民间借贷的出借人是利用自己手中的闲散资金,以合法方式赚取合法利息;“高利贷”的出借人是利用自己或者他人手中的资金,以不合法的方式获取高额利息或者利息差价;“套路贷”是出借人以自己或者他人手中的资金为诱饵,非法骗取、侵吞借款人的合法财产。

综上,在“套路贷”涉刑案件中,借贷者的主观故意和其在借贷关系中的资金使用方式、利益获得手段有关。

三、利益计算方式的角度

民间借贷存在“复利”,不存在“砍头息”,没有虚假债务;“高利贷”存在“复利”,也存在“砍头息”,但没有虚假债务;“套路贷”存在“复利”和“砍头息”,同时还必然存在“虚假债务”。

因此,民间借贷和“高利贷”瞄准的是借款人的本金和利息,“套路贷”瞄准的是借款人的全部家产,期待并追求本金的几倍甚至十几倍的非法利益。

四、还款要求的角度

民间借贷,出借人要求并希望借款人及时归还本金和利息,如出现逾期则会以民事诉讼方式主张权利;“高利贷”,出借人要求并希望借款人及时归还本金和利息,如出现逾期则会以民事诉讼方式主张权利,或者“软暴力”逼债;“套路贷”,出借人以非法占有借款人财产为目的,要求但并不希望借款人及时归还本金和利息,甚至会采取阻挠手段造成借款人“违约”,从而达到虚增债务的目的,然后以民事诉讼方式主张权利,或者“软硬兼施”逼债。

五、法律后果的角度

民间借贷出借人的本金和利息受到民事法律的全面保护;“高利贷”出借人的本金和年利率超过“合同成立时一年期贷款市场报价利率的四倍”的部分,不受民事法律保护;职业“高利贷”从业者有可能受到刑事法律处罚;“套路贷”出借人的利息和虚增的本金均不受民事法律保护,且出借人要受到刑事法律的处罚。

六、侵害客体的角度

民间借贷没有社会危害性,不侵犯任何客体;“高利贷”有一定的社会危害性,其侵犯的客体,一是金融管理秩序,二是人身权利;“套路贷”有严重的社会危害性,其侵犯的客体,一是人身权利,二是财产权利,三是社会管理秩序,四是金融管理秩序,五是司法管理秩序。

笔者综合上述六个方面的内容总结出以下结论:“套路贷”区别于“高利贷”、民间借贷的终极判断标准:是否存在虚假债务?只要出借人向借款人实施了“虚增债权”的行为,即构成“套路贷”犯罪的客观要件。

第三节 “金融科技产业链”与“套路贷”共犯司法解释解读

一、“套路贷”共犯问题

《办理“套路贷”若干问题的意见》第5条第1款对“套路贷”犯罪案件中的共犯问题作出如下规定：多人共同实施“套路贷”犯罪，犯罪嫌疑人、被告人在所参与的犯罪中起主要作用的，应当认定为主犯，对其参与或组织、指挥的全部犯罪承担刑事责任；起次要或辅助作用的，应当认定为从犯。有的学者在界定首要分子以外的主犯时，认为对于首要分子以外的主犯可以是组织领导了犯罪集团部分犯罪行为的人。[1]

《办理“套路贷”若干问题的意见》第5条第2款规定，明知他人实施“套路贷”犯罪，具有以下情形之一的，以相关犯罪的共犯论处，但《刑法》和司法解释等另有规定的除外：

(1)组织发送“贷款”信息、广告，吸引、介绍被害人“借款”的；

(2)提供资金、场所、银行卡、账号、交通工具等帮助的；

(3)出售、提供、帮助获取公民个人信息的；

(4)协助制造走账记录等虚假给付事实的；

(5)协助办理公证的；

(6)协助以虚假事实提起诉讼或者仲裁的；

(7)协助套现、取现、办理动产或不动产过户等，转移犯罪所得及其产生的收益的；

(8)其他符合共同犯罪规定的情形。

上述规定中的“明知他人实施‘套路贷’犯罪”，应当结合行为人的认知能

---

[1] 参见刘斯凡：《共犯界限论》，中国人民公安大学出版社2011年版，第168页。

力,既往经历,行为次数和手段,与同案人、被害人的关系、获利情况、是否曾因“套路贷”受过处罚、是否故意规避查处等主客观因素综合分析认定。

“套路贷”犯罪涉及环节多,且常披着小贷公司的外衣,通过平台宣传或者业务员打广告、做宣讲会进行推销,后续安排人员放贷及催收,因此往往表现为团伙作案。在整个犯罪过程中,业务员、催收员的共犯故意,以及隐藏在背后的出资人是否构成共犯,警方只要查明他们的参与程度和所获取的利益,判定其主观故意并不特别困难。

围绕“套路贷”犯罪的具体实施,“金融科技产业链”中的技术服务商、数据支撑服务商、支付服务商、推广服务商等隐在幕后,为“套路贷”犯罪提供技术和信息支持,与“套路贷”主体形成看似合法合理的民事关系。具体到每一个“套路贷”主体而言,就是他们的“操作平台研发系统、App 制作公司、宣传推广网站、提供公民个人信息的数据公司、资金结算渠道和提供支付服务的第三方支付公司”等。

《办理“套路贷”若干问题的意见》列举了 7 类有可能涉嫌共犯的相关人员,基本涵盖了“套路贷”犯罪所涉及的全部“金融科技产业链”,为了预防法律的滞后性以及修改法律的不及时性,最后以“其他符合共同犯罪规定的情形”来进行“兜底”。

《办理“套路贷”若干问题的意见》规定,认定上述“7 种人”构成“套路贷”共犯,其关键词是“明知”。根据资料,《办理“套路贷”若干问题的意见》起草时一度采用“与‘套路贷’犯罪分子事先通谋”才能以共犯论处的观点,后在定稿时将“通谋”改为“明知”。最高人民法院、最高人民检察院、公安部、司法部(以下简称两高两部)之所以这样修改,主要考虑“通谋”一般会被理解为两名以上行为人通过交流沟通形成共同犯罪故意的过程,而反映这一过程的证据往往难以获取,大多数情况下严重依赖口供,容易出现只要一方否认就难以形成闭合证据链的情况。尤其在当前“套路贷”犯罪链条化的背景下,“套路贷”共同犯罪人之间分工明确、配合默契,往往心照不宣地形成犯意联络,不再依赖明示沟通,如果以“通谋”作为入罪条件,可能会在实践中抬高认定标准,从而放纵犯罪。但是,将“通谋”改为“明知”并不意味着可以无视共同犯罪基本原理,摒弃共同犯意这一共同犯罪成立的主观要件,办案时,对于行为人之间有无意思联络应当作出准确的审查判断。

二、关键词“明知”的法律含义

张明楷教授指出:《刑法》中的“明知”是对自己的行为会产生危害结果的知晓。

“明知”的字面意思,就是“明明知道”。而在我国《刑法》的语境中,通过司法解释将“明知”解释为“知道或者应当知道”,此为通说。比如,1998 年 5 月 8 日颁布的《最高人民法院、最高人民检察院、公安部、国家工商行政管理局关于依法查处盗窃、抢劫机动车案件的规定》第 17 条规定:“本规定所称的‘明知’,是指知道或者应当知道……”

从现代汉语的角度分析,“知道”的含义是指已经了解、认识,行为人“确实知道”;而“应当知道”的意思是推定已经了解、认识,行为人“实际知道”。

在司法认定过程中,“知道”一般是指行为人承认自己的主观故意。比如前文所述的“事中帮助犯”,事前无通谋,事中确认对方的行为涉嫌犯罪,或者怀疑对方的行为涉嫌犯罪,但因为利益驱使等原因,继续向实行犯提供帮助,归案后如实供述。

“应当知道”是指司法机关推定行为人从主观上知道。比如前文所述的“事中帮助犯”,事前无通谋,事中发现或者怀疑对方的行为有可能涉嫌犯罪,因为利益驱使等原因,继续向实行犯提供帮助,但在司法机关发现后,拒不承认自己明知犯罪而仍然提供帮助,司法机关根据其客观行为推定其明知或者放任危害结果的发生。

何谓推定?所谓推定,是指各事实之间的常态联系,当一事实存在时,推引另一不明事实存在。如何推定?在犯罪嫌疑人拒不供认的情况下,应当根据其客观行为的表现,依照相关证据形成的证据链条,以及符合常理的推引认定其主观故意。

司法机关“推定”犯罪嫌疑人“明知”的主观故意,首先要获取足够的“间接证据”及形成完整的证据锁链。单一的间接证据无法单独证明案件主要事实,但具有关联性的间接证据形成一个“证据链锁”,通过单个间接证据所证明的案件片段来综合分析推论主要“客观事实”。即“主观推定”是在“客观事实”得以证实的前提下,根据法律及司法解释的规定直接认定另一案件事实的存在,在没有反证的前提下,进而认定推定的案件事实为法律事实的一种手段。

当然,对于“主观推定”的运用,是有严格要求的,必须要有法律或司法解释的明确规定。比如《办理“套路贷”若干问题的意见》中关于共犯所列举的相关人员及相关行为,共犯的主观故意之间具有经验法则上的“常态联系”或者“普遍的共生关系”。基于这两种事实之间的高度盖然性,保障了推定结论的相对真实性与可靠性。

司法机关办理案件普遍存在的“主观推定”惯例,将举证责任转移到被告人一方,如果被告人一方无法举证证明自己的主张成立,法院审判者通常推定控方所主张的事实成立,但这一证明过程并不等于被告人犯罪的证明责任在于被告人自己,刑事证明责任仍在于控方而并没有发生转移。

第四节 “套路贷”涉刑案件常见的表现形式

我国市场经济的繁荣和民间借贷的供不应求,逐渐催生出“高利贷”和“套路贷”两朵“恶之花”。根据网络传播、新闻报道及现有司法判例,“套路贷”常见的表现形式有空贷、车贷、房贷、校园贷、培训贷、美容贷等,套路之多令人眼花缭乱,且无论哪种“套路贷”表现形式,其“内瓤”都玄机重重,目的险恶。

笔者以发案率较高的几种“套路贷”表现形式,结合典型案例,对其所隐藏的“套路”予以深入分析。

一、“空贷”

“空贷”,是指门槛非常低,无须任何抵押、担保,甚至不看信用,只要借款人申请就能取得借款的借贷方式。

正常的民间借贷,即便是“高利贷”,出借人为了保证收回本金并赚取利息,需要借款人提供足以折抵本金和利息的财产抵押或者财产担保。最不济的，也要看借款人的经营状况、信用记录，这才是正常出借人所必须具备的“谨慎”义务。

然而“套路贷”是不按常规出牌的，它必然是有套路的。

典型案例 江苏泰州虞某云“套路贷”犯罪案件[1]

【案情简介】

2017年6月，江苏省泰州市虞某云等人以“极速钱包”网贷平台名义，发布“低利息、无担保”等信息，吸引借款人到平台借款。在办理借款手续时，业务员向借款人索取身份证、家庭住址、家庭成员情况、手机通讯录、通话记录等个人信息，放款时直接扣除30%的“砍头息”，并要求借款人偿还全款本息。当借款人逾期无法还款时，对借款人以及借款人通讯录中的亲友、同事采用侮辱性语言、PS图片等软暴力方式进行催收，逼使借款人交纳高额“逾期费”。

泰州市姜堰区张甸镇居民李某，2017年6月至8月在“极速钱包”网贷平台借款，在扣除了各种服务费及“借新款偿还旧款”以后，李某的债务从最初的1360元逐步累积至1.5万元，年化利率超1500%。李某没有如期归还借款，“极速钱包”网贷平台对李某实施疯狂骚扰，李某及其家人的身份证头像被PS成不堪入目的淫秽照片，并发送给李某的亲戚朋友逼迫李某还钱。

2018年12月，江苏警方接到报警后，通过“极速钱包”网贷平台，查到了位于上海市的“上海梦浣网络科技有限公司”等多家公司（以下简称上海公司），以及位于安徽省合肥市的催收款公司“安徽华纵佳讯科技有限公司”（以下简称安徽公司）。其中上海公司开发了10多个App实施非法放贷，安徽公司负责催收。虞某云向公司成员发放巨额奖金和提成，以提高团伙成员的“工作”积极性。特别是公司主要人员，“数钱数到手发软，奖金拿到心发慌”，仅2017年至2019年1月，其骨干成员庄某就拿到奖金6800万元，陈某拿到1300万元。

---

[1] 2019年公安部发布“套路贷犯罪”十大典型案例。

根据警方侦查，2017 年 6 月至 2018 年 12 月，虞某云等“套路贷”犯罪团伙先后累计向不特定对象 167 万余人放款 891 万余次，循环累计非法放贷 170 亿余元，非法获利 22 亿余元。抓获犯罪团伙成员 197 人，扣押电脑 765 台、手机 314 部，查封、冻结涉案资产总值 20 多亿元。有 3 名“套路贷”借款人因不堪忍受平台“软暴力”自杀，其中 2 人死亡，死亡借款人连云港市赣榆区青口镇居民陈某年仅 34 岁。

【律师分析】“空贷”的隐藏套路

1. 零门槛。无抵押信用贷款虽然不要求借款人提供抵押或其他担保，但是出借人要严查借款人的经营状况及信用记录，如查税务报表、负债情况、资产情况；查信用卡账单、芝麻信用、京东小白分等。而“空贷”属于自然人身份证贷款，借款人只需出具个人身份证，出借人不作任何风控调查。

2. 低息引诱。出借人以“零门槛”吸引借款人上门以后，又继续以“免手续费”“低利息”来诱惑借款人签署借款合同。在《民间借贷若干问题规定》(2020 修正)生效之前，其所承诺的利率标准，一般都是“2 厘”或者“3 厘”，即月利率 2% 或者 3%，年利率 24% 或者 36%，以表明其出借行为不属于“高利贷”，而是合法合规的“民间借贷”。这种利率承诺一般都能吸引到有切实资金需求的客户。

3. 期限短。“空贷”为尽快拿到高额利息，且能够尽快提高本金数额，一般不会出借太久，多以 1 个月为上限，当借款人到期不能归还时，出借人采取各种手段垒高债务，然后暴力逼债。

4. “砍头息”手段最毒辣。从合同条款来看，“空贷”的利息最高不超过司法保护的年利率，但实际上，借款人根本拿不到借款合同载明的本金，“砍头息”甚至可以砍走合同标的三分之一甚至一半以上的本金。比如，借款 10 万元，借款人到手的只有 7 万元，月息 2%，1 个月后到期要归还“10 万元 + 利息 2000 元”，加上没有到手的 3 万元，借款人实际支付的利息是 3.2 万元，月息竟然高达 32%，折算为年利率 384%。如果借款人质疑扣掉的 3 万元不能计算为本金而不愿意签订合同，出借人会以“行规，保证金，实际利息按 7 万元计算”等花言巧语哄骗借款人签订合同。

5. 暴力逼债。愿意以此种方式借贷的借款人，除急需资金外，其本身往往存在不良的信用记录，选择本金被对方“砍头”也是无奈之举。1 个月期限一到，借款人无法还款时，出借人雇用社会闲散人员专业讨债，软硬兼施。借款人卖房、卖车、卖金银首饰，实在无财产可卖的，甚至到地下市场卖人体器官；或借新钱还旧钱；或者去偷、去抢。对此，出借人在所不问，只管要钱。

二、“车贷”

“车贷”是指金融机构向申请购买汽车的借款人发放的贷款。正规的“车贷”利率由银行根据客户的实际情况，参照中国人民银行规定的贷款基准利率来制定，贷款期限一般为 1 ~ 3 年，最长不超过 5 年。

这里的“车贷”，特指“套路贷”从业人员，以申请购买汽车借款的车辆为抵押，或者以借款人名下的车辆作为抵押，向借款人发放借款的借贷方式。

“零首付、零利率、免担保、轻松购车……”对于急需买车又苦于没有资金的人来说，这样的广告词极具吸引力。如果选择了这样的零首付购车，噩梦可能就此开始；如果无法支付对方索要的金额，最后付出了大部分的买车款，车也归别人了。

典型案例 江苏吴某“套路贷”犯罪案

【案号】(2019)苏 02 刑终 21 号

【案情简介】

2016 年以来，吴某等人成立贷款公司，拓展业务员及中介人员发展客户，以“车贷”业务名义签订借款协议，扣除各种手续费，使借款人实际到手的金额远低于合同金额；同时通过设置严格的还款时间和违约条件，造成借款人必然被违约的结果，需一次性结清钱款并支付高额的违约金；倘若借款人不愿意或没有能力支付，吴某等人便私自变卖借款人车辆。

2017 年 3 月，王先生因购买轿车资金不足，经人介绍到吴某的贷款公司办理“车贷”，吴某承诺“零首付、放款快、不扣车”，王先生便以自己要购买的轿车作抵押，与吴某签订了16万元的借款合同。吴某根据“行规”，要求必须给车辆安装GPS设备，并要收取“保证金”“GPS安装费”“上门费”“服务费”共计3万元，王先生实际收到借款13万元。贷款合同约定：“先息后本，半月一付，期限6个月。”王先生对霸王条款早有耳闻，但因为购车需要，不得已接受了对方的苛刻条件。第二期利息支付日期到来，王先生无论如何都无法联系到吴某。王先生到贷款公司办公地址询问，工作人员称老板有事外出，自己不了解情况，无法与吴某取得联系，也不能接受王先生的利息付款。第二天一早，吴某打电话质问王先生为什么没有按时归还贷款利息，不管王先生作何解释，吴某还是以付息超过8小时为由，认定王先生违约。吴某等人上门强制扣押王先生的车辆，要求王先生偿还16万元，并索要“违约金”。此后，在将近1个月的时间段内，吴某通过泼油漆、堵锁芯、骚扰家人、聚众造势等手段，迫使不堪其扰的王先生支付了19万元后将车赎回。

王先生借款16万元，扣除“砍头息”3万元，实际收到借款13万元；半个月后“被违约”，遭受1个月“软暴力”索债，前后时间大约45天；共计支付本金13万元，支付违利息加违约金9万元，年利率为562%（45,000 ÷ 65,000 ÷ 45 × 365）。

后该团伙13名涉案人员被抓获，根据吴某交代，除了个别熟人以外，90%以上的客户都是被违约的。

【律师分析】本案涉及“车贷”的隐藏套路。

1. 零首付陷阱。按照中国人民银行、原中国银行业监督管理委员会颁布的《汽车贷款管理办法》，汽车贷款的首付比例不得低于20%。也就是说，国家并不支持零首付购车。所谓“零首付”，是指分期购买车辆的首付款由放贷公司提供，而不是车辆销售公司不收取车辆购买人的汽车首付费用。借款人从“套路贷”放贷公司拿到“首付款”，然后支付给车辆销售公司，实际要付出比“首付款”高无数倍的代价，但借款人此时并不知情。这样的“套路”虽然并不高明，却能够吸引那些确有资金需要或者不够全款买车，又没有资质去银行贷款买车的人。

2. 各种名目的“砍头息”。贷款公司签署在合同上的利率，一般都不超过法律保护的上限。但借款人拿到的本金，则按照所谓“行规”，扣除了“GPS 安装费”“上门费”“服务费”等五花八门的费用，合同上显示的则是没有扣除这些“费用”的本金。

3.“免抵押、不扣车”陷阱。免抵押是指不需要提供车辆以外的财产作为贷款的抵押；不扣车，则以安装“GPS”、扣押备用钥匙的方式跟踪车辆行踪。从正常放贷的角度来讲，贷款公司这些行为合情、合理、合法，是贷款公司对外开展业务应尽的注意义务。但实质上，这些合情、合理、合法的行为，均是后期各种犯罪的预备行为。

4. 借款人“被违约”。贷款公司对于每一个借款人，仅拿到“砍头息”是远远不够的，“违约金”才是他们获取非法利益的“重头戏”。对方如果不违约怎么办？那就创造条件让其违约。其一，设置障碍使借款人违约，如回避不见面、不接电话、关机、转账不予接收等；其二，设置可由出借人单方认定的违约，例如，将 GPS 信号掉线列入违约条款，然后后台操纵，人为制造 GPS 信号掉线假象；其三，明知借款人已具备格式条款中的违约条件而故意放贷，例如，明知借款人已经将车辆抵押，在签订合同时，故意增加“不得二押”条款，然后随意认定借款人违约。

5. GPS 定位拖车。出借人为制造借款人违约，往往在还款日无故“失联”，以至于“上穷碧落下黄泉，两处茫茫皆不见”。等借款人能够见到出借人时，对方已经根据 GPS 定位过来，手持完备的违约证据，宣布违约金若干；借款人如果不能当场还款，车辆马上被拖走。其后借款人及其家属，可能还要经受泼油漆、堵锁芯、电话骚扰等不堪忍受之苦，直至全额还款或者将车辆过户给贷款公司。

三、“房贷”

“房贷”也被称为房屋抵押贷款，是由购房者向银行填报房屋抵押贷款的申请，并提供合法文件（如身份证、收入证明、房屋买卖合同、担保书等）所规定必须提交的证明文件，银行经过审查合格，向购房者承诺发放贷款，并根据购房者提供的房屋买卖合同和银行与购房者所订立的抵押贷款合同，办理房地产抵押登记和公证，银行在合同规定的期限内把所贷出的资金直接划入售房单位在该行的账户上。

这里的“房贷”，特指“套路贷”的从业人员，以借款人申请购买的房屋为抵押，或者以借款人名下的房屋为抵押，向借款人发放借款的借贷方式。

“套路贷”犯罪团伙诱骗名下有房产的客户，或者需要购房而无银行贷款资质的客户，以可以帮其申请贷款为诱饵，制造出虚假的银行流水凭证，刻意造成借款人已经取得合同全部款项的假象，意图占有借款人名下房屋。

典型案例　广东高某“套路贷”犯罪案

【案号】（2018）粤0303刑初1423号

【案情简介】

2014年，高某在深圳市成立公司，从事民间借贷金融服务。高某安排“业务员”招揽贷款信用差、房产已多处作抵押、急需现金的借款人，通过考察借款人房产、办理房产公证等“程序”，取得借款人初步信任；然后假扮“出资人”与借款人签订空白借款合同、承诺函、提前还款协议等一系列书面资料。在放款阶段，通过交替转账的方式，给借款人账户转入远高于实际借款额的资金，并写进借款合同，形成已将全部借款交付被害人的银行流水痕迹；而后让借款人将高出实际借款额部分即时转回给其指定的账户，并以需要先交付保证金、利息、手续费给公司做账为借口，让借款人把刚收到的实际借款额中大部分资金取现交给公司“业务员”。此后，高某等人又以各种理由不向借款人放贷，“出资人”则以借款人隐瞒负债情况为由，认定借款人已经违约，要求提前还款，并以法院起诉、查封房产威胁借款人。

2017年7月，钟先生想通过高某的公司贷款15万元周转，业务员要求以钟先生名下的房产作抵押，并以“行规”为由，签订了一份“空白合同”。“空白合同”签订后，钟先生发现自己的账户收到了总计50万元的钱款，对此感到不解，业务员解释说，这只是随手帮公司“走个账”，提高下公司的信用。此后钟先生按业务员的指示将其中的35万元转回对方账户。35万元被转走不久，业务员要求钟先生取现7.9万元支付保证金、利息等费用，此时钟先生手头实际收到的借款只剩7.1万元。还款日到来后，钟先生被要求归还本金50万元，利息若干。在多次勒索未果的情况下，业务员告知钟先生已经违约，不但要支付本金、利息，还要支付违约金，借贷公司已经向法院提起民事诉讼，并申请查封钟先生的房产。其间，钟先生不断地接到威胁电话，甚至被人堵在屋内要钱。因为借贷公司向法院提交了非常“齐全”的证据，钟先生价值300万元的房子被查封。

钟先生报案后，警方开展深入调查，发现深圳市与该借贷公司有关联的借款人中，已经有十几个家庭的房产被查封，分布于福田、龙岗、罗湖等区。被害人某女士借款50万元，结果600万元的房产被查封；被害人某先生借款80万元，价值1000万元的房产被查封；等等。

经查实，高某等人利用此种手段作案达12起，涉案金额达人民币555.7万元，深圳市罗湖区人民法院以诈骗罪判处高某有期徒刑10年，并处罚金人民币10万元；对其余6名被告人判处有期徒刑3年6个月至7年不等的刑罚，并处罚金。

【律师分析】本案涉及“房贷”的隐藏套路。

1. 签订“空白合同”。借贷公司利用了自己的“高位”优势，摸透了借款人的心理状态，有的法律风险意识淡薄，有的急于借款，有的债务缠身。借款人为能尽快拿到贷款，往往对合同条款不予认真审查，当业务员说空白合同是“行规”时，他们也就非常容易地“相信”了，接着迫不及待地签字。然后，等到借款人意识到被骗时，出借人已经制造、完成了对借款人不利的法律证据，此时借款人再想抽身就很困难了。

2. 账户被“走账”。有些借款人以前接触过“民间借贷”，帮贷款公司“走账”，提高对方公司的信用和贷款额度，也算是行业内的“潜规则”。“套路贷”利用了“民间借贷”双方当事人“诚实信用”原则，以“走账”方式虚增借款人债务，导致被害人的债台越筑越高。

3. 账户被“取现”。相较于账户“走账”，借款人从账户取现后，向借贷公司支付所谓的保证金、手续费等五花八门的费用，都是没有收据的。从举证来讲，“走账”尚可以查一下款项“走”去了哪里，而“取现”，借款人毫无证据证实被取的现金已经支付给了借贷公司或者借贷公司指定的个人。“口说无凭”以致现实中这些“取现”后支付的“费用”自然而然地成了借款人要归还的“本金”。

4. 违约“被起诉”。“套路贷”最为可憎的地方,就是明明自己非法霸占他人合法财产,偏偏要伪装成借款人赖账不还、出借人被逼上法庭的“无辜”样子,然后向法庭出示自己通过一系列骗局所取得的“合法证据”,以期动用强大的国家机器来保护其所谓“合法权益”。在法庭上,借款人往往理屈词穷,所有的辩解都没有证据支撑,在“客观事实不等于法律事实”这个朴素的法律逻辑下,人民法院判其败诉,自然也在“情理”之中。

5. 房产被“查封”。借款人无法向法庭提供对方虚增债务的证据,原来的“空白合同”也已经变成了借款合同,法庭裁决借款人向出借人归还本息,在借款人无力偿还的情况下,查封或者拍卖其抵押房产也成为顺理成章的必然结局。从民事证据的角度来看,法院的判决从表面上看确实也没有什么问题。

四、“校园贷”

“校园贷”是指在校学生向各类借贷平台借钱的行为。2017 年 5 月 27 日,《中国银监会、教育部、人力资源社会保障部关于进一步加强“校园贷”规范管理工作的通知》出台,规范校园贷管理,明确取缔校园贷款业务,任何网络贷款机构都不允许向在校大学生发放贷款。

典型案例 山东刘某“校园贷”犯罪案

【案号】(2018)鲁 02 刑终 522 号

【案情简介】

大学生李某来自小康家庭,父母每月向其提供足够的生活费用。大三期间,李某与女友开始在校外租房同居,看起来甜蜜浪漫的同居生活开始后不久,两个大学生才逐渐意识到同居并不是想象的那么简单,不仅要柴米油盐,还要花前月下,两个人的生活费加在一起远远不够用,但陷在爱情里的两个年轻人又不甘心再回到学校宿舍的集体生活中。

一次偶然的机会,李某在校园里发现了一张传单,上面写着“花明天的钱,圆今天的梦”。当时正好赶上女友生日,李某很想讨女友欢心。几经思想斗争,李某拨通了传单上的电话,没想到非常顺利地拿到了第一笔贷款。有钱的感觉真好,鲜花、美服、名牌包包,换来了女友如花的笑脸和看似美好的爱情。在这种虚幻中度日,李某不知不觉地分别在不同的网贷 App 上欠下了 6 万余元的“贷款”,每个月都在用父母转账过来的生活费支付利息,而利息加本金的数额像滚雪球一样越滚越大,远远超出他的承受范围。终于有一天,李某想继续借贷“以新还旧”的时候,平台因其有过多不良贷款记录拒绝了他的贷款申请。

李某向周围的朋友求助,几个朋友架不住李某的百般央求,提交材料后很快通过了网贷审核。几个朋友每人借了 5000 元,却被出借人要求在借条上写下“借到 10,000 元,支付宝转账 3000 元,现金 7000 元”,并约定 7 日内归还,逾期后果自负。转眼 7 天过去,李某没有钱交给朋友们还贷。贷款平台疯狂地通过电话、微信催要欠款,李某周围的同学也收到了骚扰短信,说李某以及他的几个同学品行不端、道德败坏,在外面做些见不得人的勾当,给李某及其朋友造成极大的心理压力。

因远程催收没有起到作用,贷款平台的控制人刘某带人到李某的学校要账,强行把李某的朋友们带到了一个偏僻的旅店,没收了他们的身份证。次日一早,刘某等人让李某的朋友们通过其他平台贷款 2400 元,记录欠钱视频后才放他们离开。此后,李某的女朋友因无法忍受外界压力,在同学们的劝说下打电话报警,公安机关经过初步审查立案侦查后,刘某等人很快落网。

根据调查,刘某也是某高校在读大学生,曾因家庭经济条件不好,通过“校园贷”贷款 1000 元,最后被逼着还了近 5000 元,是靠打工才还清债务。此次经历让刘某十分愤恨“套路贷”,但他转念一想,觉得自己找到了“商机”。刘某利用课余时间兼职贷款平台的“中介”,慢慢积累资金独立门户,短短 2 年竟成了“校园贷”行业中的佼佼者,大三时已经成立了自己的工作室,在多个网贷平台上放贷,同时雇用工作人员审核材料、催收欠款,业务范围遍布山东省内各大高校。

更令人无比震惊的是，刘某的手机里存有200多张“裸贷”的照片和视频。根据刘某的供述，一些女大学生为了获得普通额度2~5倍的贷款，不惜以手持身份证的裸体照片或小视频作为担保，一旦逾期未还时，刘某就会以公开其裸照及与借款人父母联系的手段逼迫其还款。

该案经过山东胶州警方侦查、检方起诉和法院审理，刘某以非法拘禁罪被判处有期徒刑1年3个月；其同案两名被告人，也以非法拘禁罪分别被判处有期徒刑8个月。

【律师分析】

本案尚不属于典型的“套路贷”案件，而是因暴力逼债而构成犯罪的“高利贷”案件，因被告人刘某等人虽然采用了“砍头息”“利滚利”的计利方式，但并没有向借款学生索要“虚增债务”。该案例可以窥见“校园套路贷”作案手段的隐蔽性。

1. 迎合在校大学生虚荣性消费心理。在校大学生是一个较为特殊的群体，他们从生理上已经步入成年，但在物质上却不能自食其力。以普通工薪阶层为例，双职工供应一个大学生虽说不会有多困难，但前提仅限于在校基本学习和生活费用。当高端数码产品、化妆品、名牌衣服和包包出现在大学生面前时，无疑就像打开了一个“潘多拉魔盒”，抵抗力稍有不足，就会陷入花花世界的致命诱惑。“校园贷”就是瞄准了这样一个消费群体，以小额贷款的方式，诱骗这些大学生进入消费误区。

2. 小额、期短、“低”利率。在校学生第一次借贷时，往往都会经历激烈的思想斗争，“校园贷”犯罪嫌疑人利用他们的心理特点，均以小额贷款为主，诱以较低的宣传利率，等到学生办完贷款手续开始放款时，再以“砍头息”的方式大幅度提高利率，且期限大多数以“一个月”“一季度”居多，以“配合”大学生父母的汇款频率，从而以最短的时间拿到最多的利息。

3. 首次贷款简单便捷。为了吸引大学生贷款，出借人第一次审核借款大学生的资质时，只需要其在借贷平台填写个人详细信息、手持身份证自拍后上传照片、同步手机通讯录即可放贷。如果第一次贷款到期不能归还本息，随着学生借款次数的增多，平台放款会逐步增加审核砝码，如增加父母个人身份信息。

4.“裸照”等隐私抵押。当借款学生的本息累积到一定程度时,借贷平台为确保其本人或者父母能够还债,便要求借款人提供“抵押”。该“抵押”不是财产抵押,也不是信用抵押,而是所谓的“隐私抵押”。比如,本案例被告人刘某手机中发现的200多张“裸照”,正是那些多次借贷无力归还本息的学生(其中大部分为女学生),在不得已的情况下向平台提供的“隐私抵押”,出借人可以凭此隐私,逼迫借款学生的父母或者亲属不得不尽力还债。

5.借新还旧,以贷还贷。涉及“校园贷”案件的犯罪嫌疑人一般都是同时在多个网贷平台上放贷,他们雇用专门的工作人员审核材料、催收欠款,当他们认为某个借款学生的债务已经累积到一定份额时,就会暂停向他们放贷,开始实施催收。催收的一个重要方式,就是强迫借款学生向他人借款,或者向其他网贷平台借款。这些学生“借新还旧”、以贷还贷,从而使自己越陷越深,逐渐落入噩梦之中。

五、“美容贷”

“美容贷”是一种针对有美容需求,但是又没有经济能力的人提供的消费贷款。“美容贷”是继“校园贷”以后被曝光、发现的新型“套路贷”方式。“校园贷”里包含一部分“美容贷”,但一般是在校女大学生为购买昂贵的化妆品而向平台借贷,数额以千元计。

此处所讨论的“美容贷”,主要指“医美”贷款,或者打着“医美”名义的贷款。与“校园贷”相比,借款人大多都已经走上社会,开始工作,与购买化妆品相比,其贷款的额度也已提升至以万元计。

典型案例 福建“美容贷”犯罪案

【案号】(2018)粤0305刑初645号

【案情简介】

2017年3月3日,深圳市南山区某派出所接到A公司报案,称其所开展的医美分期贷款业务,被福建省福州市多家合作美容机构诱骗客户提供虚假贷款申请、骗取美容费用，目前已有200余万元贷款被骗。深圳警方经过调查，一个以“美容贷”为新型诈骗方式的犯罪团伙浮出水面。

A公司等多家机构通过某贷款平台(手机App)开展小额贷款业务，福州市有多家美容机构伙同贷款中介公司招揽客户，通过虚构贷款信息、贷款人银行流水等信息骗取A公司等小额贷款平台资金，美容机构及中介公司从中获取非法收益，涉嫌诈骗的申请人有100多个，分别来自全国各地，但申请美容贷款地点均在福州市的美容机构。

美容机构和中介联手实施贷款诈骗的步骤为中介在微信朋友圈等宣传招揽客户，宣传口号为“免费美容还送钱”，以此吸引多名女性递交自己的身份信息贷款美容。一般2000~3000元的美容项目，中介要求申请贷款3万元左右；有些申请贷款的客户只是洗了个脸而已，也有的做了玻尿酸、苹果肌等收费较高的“医美”美容项目。中介游说客户参加申请贷款业务时，承诺给客户20%~30%的贷款金额，也就是宣传口号所说的“免费美容还送钱”。这些客户申请贷款时除了身份信息，其他工作单位、地址等信息严重不实，她们大部分的银行流水账单是中介花钱买来的，大多数客户都是只付第一个月或第二个月的贷款分期，后面即逃之夭夭。

因A公司等网络借款平台为民办公司，贷款人信息未能加入征信系统，这就是中介和美容机构所看到的赚钱“商机”。每申请成功一个客户的医美贷款，就按55%和45%的比例提成；有的中介需要负责外地客户的吃住费用和贷款分期费用，最高提成可达60%。比如，申请贷款3万元的医美分期，中介可以收到18,000元，美容诊所收取12,000元。其中有一个客户陈女士，被游说去做贷款分期后，中介又以她的身份信息贷了第二笔款，A公司找到她要起诉她时，陈女士不得不借了6万多元还贷。

本案警方通过侦查手段锁定了犯罪嫌疑人，并最终抓获中介及美容机构人员共7人。因美容“客户”所提供的大部分为虚假资料，警方查找涉案证人相当困难，导致最终能够认定的犯罪数额非常有限。2018年7月27日，深圳市南山区人民法院根据查明的每人参与犯罪数额，以合同诈骗罪对被告人判处有期徒刑6个月至3年不等的刑罚。

【律师分析】“美容贷”的隐藏套路

1. 出借人与借款人共同被“套路”。“美容贷”与其他“套路贷”不同的地方在于，参与实施“套路”行为的不仅是出借人，还有第三方中介及美容机构；被套路的不仅是借款人，还有出借人。当然，遵纪守法、合规经营的借贷平台很多，比如本案A公司等网络借款机构，就是本案最大的被害人；而本案借款人陈女士，则是“偷鸡不成反蚀把米”。

2. “医美”是诈骗的幌子。美容机构只有在卫生行政部门核定后，取得《医疗机构执业许可证》后才能开展医疗美容项目，普通美容院只能进行生活美容，而生活美容与医学美容是两个不同的概念。从事医学美容的美容院或诊所，可以开展相关手术类项目，因此机构必须具有相关经营许可证，由卫生部门严格核实其经营范围，且从事医美的医生也应当具有国家认可的医生职业资格或特别资质。但现实中很多美容院根本没有医学美容的资格，却打着医学美容的幌子，为了所谓业绩以及提高收费标准而欺瞒或者欺骗顾客。

如此不实的宣传包装手段，让很多不明真相的顾客冲着“免费美容还送钱”的宣传效应而去，而她们的主要目的也不是美容，所以往往不会特别在意医学美容与普通美容的区别。当然，还有些有顾客是真心冲着免费美容去“占便宜”的，结果发现“便宜”没占到，反而面临被忽悠扣掉“贷款”的境地，被扣“贷款”尚算小事，被毁容甚至死亡的事时有发生。

3. 占小便宜吃大亏。“美容贷”的宣传口号是“免费美容还送钱”，试想天下哪有好吃而又免费的“馅饼”，更何况该“馅饼”不但免费还100%中奖？本案案发期间有大部分的美容“客户”归还了一期或者两期贷款后“跑路”，算是占到了“便宜”，但警方一旦追到，必须要归还本息，包括被中介和美容机构分走的部分，“跑路客户”从理论上说应该承担还款的义务。

4. 借款人有刑事风险。从犯罪构成来讲，这些美容“客户”都是中介和美容机构合同诈骗罪的“共犯”，其明知贷款“有借无还”而仍然提供个人信息，且参与“分成”并逃避还款，此种行为已经构成了犯罪。以本案为例，司法没有追究借款人的刑事责任，是因为她们的主观故意有很大的“占便宜”心理，且每个人基本只参与一次，数额相对不大，从主观恶性上也区别于中介和美容机构，但司法上不予追究责任,并不代表这种参与形式不构成犯罪。一旦这些美容“客户”所参与的数额突破“天理、国法、人情”的宽容限度,承担刑事责任是必然的结果。

综上,“空贷”“车贷”“房贷”“校园贷”“美容贷”是司法实践中较为常见的“套路贷”犯罪方式。除此之外,“套路贷”还有裸贷、微粒贷、信用贷、分期贷、租房贷、培训贷、创业贷等名目繁多的存在形式或者称谓,且随着国家对其的严厉打击,更多披着合法“民间借贷”外衣的“套路贷”犯罪方式随之曝光。今后的“套路贷”犯罪手段将更为隐秘,但“万变不离其宗”,非法占有他人合法财产,是“套路贷”始终如一的追求目标,也是“套路贷”区别于“高利贷”和“民间借贷”的本质特征。

第五节 “套路贷”涉刑案件的司法认定

《办理“套路贷”若干问题的意见》第 1 条对于“套路贷”的定义作了明确的解释和规定。据此,我们从以下几个方面分析和探讨如何正确把握“套路贷”涉刑案件的相关问题。

一、“套路贷”涉刑案件的本质特征

“套路贷”不是罪名,而是一系列犯罪活动的概括性称谓。也就是说,“套路贷”里面包含了一系列的犯罪活动,分别对应一系列的罪名。那么,如何判断一种借贷行为是否成立“套路贷”犯罪?该一系列犯罪活动中,具体哪一种犯罪活动是成立“套路贷”的标志性行为呢?

如前所述,凡是出借人对借款人实施有虚增债务行为的“民间借贷”,均为“套路贷”。由此,再根据《办理“套路贷”若干问题的意见》,可以看出立法者对“套路贷”区别于“民间借贷”本质特征的表述为:“以非法占有为目的”,而“虚增债务”则是“套路贷”涉刑案件中“以非法占有为目的”的本质表现形式。故“套路贷”犯罪的根本特征就是“虚增债务”。虚增债务的行为是“套路贷”一系列犯罪活动的起始阶段,如果没有该“虚增债务”的行为,即便在“高利贷”和

“民间借贷”过程中存在其他犯罪，如非法拘禁、故意伤害、侮辱、诽谤，也不能称其为“套路贷”。

下面笔者对“套路贷”常见犯罪手法和步骤进行分析研究，以确定“以非法占有为目的”就是“套路贷”涉刑案件区别于“高利贷”和“民间借贷”本质特征，而“虚增债务”则是“套路贷”成立的标志性行为。

二、“套路贷”涉刑案件常见犯罪手法和步骤

《办理“套路贷”若干问题的意见》第3条罗列了五种情形，对“套路贷”的常见犯罪手法和步骤进行了总结、概括。

（一）制造民间借贷假象

“套路贷”的犯罪主体，以“小额贷款公司”“投资公司”“咨询公司”“担保公司”“网络借贷平台”等居多，也有以自然人身份放贷的。借贷平台对外公开宣传，以低息、无抵押、无担保、快速放款等为诱饵吸引被害人借款；自然人放贷则以“口口相传”对外周知，基本以“赌场”“地下钱庄”的方式存在，针对的也大多是特殊群体。

在整个借贷过程中，双方所采取的方式完全符合“民间借贷”的构成要件，从纸质合同及相关书证上，找不到出借人任何违法的踪迹，甚至连利息也都在《民间借贷若干问题规定》(2020修正)规定的范围内。

2020年8月20日之前，我国司法保护的借贷年利率为24%以内，至多不超过年利率36%。实践中，借款人应该拿到的本金已经被出借人以“砍头息”、手续费、保证金等五花八门的费用扣除了1/3甚至1/2以上，借款人所签订的借款合同中约定的借款金额则包含了这些被扣除了的“费用”。以借款人实际收到的借款来计算利息，其年利率可能高达100%。

至此，该借贷行为至多被称为“高利贷”，因其尚未出现“虚增债务”的行为，故不足以被界定为“套路贷”。实践中更多的情况是，别有目的的出借人张网以待，亲自或者教唆其他人利用各种话术忽悠借款人；借款人为尽快取得款项，不得不按照对方所谓的“行规”，签订了没有日期、没有借款数额的“空白合同”，为自己被“套路”奠定了扎实的“证据”基础。

（二）制造资金走账流水等虚假给付事实

此行为是“套路贷”行为人“虚增债务”的常见犯罪手段之一。如前所述，“套路贷”出借人会有预谋地与借款人签订“空白合同”，但并不是所有的借款人都甘愿与其签订“空白合同”。

所谓“空白合同”，是指合同的正文部分或关键条款处留有空白，缺乏具体权利义务内容的合同。实践中，“空白合同”多指签订合同的双方当事人在合同上签字盖章，但合同内容中的权利义务等条款留有空白，手持合同的一方可以任意填写空白内容的合同。一般来说，合同是双方当事人达成的合意，合意就要有双方共同的认同性，但是“空白合同”不具有双方共同的意思表示，不属于有效合同。但问题是，该合同上有双方当事人真实的签字盖章，很难辨别空白部分所填内容是否是一方当事人在双方签字盖章后补填的内容。借款人如果在空白借款协议签字，应视为其具有借款的意思表示，借贷关系就此成立。

对于“套路贷”出借人来说，无论借款人签订的是“既定合同”还是“空白合同”，他们都有机会和手段“制造资金走账流水等虚假给付事实”，给借款人“虚增债务”。

方法一：对于“既定合同”，借款人账户转入资金后，以种种理由逼迫借款人“取现”，将取出的现金以各种名目拿走。

方法二：对于“既定合同”，以“走账”为借口向借款人的账户打入高出借款本金的款项，然后以“取现”或转账的方式拿走。

方法三：对于“空白合同”，出借人有游刃有余的操作空间，其可以在合同的关键条款任意填写金额，借款人也无法解释自己为什么在空白的借款合同上签字盖章。

对于“套路贷”实施者来说，对于“既定合同”制造资金走账流水后，“取现”是造成虚假给付事实最为安全有效的犯罪手段。公安机关可能会根据银行流水查找到资金被转出后的最终去向，但却很难证明资金“取现”后给了何方。当“套路贷”犯罪被提上“严打”日程，“取现”可能会成为“套路贷”犯罪的最佳选项。

(三)故意制造违约或者肆意认定违约

此行为是“套路贷”行为人“虚增债务”的常见犯罪手段之二。

如前所述,“民间借贷”和“高利贷”都期待借款人及时还本付息,而“套路贷”则不然,他们在合同中设置极为严苛的违约条款和高额违约金,且巴不得所有的借款人都一次或多次地违约,好为自己强行索取高额“违约金”找到借口。如果借款人不违约怎么办?那么,出借人会想尽办法、创造条件也要让借款人违约;如果创造条件借款人也不违约怎么办?那也好办,出借人说你违约了你就违约了。

司法实践中,“套路贷”最为常见的制造“违约”或者肆意认定“违约”的方法或者理由如下:(1)收账人在还款日失去联系,电话无法接通。(2)借款人按期归还贷款时系统维护,或者要求用现金还款。(3)GPS 定位器发现车辆外出,谎称信号消失。(4)GPS 定位器安装在车辆易被磕碰损坏的部位。(5)安装后台干扰设备,造成 GPS 信号异常。(6)自贷自卖,拖延贷款发放日期,制造期款违约。(7)借款人有其他外债没有如实告知,影响还款能力。(8)借款人私自改变借款用途。(9)借款人家中有重大变故存在还款风险。

关于“套路贷”的“违约条款”,有的在借款合同中明确列明,有的还会加上“有还款风险的其他违约情况”作为“兜底条款”。司法机关在适用法律的“兜底条款”时均十分审慎,但“套路贷”设置所谓的“兜底条款”,则是为出借人单方面肆意认定违约奠定基础。对于借款人来说,大多对法律条款的具体内容完全陌生,根本不会想到“有还款风险的其他违约情况”究竟是“什么情况”,更想不到这一步步都是出借人精心设置的“违约陷阱”。

“套路贷”出借人故意制造或肆意认定借款人违约以后,违约金即成为“虚增债务”,该债务往往高于本金数倍,甚至数十倍。

(四)恶意垒高借款金额

垒高借款金额的行为是“套路贷”行为人“虚增债务”的常见犯罪手段之三。当“套路贷”行为人以“制造资金走账流水等虚假给付事实”和“故意制造违约或者肆意认定违约”等方式将债务垒高到一定程度时,势必造成被害人“无力还款”的结果;当被害人无力还款时,“套路贷”行为人通过诱骗甚至胁迫,安排指定的关联公司、关联人员,或者自导自演,出面为被害人偿还“借款”,继而与被害人签订新的、金额更大的虚高借款合同,以进行“转单平账”和“以贷还贷”的“神操作”。被害人在还款压力之下饮鸩止渴,为了解决一时的燃眉之急,却不幸掉入更深的债务深渊。

与此同时,“套路贷”行为人还会逼迫被害人签订车辆、房产、商铺、土地等抵押合同或其他相关协议,一旦“转单平账”后签订的借款合同到期,这些被抵押的财产就成为他们过户的对象,从而达到其“非法占有目的”。

(五)软硬兼施“索债”

软硬兼施“索债”,是指用“软暴力”、“硬暴力”或者所谓“法律手段”追讨债务。该行为是“套路贷”常见的犯罪手法和步骤,但并不是认定“套路贷”的必备要件。软硬兼施“索债”,也是“高利贷”的常见收账方式,常常会伴随“黑社会”性质的手段介入,但软硬兼施的“索债”方式并不一定导致行为人涉及“套路贷”涉刑案件。

“软暴力索债”是指人为牟取不法利益或形成非法影响,对他人或者在有关场所进行滋扰、纠缠、哄闹、聚众造势等,足以使他人产生恐惧、恐慌进而形成心理强制的行为,或者足以影响、限制人身自由,危及人身财产安全,影响正常生活、工作、生产、经营的违法犯罪手段。“软暴力索债”虽然手段相对“软”,但其社会危害性很大。

“软暴力”的表现方式有侵犯人身权利、民主权利、财产权利的手段,包括但不限于跟踪贴靠、扬言传播疾病、揭发隐私、恶意举报、诬告陷害、破坏、霸占财物等;扰乱正常生活、工作、生产、经营秩序的手段,包括但不限于非法侵入他人住宅、破坏生活设施、设置生活障碍、贴报喷字、拉挂横幅、燃放鞭炮、播放哀乐、摆放花圈、泼洒污物、断水断电、堵门阻工,以及通过驱赶从业人员、派驻人员据守等方式直接或间接地控制厂房、办公区、经营场所等;扰乱社会秩序的手段,包括但不限于摆场架势示威、聚众哄闹滋扰、拦路闹事等。

“硬暴力索债”的表现形式相对于“软暴力”更加好理解,是指直接对受害者的身体造成伤害,包括拳打脚踢、持械殴打等直接施予被害人肉体伤害以索取债务的行为。

以“法律手段索债”，是指借助诉讼、仲裁、公证等法律手段，利用强大的国家机器向被害人索取债务的行为。以“法律手段索债”其实也是“软暴力”的一种特殊表现形式。“硬暴力”伤害的是肉体，“软暴力”伤害的是人的心灵和精神世界。从某种程度上说，虽然“软暴力”的伤害是无形的，但伤害结果甚至比“硬暴力”更为严重，很多“套路贷”的“软暴力”行为已经造成被害人或者家属因不堪其辱、不堪其压而自杀的后果。

三、“套路贷”涉刑案件的标志性行为

《办理“套路贷”若干问题的意见》所列上述5种常见犯罪手法和步骤，并不是“套路贷”的必备流程，也不是“套路贷”涉刑案件缺一不可的认定标准。

笔者充分论述了“民间借贷”“高利贷”“套路贷”的法律定义、法律特征，以及三者之间的区别和联系，在此基础上，详细分析研究了《办理“套路贷”若干问题的意见》，以期正确建立对“套路贷”涉刑案件多维度的理性认识，并能够切实把握其司法认定标准。为了更加直观地判断“套路贷”涉刑案件的司法认定标准，我们将《办理“套路贷”若干问题的意见》第3条所罗列的5种“套路贷”的常见犯罪手法和步骤，与“高利贷”和民间借贷的常见手法和步骤，制作相关表格进行比对(见表1)。

表1 “套路贷”与民间借贷、“高利贷”的比较

手段和步骤	民间借贷	高利贷	套路贷
(1)制造民间借贷假象(借款合同)	有	有	有
(2)制造资金走账流水等虚假给付事实(虚增债务)	无	无	有
(3)故意制造违约或者肆意认定违约(虚增债务)	无	无	有
(4)恶意垒高借款金额(虚增债务)	无	无	有
(5)软硬兼施“索债”(要账方式)	无	有	有

通过表1的比对，笔者得出以下结论：

(1)“虚增债务”是“套路贷”区别于“高利贷”和民间借贷的标志性行为，也是“套路贷”涉刑案件的唯一司法认定标准。

(2)“虚增债务”的方式有很多种,包括并不限于司法解释所罗列的“制造资金走账流水等虚假给付事实、故意制造违约或者肆意认定违约、恶意垒高借款金额”这三种方式。无论采取何种方式,只要虚增了借款人的债务,就构成“套路贷”犯罪。

(3)软硬兼施“索债”不是“套路贷”的必备构成要件。

第六节 “套路贷”涉刑案件“立案难”案例分析

虽然《办理“套路贷”若干问题的意见》对“套路贷”的犯罪构成作出了具体界定,但在司法实践中,还有很多案件或者存在争议,或者另有案外原因,导致此类案件立案难度之大远远高于一般的刑事案件。

本节以一宗“伪造印章罪”生效判决的相关卷宗材料为背景,结合控告人所提供的原始文件、原始录像,在还原事实原貌的基础上,分析评判侦查机关对本案涉及“套路贷”的控告事由“不予立案”的深层次原因。

一、案件证据指向的基本事实

控告人王某,系S市“D广场裙楼”项目实际控制人;被控告人刘某,系S市“G公司”实际控制人;涉案标的D广场裙楼,位于S市商业中心地段,共计3层,商铺面积8000多平方米,价值6亿元以上。

2013年下半年,刘某以“认老乡”的方式主动结识了王某。2014年1月,刘某向王某提出租赁“D广场裙楼”,王某未答应。2014年3月,“D广场裙楼”因不能如期办理竣工验收而影响了物业分证手续办理,导致资金周转困难。刘某主动向王某陆续转款数千万元,双方没有办理借款手续。

2014年下半年,刘某开始催促王某还款。2014年9月15日,刘某带领多人找到王某,拿出事先准备好的《房屋租赁合同》,逼迫王某将“D广场裙楼”租赁给“G公司”作为还款担保,租期为15年。

2014年9月30日,刘某带领多人找到王某,逼迫王某签署了多份没有写明借款金额的借款合同;2014 年 10 月,刘某带领多人到 D 广场,以跳楼的方式要求王某还款;2015 年 1 月 8 日,刘某带领多人,以借款本息累计已达 1.8 亿元为由,强逼王某签署了“D 广场裙楼”第二层、第三层共计 5575.32 平方米的买卖合同,用以抵扣“债款”。

2015 年 2 月 11 日,刘某派人以“办理还款需要”为由,胁迫王某办理了 S 市农村商业银行储蓄卡,网银、U 盾,密码均被收走;2015 年 3 月 8 日,刘某派几十人着装到王某公司大闹催债,公司报警;此后半年,刘某每天安排多人分组轮流 24 小时到王某公司蹲守,并拿走了公司价值 1000 万元以上的摆件。

2015 年 6 月 19 日,刘某限制王某人身自由,逼迫其签订多份合同,其中“D 广场裙楼”也被以抵债方式卖出;2015 年 11 月 20 日下午 4 时,刘某从王某公司员工手中抢走公司公章和法人私章,晚上 9 时归还。

2016 年 3 月 5 日,刘某带领上百人进驻“D 广场裙楼”,打砸、破坏王某公司设备,王某公司员工报警,刘某向出处警单位出示了《房屋租赁合同》和加盖有被抢走公章的证明材料,并提供银行流水,证实王某借款已高达 1.9 亿元,其中本金 1.1 亿元,利息 8000 多万元,该警情以“民事经济纠纷”结案(后经公安机关核实,真实借款只有 5430 万元本金,另外 6500 万元本金是利用拿走的银行卡虚增的借款,该 6500 万元都是当天转入银行卡又迅速转出而形成的流水;且扣除已经归还的部分借款,王某只欠刘某本金 3630 万元)。

2016 年 5 月,刘某下属李某等人伪造王某公司印章,把“D 广场裙楼”变压器使用权变更到“G 公司”名下。后李某等三人因“伪造印章罪”被判刑,司法机关以刘某“不知情”为由不予追究其刑事责任。

2016 年 7 月,王某公司被 S 市中级人民法院裁定进入破产程序;2016 年 9 月 23 日,公司破产管理人向刘某送达《解除合同通知书》,解除 2014 年 9 月 25 日签署的《房屋租赁合同》,并要求其限期搬离;2016 年 10 月,刘某向破产管理人正式申报 1.9 亿元债权,其中本金 117,360,892 元,利息 74,283,569 元,并提交相关债权凭证及银行流水;2017 年 3 月,刘某又撤回前述债权申报。

2016 年 12 月,刘某以“G 公司”为原告,以王某公司为被告,向 S 市中级人民法院提起普通破产债权确认纠纷之诉,请求确认管理人解除《房屋租赁合同》

行为无效。S市中级人民法院驳回刘某公司起诉，刘某公司上诉，G省高级人民法院维持原判。在两级诉讼中，刘某公司的事由和关键证据仍是申报1.9亿元破产债权时提交的6份借款合同和相关银行流水。

自2016年3月刘某等人强行进入“D广场裙楼”开始，王某丧失“D广场裙楼”控制权，其每年损失租金和物业费6000万元，截至2021年3月，刘某已占有“D广场裙楼”整整5年，王某损失已达3亿元，而王某欠刘某的真实借款的本金只有3630万元。

二、案件诉讼过程及处理结果

2014年以来，王某报警无数次，向辖区派出所、公安分局、S市公安局等相关部门实名举报无数次，以黑社会犯罪向S市扫黑办、省扫黑办、公安部扫黑办实名举报无数次。

2018年7月5日，S市公安局F分局以“伪造印章罪”对刘某等人立案侦查；2019年8月15日，S市F区人民检察院以“伪造公司印章罪”批准逮捕了犯罪嫌疑人李某、肖某、何某，以“证据不足”不予批准逮捕犯罪嫌疑人刘某；2019年10月10日，S市公安局F分局以“伪造公司印章罪”将犯罪嫌疑人李某等三人移送审查起诉，后三人均被处缓刑。

控告人王某不服公安机关仅以“伪造印章罪”立案，继续以被控告人刘某涉嫌诈骗、非法拘禁、寻衅滋事、故意毁坏财物、抢劫及黑社会犯罪，向各级公安机关实名控告。《办理“套路贷”若干问题的意见》出台后，王某又以刘某成立“套路贷”犯罪为由，向各级公安机关实名控告。

2020年7月15日，S市公安局F分局向王某出具书面“不立案通知书”。关于不立案理由，公安机关口头说明，此案系民事经济纠纷，公安机关不便介入。

三、刘某行为与“套路贷”涉刑法律规定的分析比对

刘某的行为是否涉嫌“套路贷”犯罪？根据《办理“套路贷”若干问题的意见》的规定，“套路贷”是对以非法占有为目的，假借民间借贷之名，诱使或迫使

被害人签订“借贷”或变相“借贷”“抵押”“担保”等相关协议,通过虚增贷款金额、恶意制造违约、肆意认定违约、毁匿还款证据等形成虚假债权债务,并借助诉讼、仲裁、公证或者采用暴力、威胁以及其他手段非法占有被害人财物的相关违法犯罪活动的概括性称谓。

“套路贷”常见犯罪手法和步骤包括但不限于以下情形:(1)制造民间借贷假象;(2)制造资金走账流水等虚假给付事实;(3)故意制造违约或者肆意认定违约;(4)恶意垒高借款金额;(5)软硬兼施索债。

根据上述规定,笔者对刘某的行为作以下分析比对:

(1)刘某对“D 广场裙楼”具有强烈的占有目的。刘某以“认老乡”的方式主动结识王某,并于 2014 年 1 月明确提出租赁“D 广场裙楼”,在遭到王某拒绝后,仍然经常主动到王某办公室喝茶聊天,联络感情。

(2)刘某刻意对王某形成事实上的“民间借贷”关系。刘某在获悉王某因竣工验收延期而出现资金周转困难后,第一时间主动伸出“援助”之手,且表示借款不需要任何手续,不需要任何利息,连续向王某账户转入多笔资金,形成事实上的“民间借贷”关系。

(3)刘某迫使王某签订“租赁协议”作为还款担保。刘某向王某转入多笔款项几个月以后,在明知王某并无还款能力的情况下开始催促还款,态度一次比一次恶劣,并于 2014 年 9 月 15 日带领多人限制王某人身自由,迫使王某不得不签署为期 15 年的《房屋租赁合同》,作为还款担保。

(4)刘某虚增王某借款本金 6500 万元,恶意垒高借款金额。刘某于 2014 年 9 月 30 日逼迫王某签署了多份未写明借款金额的借款合同,于 2015 年 2 月 11 日派人以“办理还款需要”为由,胁迫王某办理了 S 市农村商业银行储蓄卡,网银、U 盾,密码均被收走。根据公安机关已经查明的事实,刘某向王某银行卡共计转入本金 1.1 亿元,但其中真实借款只有 5430 万元本金,另外 6500 万元本金是利用拿走的银行卡虚增的借款,所有的款项都是当天转入银行卡又迅速转出而形成的流水。扣除已经归还的部分借款,王某只欠刘某本金 3630 万元。

(5)刘某软硬兼施索债,逼迫王某将涉案标的“D 广场裙楼”以“买卖合同”的方式全部抵债。2014 年 10 月,刘某带领多人到 D 广场,以跳楼的方式逼迫王某还款;2015 年 1 月 8 日以借款本息累计已达 1.8 亿元为由,强逼王某将“D 广场裙楼”第二层、第三层抵债;2015 年 3 月至 9 月,刘某每天安排多人分组轮流 24 小时到王某公司蹲守,拿走了公司价值 1000 万元以上的摆件;2015 年 6 月 19 日,刘某限制王某人身自由,逼签多份合同,其中“D 广场裙楼”第三层也被以抵债方式卖出。

(6)刘某对“D 广场裙楼”的占有方式是非法的。2016 年 3 月 5 日,刘某带领多人强行进驻“D 广场裙楼”,至此,价值数亿元的涉案标的全部营业面积 8000 多平方米,从形式到实质全部被刘某非法控制、占有。

综上,刘某的行为完全符合《办理“套路贷”若干问题的意见》相关规定,应当以“套路贷”犯罪的相关罪名予以定罪处罚。

四、侦查机关不予立案的原因

民间借贷关系中,债权人主张债权无非有两种方式:一种是私力救济;另一种是公力救济。私力救济包括上门要账或者双方协商,甚至暴力或者“软暴力”要账,也是私力救济的一种方式,只不过行为性质违法;公力救济,即向法院起诉或者通过仲裁、公证的方式主张自己的债权,此种救济方式涉及法定程序,需要一定的时间才能出结果。

《办理“套路贷”若干问题的意见》中明确规定,“套路贷”是指“以非法占有为目的……形成虚假债权债务,并借助诉讼、仲裁、公证或者采用暴力、威胁以及其他手段非法占有被害人财物的相关违法犯罪行为的概括性称谓”。简言之,只要形成“虚假债权债务”,无论通过什么方式以主张“债权”为由取得他人的财物,就构成“套路贷”犯罪。

(1)刘某向王某多次以暴力方式主张“债权”,此系以违法性私力救济方式主张债权,其中包含虚增的 6500 万元本金及相关利息。王某有报警记录或者原始录像证实的刘某暴力讨债行为多达十几次;刘某在长达半年的时间段内每天安排多人分组轮流 24 小时到王某公司蹲守;刘某逼迫王某与其签订“D 广场裙楼”租赁合同、抵债合同,其所主张的债权,均包含了虚增的 6500 万元本金及相关利息。

(2)刘某向法院提起“破产债权确认纠纷之诉”,此系以公力救济方式主张债权,其中包含了虚增的6500万元本金及相关利息。2016年7月,王某公司被S市中级人民法院裁定进入破产程序;2016年10月,刘某向破产管理人正式申报1.9亿元债权,后撤回;但2016年12月,刘某又以自己的“G公司”为原告,以王某公司为被告,向S市中级人民法院提起普通“破产债权确认纠纷之诉”,请求确认管理人解除《房屋租赁合同》行为无效,其向法庭所提交的关键证据仍是上述1.9亿元债权的6份借款合同和相关银行流水,而其中包含6500万元的虚假债权和相关利息。

(3)刘某没有直接向法院提起“还款之诉”,并不能因此认定其没有主张虚假债权。刘某拿走王某银行卡形成6500万元的虚假流水后,确实没有以该虚假债权向法院提起“还款之诉”,但其以暴力方式索要欠款,以逼签租赁合同方式作为还款担保,以逼签买卖合同方式抵债,以暴力强驻方式占有和控制“D广场裙楼”,这些行为都应当认定为“以虚增债权向王某主张债务”。

(4)刘某两审败诉而认定其没有主张虚假债权。虽然刘某公司以虚增债权向法院提起“破产债权确认纠纷之诉”的两审皆败诉,但不能据此认定其“没有主张虚假债权”,且刘某实质上已经占有和控制了王某价值6亿元以上的“D广场裙楼”,在公安机关进行初查时仍未归还,该行为应当认定“刘某以虚增的债权,通过暴力方式非法占有了王某的财产”。

综上,笔者认为侦查机关以“此案系民事经济纠纷不予刑事立案”的观点是错误的。

五、“套路贷”犯罪被害人控告立案难的原因

近年来,公安机关对有经济纠纷嫌疑的刑事立案多持否定态度,不仅仅因为公安部连续发布多份“严禁违法插手干预经济纠纷案件”相关文件,对于利用刑事手段插手经济纠纷的处罚越来越严重;还因为这类案件的侦办难度大于一般刑事案件,特别是此类案件比较多的沿海地区基层派出所面临警力不足的现实。

回归本案事实,笔者认为,有证据证明被控告人刘某向王某实施了“虚增债

权债务”的行为，并借助诉讼和采用暴力、威胁手段非法占有被害人财物，其行为涉嫌构成“套路贷”犯罪且已经达到了刑事立案标准；刘某及其手下工作人员的行为，已经远远超出“伪造印章罪”所能够涵盖的范围，分别涉嫌非法拘禁罪、诈骗罪、寻衅滋事罪、故意毁坏财物罪、抢劫罪等相关罪名，接报的公安机关应当予以立案侦查。

第三章 “套路贷”涉刑案件共犯认定

笔者认为,《办理“套路贷”若干问题的意见》出台的最大意义,在于非常明确地解决了“套路贷”与“民间借贷”的界定问题。“套路”就是“骗局”,其核心认定标准是“虚增债务”,司法机关或者辩护律师只要把握好“是否虚增债务”这一核心问题,分析判断是“民间借贷”“高利贷”,还是“套路贷”犯罪,已经不再是难题。

与此同时,《办理“套路贷”若干问题的意见》第5条也对“套路贷”共犯问题作出了规定,但相对于毒品犯罪、盗窃犯罪、网络犯罪等司法解释,该意见规定的内容并不具体,实践操作中存在许多争议,执行起来还有相当的难度。特别是隐形于“套路贷”后台的“金融科技产业链”的从业者们是否成立共犯的问题,相对于“套路贷”投资人、业务员、催收员等固定人员的共犯认定,其难度尤甚。

第一节 “金融科技产业链”与“套路贷”共犯的常见形态

一、共同犯罪的定义

(一)“共同犯罪”法律条文

《刑法》第25条规定:“共同犯罪是指二人以上共同故意犯罪;二人以上共同过失犯罪,不以共同犯罪论处;应当负刑事责任的,按照他们所犯的罪分别处罚。”

以上法条，从字面上理解似乎很简单，但是公安机关侦查终结的案件，经常会遭遇检察机关刑检部门以“主观故意方面事实不清、证据不足”，不予批准逮捕或者退回补充侦查。即便是在审判环节，案件经过了检察机关审查逮捕、审查起诉、一次退补、两次退补等多轮审核后到了法庭上，刑辩律师仍然会以“被告人不知情，缺乏犯罪的主观故意”作为主辩点为自己的当事人进行辩护。所以，在司法实践中，共犯的“犯意”问题，历来都不是一个简单的话题。

（二）“共同犯罪”构成要件

构成共同犯罪，必须具备如下要件：首先是主体要件，即此类案件共同犯罪的主体必须是二人以上。具体来讲，可以分为下列三种情形：

（1）两个以上自然人共同犯罪，要求各犯罪人都必须达到刑事责任年龄，具有刑事责任能力；

（2）两个以上单位共同犯罪，即刑法理论中的“单位共同犯罪”；

（3）有责任能力的自然人与单位共同犯罪，即刑法理论中的“自然人与单位共同犯罪”。

其次是客观要件，即各犯罪人必须具有共同的犯罪行为。共同犯罪行为是指各犯罪人为追求同一危害社会结果，完成同一犯罪而实施的相互关联、彼此配合的犯罪行为，且危害行为均与结果之间存在因果关系。共同犯罪行为分为3种情形：

（1）共同作为。各共同犯罪人均实施了法律所禁止的行为而构成共同犯罪，如甲、乙合谋后对丙实施诈骗行为。

（2）共同不作为。各共同犯罪人均未履行应当履行的义务而构成的共同犯罪，如儿子甲、儿媳乙共同遗弃年迈无独立生活能力的父母。

（3）作为与不作为的结合。共同犯罪人中有人系作为行为，有人系不作为行为，如乙提供毒品给甲，甲实施下毒行为，乙在现场但并未阻拦，丙在服用有毒食品后死亡。

最后是主观要件，即各共同犯罪人必须有共同犯罪的故意。共同犯罪的故意是指各共同犯罪人通过意思联络，认识到他们的共同犯罪行为会发生危害社会的结果而仍然参加共同犯罪，并希望或放任这种结果发生的心理状态。其特征有：

(1)共同的认识因素。认识到自己是与他人互相配合共同实施犯罪，认识到自己与他人的共同犯罪行为会产生危害结果。

(2)共同的意志因素。共同希望危害结果的发生，是共同直接故意；共同放任危害结果的发生，是共同间接故意；一方希望危害结果发生，其他方放任危害结果发生，是混合共同故意。

(三)不成立“共同犯罪”的特殊情形

1. 同时犯不是共同犯罪。比如，甲去某家盗窃，乙也去同一家盗窃，两个人各拿各的，然后分别离开，双方没有共同实行犯罪的意思联络，而只在同一时间针对同一目标实行同一犯罪，则甲、乙分别对自己的盗窃份额承担责任，而不对双方的盗窃份额之和承担责任。

2. 同时实施犯罪而故意内容不同，不构成共同犯罪。比如，甲去某家盗窃，乙在同一时间去某家砸东西出气，甲成立盗窃罪，乙成立故意毁坏财物罪。

3. 超出共同故意以外的犯罪，即“实行犯过限”，不构成共同犯罪。比如，甲、乙合谋去某家盗窃，出门时遇到主人回来，甲扔下东西逃跑，乙殴打主人致轻伤，甲构成盗窃罪，乙构成抢劫罪(盗窃转化型)。

二、共同犯罪的分类

共同犯罪的分类有很多种，与“金融科技产业链”有关的共同犯罪涉及以下两种。

(一)依据共同犯罪故意形成的时间分为“事前共犯”和“事中共犯”

“事前共犯”是指行为人实施犯罪行为之前有通谋的共同犯罪。在着手实行犯罪之前，各共犯人已经形成共同犯罪故意，就实行犯罪进行了策划和商议。通谋一般是指二人以上为了实行特定的犯罪，以将各自的意思付诸实现为内容而进行谋议。由于共犯人在着手实行前对即将实行的行为性质、目标、方法、时间、地点等进行了策划，故其犯罪易于得逞，危害程度严重。比如，甲和乙经预谋后，甲负责诱骗儿童，乙负责寻找买家，两个人分工合作，甲在寻找拐骗目标时，乙可能已经事先告知了甲买方的具体要求，故甲诱骗成功后能通过乙很快出手，甲、乙构成拐卖儿童罪的“事前共犯”。

“事中共犯”是指行为人实施犯罪之前没有通谋的共同犯罪。在犯罪实施过程中，另外有人参与进来，双方可以通谋后相互配合，也可以彼此心领神会、心照不宣地相互配合；或者后来参与进来的人对自己将要实施的行为性质产生怀疑，但因利益所在，仍然继续实施并放任结果的发生。比如，甲拐骗儿童，向乙谎称是自己的孩子需要找家庭送养，并许诺重金酬谢；乙对孩子的来历有所怀疑，但为了拿到酬金，仍然帮助甲找到了买主丙；丙对孩子的来历也有所怀疑，但仍然以2万元收养了孩子，甲向乙支付介绍费2000元。乙构成甲“拐卖儿童罪”的“事中共犯”，丙单独构成“收买被拐卖的儿童罪”。

从“事前是否有通谋”这个角度，“金融科技产业链”与“套路贷”之间的共同犯罪，绝大多数都是“事中共犯”。即事前无通谋，事中心照不宣；或者有所疑问，但因利益所在而继续实施。正是因为没有事前通谋，在“事中共犯”拒不供认的情况下，其犯罪的主观故意具有一定的认定难度。

（二）依据共同犯罪之间是否有分工分为“简单共犯”和“复杂共犯”

“简单共犯”是指无分工的共同犯罪，二人以上共同直接实施犯罪。简单共同犯罪都是共同实行犯，又称共同正犯，共同犯罪人共同直接地实施某一犯罪行为，没有教唆犯、帮助犯、组织犯。如甲和乙一同对丙实施暴力，进而一起将丙的财产劫走；在分担的共同实行犯中，在实行行为内部还存在分工，如抢劫罪的共同犯罪中，一部分人实施暴力手段，另一部分人实施取得财物的行为。

“复杂共犯”是指各共同犯罪人之间存在犯罪分工的共同犯罪，除了直接着手实施犯罪行为的实行犯，还有组织犯、教唆犯、帮助犯等分工。这种分工具体表现为：组织犯对整个犯罪活动予以组织策划、指挥领导；教唆犯使他人产生犯罪意图，并不实施犯罪实行行为；实行犯直接实施具体犯罪构成要件的行为；帮助犯对犯罪的实施、完成和保持犯罪后的不法状态，提供物质和精神上的帮助。

从“是否有分工”这个角度，“套路贷”与“金融科技产业链”之间的共同犯罪，基本都属于“复杂共犯”中的“帮助犯”。

三、“事中帮助犯”的定位

结合共同犯罪的以上两种分类,“金融科技产业链”构成“套路贷”犯罪的共犯,一般属于“事中共犯”,同时也是“复杂共犯”中的“帮助犯”。我们姑且简称为“事中帮助犯”。

“事中帮助犯”这个称谓不是通用的法律术语,是笔者为了方便讨论本篇主题临时设置的名称。它不是“承继共犯”,承继共犯既有“承继实行犯”,也有“承继帮助犯”,这些都不在讨论之列。

“事中帮助犯”的特点:(1)无事前通谋;(2)发现后确认对方的行为涉嫌犯罪而继续提供服务或者支持;(3)怀疑并放任对方的行为涉嫌犯罪而继续提供服务或者支持。

“金融科技产业链”构成“套路贷”的共犯,其共同犯罪的故意在着手实行犯罪之时或实行犯罪的过程中形成。比如,“套路贷”行为人甲联系从事互联网服务的技术人员乙,要求乙有偿安装“呼死你”软件服务;乙在甲的电脑中发现了许多与“借款合同”相关的资料,知道或者怀疑甲系“套路贷”从业人员,但为了赚取服务费,仍然选择了为甲安装“呼死你”软件服务;甲利用乙安装的软件对借款人进行“狂轰滥炸”。乙如果构成甲“套路贷”犯罪的共犯,其在“套路贷”的犯罪流程中,与甲并无事前通谋行为,其在发现或者怀疑甲系“套路贷”从业者后仍然向其提供有偿帮助,系“事中帮助犯”。

“事中发现”或者“事中怀疑”对方的行为涉嫌犯罪而继续提供支持和帮助,这就是司法解释经常提到的“明知”。“事中发现”,就其主观认定来讲就是“直接故意”,其认识因素为“明知必然发生危害后果而仍然去做”;“事中怀疑”,就其主观认定来讲就是“间接故意”,其认识因素为“明知道可能发生而仍然去做”。

综上,“金融科技产业链”构成“套路贷”犯罪的共犯,其表现形态为“事中帮助犯”最为典型的状态。

第二节 “金融科技产业链”参与“套路贷”涉刑案件共犯特征

“产业链”是一个包含价值链、企业链、供需链和空间链四个维度的概念。这四个维度在相互对接的均衡过程中形成了“产业链”,其实质就是不同产业的企业之间的关联。[1]

“金融科技产业链”是指服务于银行、证券、保险、基金、网贷等金融或者民间借贷平台的科技产业,从宏观来讲,包括第三方支付、云计算、大数据、区块链、人工智能、软件开发等产业;从微观来讲,具体到软件应用、安装、维护,信息搜集、制作、共享等。“金融科技产业链”向上游延伸,进入基础产业环节和技术研发环节;向下游伸展,则进入市场开拓环节和技术应用环节。“金融科技产业链”构成“套路贷”犯罪的共犯,上下游均有分布,一般以下游居多,即“市场开拓环节和技术应用”环节的从业人员,更容易成为“套路贷”的共犯。

“金融科技产业链”大部分属于中性技术,本身并非专用于网络违法犯罪,而是公开面对社会。因其所提供的技术和服务,空间是虚拟的,对象是不特定的,技术是智能化的,故相较于其他领域的共同犯罪,“金融科技产业链”与“套路贷”共犯呈现以下五大特征。

一、具体身份隐蔽化

“金融科技产业链”工作人员采取数字化技术手段隐藏真实身份与地址,其身份虚拟,踪影难寻,捉拿手段非侦查人员人力所及,需要网络专业技术支持。

---

〔1〕 参见百度百科:产业链是产业经济学中的一个概念,是各个产业部门之间基于一定的技术经济关联,并依据特定的逻辑关系和时空布局关系客观形成的链条式关联关系形态。产业链是一个包含价值链、企业链、供需链和空间链四个维度的概念。这四个维度在相互对接的均衡过程中形成了产业链,这种“对接机制”是产业链形成的内模式,作为一种客观规律,它像一只“无形之手”调控着产业链的形成。

比如,“套路贷”从业人员在网上发帖宣传“无息贷款”以诱骗客户,或者发布借款人“隐私”以暴力催债,发帖人的地址、身份无可查询,非动用专业人员与科技手段,很难确定是何人所为。

二、帮助形式合法化

“金融科技产业链”工作人员提供技术和服务,其所在的企业有合法的工商注册、知识产权等政府许可,其与“套路贷”犯罪主体之间,也可能存在合法形式的买卖关系,仅从形式上无法界定其行为的违法性质。

比如,“呼死你”等恶意软件的开发商、供应商,其向政府报备和前台运作的,都是合法合规的正常业务,其与“套路贷”平台合作,有可能一边提供正常的系统维护服务,一边提供违法犯罪行为的技术支持和帮助。

三、意思联络模糊化

“金融科技产业链”与“套路贷”主体处于供需两端,双方发生业务关系,不用面对面交流,即所谓的“云接触”。双方均以“网络语言”进行沟通,只要点击鼠标和敲击键盘,就可以瞬间完成一系列的合作指令,从意思联络上无法判断双方是否进行了犯意的沟通。

比如,计算机高手利用黑客手段攻击理财网站,从网站服务器中下载客户信息,然后向各大平台发送“购买链接”,“套路贷”行为人只要点击该“购买链接”并按要求付款,马上就能收到大量的公民个人信息,包括姓名、身份证号、银行卡卡号等,甚至家庭住址。“套路贷”行为人利用购买得到的公民信息定向发送“无息贷款”宣传资料,以诱骗大量客户上钩。

四、产业犯罪链条化

“金融科技产业链”在“套路贷”犯罪中往往形成环环相扣的上下游犯罪链条,且上下游供应链之间毫无犯意联系,而是自然形成分工关系。

比如,“套路贷”如果要完成全部犯罪行为,其需要的产业链条大致为:(1)宣传推广平台;(2)公民个人信息获取渠道;(3)App 软件运行;(4)第三方支付通道;(5)软暴力催收软件。在这个链条当中,如果上下游人员需要业务配合,比如(1)宣传下载(3),(3)通知(4)支付,(3)通知(5)催收等,相互之间只有技术来往,毫无犯意表露,但却均有可能构成一系列共同犯罪。

五、犯罪故意概括化

“金融科技产业链”与“套路贷”犯罪在交易过程中关于服务范围、讨价还价等意思联络,与普通的经济交易并无不同。在这个过程中,卖家通常只关注交易,例如,在买卖信息库交易中,卖家并不关心买家买到的邮箱、电话等信息究竟被用来群发小广告还是用来进行“套路贷”犯罪,而是只关注买卖的价格和数量,因此,交易的过程不是犯意沟通,只是交易。况且,“金融科技产业链”各环节卖家所面对的买家数量都很庞大,一个卖家会将其程序或者信息卖给多个买家,形成一对多的买卖关系。从犯罪故意上来说,虽然卖家知道他所出卖的程序或者资料是什么,并且应当知道有买家“可能”用于实施犯罪,但对于具体哪个买家会用于实施犯罪,则很大程度上是不确定的,故“金融科技产业链”对于中下游买家的犯罪行为和结果所持的是一种非常概括的、模糊的“放任”,是否能构成最低程度的间接故意,需要结合具体情况认真分析对待。

比如,银行工作人员甲利用职务上的便利,记录并制作银行客户的个人基本信息,然后向社会不特定的人员出售牟利,其对购买方的身份和购买用途不闻不问。对于信息购买方来说,如果其购买信息只是为了推销方便,如房地产中介用于推销房产、服装营销人员用于推销服装、美容业务员用于推销护肤产品,因购买方未实施犯罪行为,则银行工作人员甲单方构成“侵犯公民个人信息罪”。而如果“套路贷”从业人员购买公民个人信息后用于“无息贷款”的虚假宣传,并据此得以诱骗大量客户上钩,则银行工作人员甲向“套路贷”犯罪主体出售公民个人信息的行为,是构成“侵犯公民个人信息罪”还是构成“套路贷”的共犯?

上述“金融科技产业链”与“套路贷”共犯五大特征,决定了其共犯故意的发现难度、侦查难度和认定难度;当然,一旦公安机关侦查立案并经过检察机关审查起诉,律师的辩护成功难度也随之上升,审判机关很可能会以“应当知道”而判决成立共犯。

第三节 “金融科技产业链”与“套路贷”共犯的证据搜集及审查

“金融科技产业链”与“套路贷”共犯的成立，要求相关人员对于“套路贷”所实施的诈骗、敲诈勒索、强迫交易等上游犯罪，具有主观上的“明知”。如果司法机关没有足够的证据来指控这一认知因素，共犯的故意便无法成立。

《办理“套路贷”若干问题的意见》列举了7类“明知”而实施的共犯行为，但并未列举“明知”的具体表现，而是要求司法机关结合行为人的“认知能力，既往经历，行为次数和手段，与同案人、被害人的关系、获利情况、是否曾因‘套路贷’受过处罚、是否故意规避查处等主客观因素‘综合分析认定’”。此处的“综合分析认定”，其实是由裁判者结合上述表现以及自己的裁判经验等综合因素进行推定的过程。从理论上说，我国《刑法》原则遵循的是“无罪推定”，但在这里似乎成了“有罪推定”，是否存在互相矛盾的地方？

《办理“套路贷”若干问题的意见》所说的“应当结合行为人的主客观因素综合分析认定”，就是一个根据已经查证的客观事实来进行推论的过程，这个过程并不是“有罪推定”，而是裁判者根据现有的间接证据或者说证据链条所作出的分析判断，得出的结论是基于证据能够证明的事实，而并非“凭空臆断”，如果是“凭空臆断”得出的结论或者得出的结论无法排除合理怀疑的，则属于辩护律师应当把握而进行有效辩护的机会。

利用互联网进行的犯罪往往不是独立进行的，尤其是在“套路贷”这种逐利犯罪中，自然形成环环相扣的上下游犯罪链条，上下游犯罪嫌疑人之间并无清楚明白的犯意联系，很多时候形成了自然而然的分工。例如，有人偷取数据，有人倒卖数据，有人购买数据，有人利用数据放贷，有人支付贷款，有人实施诈骗；等等。在这个上下游犯罪链条当中，全链条行为人之间是否均存在犯意联系？该如何证明？是司法实践中存在的难题。

前述提到“套路贷”犯罪中“金融科技产业链”构成共同犯罪，一般属于“事前无通谋的帮助犯”,姑且称为“事中帮助犯”(此称谓并不是通用的法律术语,而是笔者为了探讨“金融科技产业链”在“套路贷”犯罪中的共犯问题临时设定的)。判断行为人主观上的明知,有且只有两种情况:一是行为人明确供认“知道”,二是行为人不予供认,需要根据其客观行为来推定其主观故意。第一种情况出现的概率极小,更多情形下侦查机关需要搜集与行为人的客观行为相关的证据来推定其行为的主观故意。

“金融科技产业链”构成“套路贷”共犯的常见状态属于“事中帮助犯”,以行为人在事实发生过程中的客观行为来推定其是否具有明知的主观故意,符合我国《刑事诉讼法》的“无罪推定”原则。

《办理“套路贷”若干问题的意见》之所以没有列举共犯“明知”行为的具体表现,是因为“套路贷”毕竟属于新型犯罪。截至目前,各地公安机关打击“金融科技产业链”与“套路贷”共犯的案例很少,没办法给《办理“套路贷”若干问题的意见》提供数据参考及案例支持。所以,在实践操作中,很多问题的解决还要参照既往的法律法规和司法解释以及类案的指引。

那么,在两高两部尚无足够的案例指引如何界定“套路贷”共犯中“明知”的情形下,侦查机关如何收集共犯的“明知”证据?裁判者又如何以行为人的客观行为来推定其主观故意呢?笔者通过研究其他罪名关于共犯的规定,可以发现存在如下共同规律,即以客观行为推定主观故意,需要看行为人的行为是否存在“异常情形”,是否符合常理,“异常情形”越多,越不符合常理,其“主观明知”的确定越清晰,但有证据证明确属被蒙骗的除外。

侦查机关如何搜集行为人的“异常”证据?如何根据所搜集的证据来推定主观故意?辩护人又如何否决该证据所能够证明的主观故意?结合其他罪名的相关规定,特别是借鉴 2019 年 10 月 21 日《最高人民法院、最高人民检察院关于办理非法利用信息网络、帮助信息网络犯罪活动等刑事案件适用法律若干问题的解释》,笔者建议从以下 9 个方面的“异常”情形入手,并结合“金融科技产业链”从业者对“套路贷”上下游犯罪行为的认识状况,综合判断其是否存在“明知”的故意。

一、是否以虚假身份、地址或者其他虚假方式提供或者接受技术、服务

这里的虚假是双重虚假，既包括“金融科技产业链”从业者以虚假身份、虚假地址提供技术或者服务，也包括“套路贷”犯罪人员以虚假身份、虚假地址接受技术或者服务。彼此隐瞒身份，或者一方隐瞒身份，即表明不想承担相关责任，故这种以虚假方式逃避责任的客观事实，可以证明行为人主观上具备“明知”，即“应当知道”自己所提供的技术或者服务，正在促使违法犯罪结果的发生。

二、是否违背行业操作规范

我国关于互联网安全的法律法规，以《网络安全法》为上位法，还有各部门、各地方所发布的各种规章、制度等，都对互联网业务管理作出了明确规定，旨在保护广大公民的合法权益。一般来说，在互联网发生的合格业务，其操作流程都符合相关管理规定；反之，如果违规操作，就有可能给他人带来权益的损害。“金融科技产业链”的从业人员，如果违规向“套路贷”从业人员提供技术或者服务，则视为其“应当知道”自己所提供的技术或者服务，正在帮助一个犯罪结果的发生。

三、是否接到投诉、举报后仍然继续提供技术或者服务

“金融科技产业链”从业者在有人投诉、举报其所提供的技术或者服务存在异常情况，有可能损害了他人利益以后，不予查明原因，而仍然继续提供相关技术或者服务的，应当认为其已经明知自己的服务对象存在违法可能性，但对其危害后果持支持或者放任的态度，其共犯的主观故意应当予以认定。

四、是否受到行政主管机关以书面等方式进行告知后仍然继续提供技术或者服务

“金融科技产业链”从业者在受到行政管理机关以现场、电话、书面等任何方式的通知，认为其所提供的技术或者服务对象有可能存在违法行为、损害他

人利益，不选择终止业务，而是继续提供技术或者服务支持的，应当认为其已经明知自己的服务对象存在违法可能性，但对危害后果持支持或者放任的态度，其共犯的主观故意应当予以认定。

五、是否存在执法人员询问时不予提供技术配合，而是以销毁、删除、修改数据等方式故意规避调查

“金融科技产业链”从业者在接受现场检查或者询问时，不予就其专业性问题提供技术配合，而是寻找各种借口百般推脱，或者销毁、删除、修改系统文件、数据的，都表明其明知自己所服务的对象存在违法犯罪行为，其主观故意应当认定。此处的“规避调查”要延伸适用于网络空间，如以“忘记”为由拒不提供微博、微信登录账号和密码。

六、是否在执法人员调查时伺机通风报信或者逃离现场

“金融科技产业链”从业者在接受现场检查或者询问时，伺机利用互联网或者通信工具对外通风报信，或者趁乱逃离现场的，都表明其明知自己所服务的对象存在违法犯罪行为，意图在证据被固定前伺机通风报信，其主观故意应当认定。

七、是否以明显高于市场的价格提供技术或者服务

正常的技术或者服务所获取的收益也是正常的，所谓“高风险者高利润”，侵犯财产类违法犯罪的背后都有异常高额的不法收益。如果“金融科技产业链”从业者提供互联网接入、服务器托管、网络存储空间、通信传输通道、金融支付通道等服务，收取服务费明显高于市场价格，说明其对自己所服务的对象存在不法行为是明知的，应当推定其具备共犯的主观故意。

八、是否为他人逃避监管或者规避调查提供个人技术支持、帮助

“金融科技产业链”从业者因其技术专长，在其向“套路贷”从业者提供有合同约定的技术或者服务之外，为“套路贷”从业人员逃避监管、规避调查提供

个人技术支持和帮助的，则推定其个人对“套路贷”的犯罪后果“应当知道”，与其所在的“金融科技产业链”公司及公司其他人员无关。

九、其他能够认定行为人明知的情形

上述8种“异常”情形，是笔者总结出来的能够推定构成“套路贷”共犯的“明知”的具体情形，远不能完全涵盖全部的犯罪可能性。随着“套路贷”犯罪的进一步暴露，会有更多的刑事案例出现，能够推定行为人明知的情形也将不断补充完善，两高两部也会随着实践的变化和经验的积累，在未来的司法实践中通过司法解释、典型案例、司法文件等形式对新的能够推定行为人明知的情形予以确认。

作为相关案件的辩护人，也可以在办理案件的过程中，针对司法机关所搜集到的“异常情形”的证据，进行针对性分析、判断和对于“异常情形”的说理，是否能够起到排除犯罪事由，即所谓“排除合理怀疑”的效果。

第四节 “金融科技产业链”与“套路贷”共犯的行为评定

如果“金融科技产业链”从业者客观行为出现“异常情形”，但其能够自证主观上缺乏对“套路贷”犯罪的违法性认识，则阻却“明知”的成立。也就是说，并不是侦查机关搜集到行为人存在“异常情形”就一定能够推定其具备共犯的“明知”故意。行为人的认知能力，既往经历，行为次数和手段，与同案人、被害人的关系等其他主客观因素，即行为人的综合认知状况，对其“明知”的判断存在非常重大的影响。

在上述“异常情形”存在的情况下，行为人需要“自证不异常”。如果行为人能够提供证据证明自己由于种种原因，对“套路贷”犯罪的违法性缺乏认识，误认为是合法行为；或者“套路贷”犯罪行为隐藏极深，常人无法发现其具有违法性质，则行为人即便客观上助力了“套路贷”犯罪结果的发生，也不能认定为共犯。

比如,第三方支付通道提出合理辩解,证明自己确实无法认识到服务对象正在进行“套路贷”犯罪,而出于职业的一般要求为其进行资金流转,且大部分业务并没有违反金融支付领域的相关规定,虽然偶有业务未严格按照流程操作,客观上帮助犯罪分子完成了虚假的银行流水,但因其对“套路贷”上游行为缺乏违法性认识,其阻却“套路贷”犯罪“明知”的成立,不构成共犯。

在侦查机关已经搜集到“金融科技产业链”从业者客观上存在“异常情形”的情况下,行为人“自证不异常”提供的证据不要求“确实充分”,只需达到“无法排除合理怀疑”的程度即可。

“金融科技产业链”与“套路贷”犯罪共犯的行为认定,还需要注意以下问题。

一、行为违法性不是认定共犯的唯一条件

正常情况下,“金融科技产业链”从业者提供产品或者服务,根据行业规则和专业知识能够判断自己提供的产品或者服务是否为违规行为,或者基本能够判断是否正在帮助他人完成不法行为,或者能够判断自己的违规行为就是法律规定的犯罪行为。在特殊情况下,少数“金融科技产业链”从业者不具备精准的专业技术知识,所从事的工作也只是最为简单的重复操作,不足以发现自己所在的公司或者公司所服务的上游公司存在违规、违法、犯罪行为,故其虽然客观上提供了帮助行为,但却不能成为“套路贷”的共犯。

二、行为违法性不是认定共犯的必然条件

“金融科技产业链”从业者如果长期从事该产品或者服务,并且熟悉市场行情,知道哪些环节违背行业规范或者手续存在问题,说明从业者可能知道对方涉嫌犯罪仍然继续提供技术或者服务,其对服务对象是否构成犯罪持放任态度,不关心是否对公众造成危害,可以从主观上认定行为人具有概括的故意,应当认定为“明知”。但如果“金融科技产业链”从业者是新手上岗,对行业状况还没有形成系统的了解,还没有来得及对自己的行为性质作出实质性判断而案发的,则其不构成“套路贷”犯罪的共犯。

三、不具备犯罪动机不能认定为共犯

“金融科技产业链”构成“套路贷”共犯，正常情况下会收取明显高于市场的价格，促使其犯罪的动机就是“逐利”。但是，如果“金融科技产业链”从业者证明自己在提供技术或者服务时，并不收取高额费用，而是正常或者低于市场价格或者无偿提供服务，或者证明自己或自己的家人也是“套路贷”的被害人，则行为人不具备犯罪动机，不能认定共犯。

四、“金融科技产业链”主观“明知”的推定与认定

“金融科技产业链”从业者对“套路贷”上游犯罪具体触犯了哪种罪名的认识，并不影响其针对“套路贷”上游犯罪所侵犯的社会秩序所提供的支持、帮助作用，因而公安机关不必搜集确实充分的证据来证明下游行为人主观上明知上游行为人具体的犯罪行为和所触犯的具体罪名，只要行为人认识到上游行为可能属于违法犯罪，而最终该上游犯罪被司法机关认定为诈骗罪、敲诈勒索罪、强迫交易罪等上游犯罪之任何一种，其提供技术或者服务的行为，即成立“套路贷”犯罪具体罪名的共犯。

五、技术中立及违法性认识不足并不影响共犯的认定

“金融科技产业链”提供技术或者服务，其运营、维护主体都具有自我监管的义务，如果技术被用于违法犯罪，而服务提供者显然知晓却怠于监管，放任危害结果发生，然后以“技术中立”为由提出抗辩应当以“间接故意的事中帮助犯”，认定其构成“套路贷”共犯。

在实践中，对“明知”作出判断需要基于一定的事实基础，指向行为人主观“明知”的因素越多、指向性越强，司法工作人员也就越能作出准确判断。因此，对于前述认定“明知”的考量因素，应当准确理解、通盘考虑、综合评定，不能“只看一点、不及其余”，要切实防止认定范围不当扩大、“一刀切”的粗暴认定方式。

综上所述，根据信息时代网络犯罪的技术特点，结合两高两部司法解释对“套路贷”共犯主客观综合评定的要求，目前只能从共犯的基础犯罪理论入手，

参照其他罪名关于共犯“明知”具体情形的规定，尤其借鉴2019年10月21日《最高人民法院、最高人民检察院关于办理非法利用信息网络、帮助信息网络犯罪活动等刑事案件适用法律若干问题的解释》对“金融科技产业链”构成“套路贷”共犯予以认定：

（1）“金融科技产业链”构成“套路贷”共犯，属于刑法理论上的“事中共犯”兼“帮助犯”，即“事中帮助犯”，其主观“明知”需要根据其客观行为来进行推定。

（2）《办理“套路贷”若干问题的意见》没有列举共犯的“明知”情形，实践中需要依靠刑法理论并参照其他罪名关于共犯的规定。

（3）“金融科技产业链”与“套路贷”共犯的证据搜集需要通过查找“异常情形”进行认定。

（4）“金融科技产业链”与“套路贷”共犯的综合评定需要对“异常情形”进行分析研判，排除“合理怀疑”。

第四章 “套路贷”涉刑案件罪数认定原则与规则

第一节 “套路贷”涉刑案件的罪数认定

一、罪数基本法律原则——罪刑法定原则、人人平等原则、罪责刑相适应原则

基于马克思主义基本观点,实践与理论是辩证统一的,实践是认识的来源,实践是检验真理的唯一标准,而科学的理论又可以指导实践活动,并进入更高层次的探索。人的社会实践,不限于生产活动一种形式,还有多种其他的形式,如阶级斗争、政治生活、科学和艺术的活动,总之,社会生活的一切领域都是社会的人所参加的。法学作为一门社会学科,其本质上也遵循着这一规律,在法学的领域之内,理论与实践相互作用,促使这门学科不断前进、发展。具体到刑法这一部门法范畴来说,基本法律原则实质性指导和影响着司法实践活动中从立法到司法的各个环节。

中华人民共和国成立以来,我国刑法理论不断调整、发展,我国《刑法》也相应地经过多次修正。马克昌在《论我国刑法的基本原则》中提及,1979 年《刑法》没有规定基本原则,理论界有些同志建议修改《刑法》时,将基本原则在《刑法》中明文加以规定,至于规定哪些基本原则,仁者见仁,智者见智,意见颇有分歧,新《刑法》采纳了明文规定基本原则的建议,而以三个条文规定了三项基本原则。可见这三项基本原则的确立还是颇费周折的,最终确定的三项基本原则分别为:罪刑法定原则、适用刑法人人平等原则、罪责刑相适应原则,这三项原则由《刑法》第 3 ~5 条予以明确。

“法律明文规定为犯罪行为的，依照法律定罪处刑；法律没有明文规定为犯罪行为的，不得定罪处刑。”这是《刑法》第3条对罪刑法定原则的具体表述。罪刑法定原则的基础含义包含必须以法律规定为犯罪定罪处罚为原点，辐射拓展到依法保护公民的人身、财产权利。此外，罪刑法定原则还有一层含义，即法无明文规定不为罪。高铭暄、赵秉志、许成磊等法学家认为罪刑法定原则的确认应当从社会物质生活、社会结构跃迁中寻找，[1]笔者在此不再展开。

由此可以进一步推导，除非《刑法》中增加“套路贷”罪名的条款，否则“套路贷”并不能作为一个刑法罪名概念。对此，张明楷教授明确指出“不能以套路贷概念取代犯罪构成”。“套路贷”不是一个独立的罪名，也没有犯罪构成要素或者某个犯罪的构成要件。因此，从刑法角度定义“套路贷”没有实际意义，“套路贷”的概念与定义不能成为判断某种行为是否构成犯罪的法律标准。[2]

尽管如此，却并不妨碍我们研究“套路贷”犯罪，正如“恶势力”“黑社会”虽然不能成为一个或某个犯罪的构成要件，但是在实务中“恶势力”“黑社会”的定性却实实在在影响着司法实践活动。“套路贷”犯罪涉及的罪名有十几种之多，在涉及罪名如此之多的情形下，法律职业共同体均应当严格根据法律规定的犯罪构成去认定罪与非罪、此罪与彼罪、一罪或者数罪。

司法实务中，“套路贷”案件比较集中地出现的是罪数问题，即在“套路贷”体系中各种不同形态犯罪的一罪和数罪应当如何适用刑法？笔者并不认同按照罪数理论通说中的法益评判标准对此作出评判，若仅以“套路贷”案件中所侵害法益的单复数作为区分犯罪单复数的标准，难免会有偏颇。笔者认为，只有在犯罪构成标准说的基础上，以法益个数为重要评判参考，坚持罪刑法定原则，结合犯意、行为、结果等综合判断才能得出决定罪数的标准。

刑法是一门严谨的学科，在司法实践活动中，不能随意拔高恶势力犯罪认定为黑社会组织犯罪，也不能降格黑社会组织犯罪认定为恶势力犯罪，不能不按照犯罪构成要件随意认定有“套路”的民间借贷为“套路贷”犯罪。在此基础

---

〔1〕 参见高铭暄、赵秉志、许成磊：《罪刑法定原则》，载《中国法律年鉴》2003年第1期，第1159页。

〔2〕 参见张明楷：《不能以“套路贷”概念取代犯罪构成》，载《人民法院报》2019年10月10日，第5版。

上，可以引入另一项法律基本原则，罪责刑相适应则来加以评判。

《刑法》第5条对罪责刑相适应原则作出如下定义：“刑罚的轻重，应当与犯罪分子所犯罪行和承担的刑事责任相适应”，通俗来讲就是，犯多大的罪就要承担多大的刑事责任，而法院的职责就是让被告人受到与其行为相适应的刑罚。依照法学家赵秉志的观点来说，“罪责刑相适应原则”需要对“罪”“责”“刑”均予以明确定义，犯罪与刑事责任相适应、刑事责任与刑罚相适应，但是三者之间又并非简单的两两适应。[1]

那么，结合“套路贷”案件处理的实务，在厘清“套路贷”犯罪中行为人数行为的牵连必要性的基础上，对于共同犯罪的认定，需要根据罪责刑相适应原则，充分考虑行为人的主观恶性、人身危险性、侵害的法益轻重，依法认定是一罪还是数罪。以非法高利放贷行为为例，在《最高人民法院、最高人民检察院、公安部、司法部关于办理非法放贷刑事案件若干问题的意见》中予以明确进行刑事司法评价，以非法经营罪论处，即是这一原则的具体表现。

二、罪数基本评价原则

我国刑法研究领域对于罪数问题的研究成果颇丰，而具体到“套路贷”涉刑案件，目前尚未形成明确统一的观点，笔者结合办案经验，参考相关理论或观点，将目前关于“套路贷”罪数认定的基本原则归纳如下。

（一）禁止重复评价原则

所谓禁止重复评价原则，目前尚无能够为大家公认的概念。陈兴良教授提出，对于禁止重复评价原则的定义，应当包括如下内容，即“定罪量刑时禁止对同一犯罪构成事实予以二次或二次以上的法律评价”；而张明楷教授也强调“对于同一事实或者情节在定罪或量刑上不作不利于被告人的重复评价”。专家的观点基于多年深入的理论研究，而笔者基于实践经验，更赞同张明楷教授的观点。对于同一事实予以二次或二次以上的法律评价在“套路贷”涉刑案件中比较常见，比如对非法讨债行为进行评价时亦需要对该行为的前序阶段（放

[1] 参见赵秉志等：《论罪责刑相适应原则》，载《郑州大学学报》1999年9月。

贷)行为进行评价,但只要坚持基于同一事实或情节在量刑上不作不利于被告人的重复评价,则至少可以在理论层面尽量保证被告人能够判处与其罪行相适应的刑罚。

(二)全面评价原则

全面评价原则在“套路贷”涉刑案件中需要贯彻坚持,如将“套路贷”犯罪予以拆分,则可以发现这是一个在不同时间段内,由不同(偶尔相同)人员实施的独立行为的综合体。在一些经过精心设计的“套路贷”涉刑案件中,若分别评价各个环节,或许可以得出这些环节均是“合法”的错误认识。举例来说,单看放贷及签署借贷文件本身,并不构成犯罪;就向被害人催讨欠款而言,除去那些简单粗暴的情形(这部分若程度严重显然构成犯罪),亦有通过诉讼达到非法目的的情形,若单独评价该情形,则很难得出其行为构成犯罪的结论。因此,坚持全面评价的原则是正确认定“套路贷”涉刑案件的基本准则。

(三)整体评价原则

整体评价原则似乎与全面评价相类似,但本质上两者存在显著区别。整体评价是将经过精心设计附着于犯罪行为之上的伪装与掩饰揭去,还原事物的本质面貌,但同时又确保仍将在刑法领域内进行评价,以彰显“刑法强调实质”的内核,在是否非法侵害被害人财物为逻辑的基础上进行整体评价,并最终以符合认知规律的方法论来解构“套路贷”犯罪。

第二节 “套路贷”涉刑案件的认定

“套路贷”涉刑案件的处理在社会上引发了巨大的反响和讨论,各种声音层出不穷,司法机关依据立法者调研的意见,出台了各种指引性规范性文件。比如,《办理“套路贷”若干问题的意见》出台不久,各地又针对该意见印发了相应的地方规范。例如,浙江省高级人民法院、浙江省人民检察院、浙江省公安厅印发《关于办理“套路贷”相关刑事案件若干问题的纪要》。由此可见,在“套路贷”涉刑案件的处理上，“套路贷”罪数之认定对于司法机关来说也是一个新的课题。

《办理“套路贷”若干问题的意见》明确了一个基本方向即根据案件不同事实，区分情况，依照《刑法》及有关司法解释的规定辨析套路贷中的罪数。由此可见，对于认定问题，目前尚无一种简单明了可以直接套用的标准，仍需要针对个案区别对待。而之所以无法在意见中制定统一的标准是因为“套路贷”涉刑案件罪名与罪数认定存在如下难点。

一、“套路贷”涉刑案件复杂

“套路贷”涉刑案件主要有参与主体多、手段多样、持续时间长、侵害法益多等特点，“套路贷”的具体表现形式不胜枚举，且在实施犯罪的过程中不同犯罪手段的组合、不同的犯罪情境等因素都可能导致案件定性或者罪数认定截然不同的后果。“套路贷”涉刑案件的行为人多种手段并用，需要办理案件时对“一行为”或“数行为”，以及是否存在竞合、牵连关系进行判断。

二、“套路贷”涉刑案件罪数理论不统一

刑法学对于罪数的理论大体分为牵连犯、吸收犯、想象竞合犯以及结合犯。针对“套路贷”案件罪数认定，实践中有些观点侧重于行为的个数，有些侧重于犯罪的社会危害性，有些则侧重于行为人的主观危害性。对于数罪的判断，实践中也有犯意说、行为说、法益说、构成要件标准说等不同认识。不仅理论上的划分存在争议，司法实践中也很难区分，如此类案件中对于牵连犯是从一重罪还是数罪并罚说法不一。实践中的具体情况纷繁复杂，又没有明确的法律依据可遵循，导致在办理此类案件的过程中法官、检察官、律师对一行为的伴生行为之界定常有不同的意见。

三、“套路贷”涉刑案件定性存在争议

（一）罪与非罪的争议

1.“套路贷”模式整体变异：从最早的“车贷”，演变为“校园贷”“培训贷”“美容贷”“佳丽贷”等，“套路贷”逐渐出现新趋势、新领域、新发展，甚至有行为

人比照司法文件中提到的典型模式创设新的模式,所谓“新壶装老酒”的情况。

2. 先行为虚构债权部分:垒高本息是否具有“非法占有为目的”一贯是司法实践中认定的难点。比如,“职业放贷人”“恶势力”“砍头息”只是“套路贷”涉刑案件中比较明显的几个特征,但对于被害人明知存在“套路”仍然签署合同的行为该如何评判?司法实践中,类案的判决结果并不相同。

3. 后行为非法讨债部分:如何正确界定“软暴力”?比如,行为人通过网络传播被害人的个人隐私,向被害人泼洒秽物、发送侮辱短信,尾随跟守被害人,在被害人住处放哀乐、喷漆、堵锁眼等行为的定性在司法实践中存在较大争议。笔者认为这些行为是否能够定性的关键在于“后果是否严重”?而对此的判断依据主要在于被害人受到滋扰的后果。换句话说,如果被害人抗压能力大没有因为上述原因而造成严重后果,是否就不构成套路贷涉刑案件中的“软暴力”,甚至不构成犯罪?

(二)相似行为的此罪与彼罪的争议

“套路贷”犯罪中,往往多种犯罪行为交织。“套路贷”涉刑案件中高发的罪名有诈骗罪、敲诈勒索罪、寻衅滋事罪、非法拘禁罪、组织、领导、参加黑社会性质组织罪、虚假诉讼罪、抢劫罪、非法侵入住宅罪、非法侵犯公民信息罪,这些罪名存在行为竞合和法条竞合的情况,正确区分此罪与彼罪是罪数认定的前提。笔者在本节中暂以诈骗罪、敲诈勒索罪、寻衅滋事罪这三项罪名为例,进行对比分析和探讨。

1. “套路贷”犯罪中的诈骗罪

(1)与敲诈勒索罪的定性争议

诈骗罪的行为构成是实施了虚构事实、隐瞒真相的行为使被害人陷入误解—被害人在完全自愿的情况下交付财物—加害人或者第三人获得财物。因此,被害人完全自愿地交付财物(虽然存在认识错误,违背其真实意愿,但交付财物之时自由意志并未受到限制,即完全出于自愿交付财物)是构成诈骗罪的一个基本特征。

而敲诈勒索罪的行为构成:实施威胁、要挟的手段—被害人的精神受到强制—被害人在不情愿的情况下交付财物—加害人或者第三人获得财物。

那么,在敲诈勒索罪中被害人在精神受到强制下不自愿地交付财物,是其基本特征。

被害人交付财物的主观心态是因错误认识交付还是精神受到强制不自愿交付则是区分两罪关键。“套路贷”涉刑案件中存在同时设置套路的诈骗和威胁手段的行为,被害人可能是基于复杂心态下交付财物,这种情况是以犯罪分子的主行为进行定罪还是以被害人的心态认识进行定罪,或者是以数行为构成不同的罪名进行数罪并罚也存在争议。

(2)与虚假诉讼罪的定性争议

2002 年《最高人民检察院法律政策研究室关于通过伪造证据骗取法院民事裁判占有他人财物的行为如何适用法律问题的答复》中规定,以非法占有为目的,通过伪造证据骗取法院民事裁判占有他人财物的行为所侵害的主要是人民法院正常的审判活动,可以由人民法院依照民事诉讼法的有关规定作出处理,不宜以诈骗罪追究行为人的刑事责任。

随着时光的推移,情势的转变,2015 年《刑法修正案(九)》中正式将虚假诉讼罪写入《刑法》,并定罪量刑。《刑法》第 307 条之一规定,以捏造的事实提起民事诉讼,妨害司法秩序或者严重侵害他人合法权益的,可以构成虚假诉讼罪。同时该条规定,有第一款行为,非法占有他人财产或者逃避合法债务,又构成其他犯罪的,依照处罚较重的规定定罪从重处罚。

《最高人民法院、最高人民检察院关于办理虚假诉讼刑事案件适用法律若干问题的解释》第 4 条规定:“实施刑法第三百零七条之一第一款行为,非法占有他人财产或者逃避合法债务,又构成诈骗罪,职务侵占罪,拒不执行判决、裁定罪,贪污罪等犯罪的,依照处罚较重的规定定罪从重处罚。”

“套路贷”犯罪中行为人提起诉讼方式确定虚假的债权,实践中多以诈骗罪定罪,但也存在以虚假诉讼罪定罪的情形。一方面,如涉及“套路贷”犯罪不区分具体情况以诈骗定罪,将使虚假诉讼罪流于形式。另一方面,司法实践中两罪的区别到底是以行为人主观上的不同进行分界?还是以行为人实际非法占有他人财产或者逃避的债务区分?抑或是以被害人是否“自愿交付财物”作为两罪的区分?仍然没有明确的法律依据,司法实践中裁判者以刑事司法政策的导向为主要考虑因素，而刑事辩护律师则认为“法无明文规定不为罪”，这必然导致罪与非罪的重大分歧。

2. 关于寻衅滋事罪

(1)与敲诈勒索的定性争议

“套路贷”犯罪常伴随非法催债行为。从字面理解，“催债”属于民事借贷纠纷中的常见行为，不存在触犯法律的风险，但“非法”催债则不然，实践中此行为方式多种多样，一些行为涉嫌寻衅滋事，一些行为则涉嫌敲诈勒索，均因该两罪名在手段上存在相似之处，行为人采取“滋扰、纠缠、威胁、恐吓”索要财物的方式催债，什么情况下构成敲诈勒索，什么情况下构成寻衅滋事？被害人及其家属在交付财物时是基于心理上恐惧交付还是无奈之下交付？如何区分被害人及其家属的心理状态是两罪区分的疑难点。

(2)与抢劫罪的定性争议

“套路贷”犯罪的行为人强迫被害人交付财物时，具有构成寻衅滋事或抢劫罪的可能。从罪状分析，虽然寻衅滋事罪、抢劫罪均具有强迫被害人交付财物的行为特征，但寻衅滋事的“强拿硬要”与抢劫罪的“暴力、胁迫”行为可能存在竞和的情况，如何区分被害人是否在行为人的强制下，而不能反抗、不知反抗而交付财物是区分两罪的关键点。

(3)与侮辱罪的定性争议

“套路贷”涉刑案件中如存在行为人以公开的方式打电话、发短信辱骂、污言秽语、侮辱人格等方式催债，是区分寻衅滋事还是侮辱罪的关键点。

(4)与故意伤害的定性争议

寻衅滋事罪的行为特征包括随意殴打他人，该行为也可能造成被害人轻伤，对于造成被害人轻伤的“套路贷”涉刑案件，如何区分寻衅滋事罪中殴打他人的随意性和故意伤害他人的“目的性”？讨债行为是事出有因殴打事由还是追求精神刺激殴打他人的事由是区分两罪的关键点。

3. 关于敲诈勒索罪

(1)与抢劫罪的定性争议

敲诈勒索罪与抢劫罪都会侵犯被害人的人身权利及财产权利。行为人当场实施暴力，并当场劫取财物，实施了足以压制被害人反抗的暴力行为，司法实践中一般认定为抢劫罪。但是，如果行为人在当场仅实施了推拉、打耳光等轻微暴力并劫取财物，是构成抢劫罪还是敲诈勒索罪似乎有待商榷，需要从行为人的暴力程度及被害人的心理状态进行综合认定。

（2）与绑架罪的定性争议

敲诈勒索罪与绑架罪侵犯的法益，均指向被害人的人身权利及财产权利，行为表现上都可能具有暴力、恐吓或者要挟。比如，在使用暴力手段挟持被害人后要求其亲友交钱赎人，那么就应以绑架罪定罪处罚；[1]行为人要求被害人不得离开现场，并且以绑架相威胁，要求被害人家属支付款项，对这种行为定性为绑架还是敲诈勒索？实践中有不同观点。

（3）与强迫交易罪的定性争议

因强迫交易罪的行为表现为暴力、威胁，与敲诈勒索罪的恐吓、威胁行为存在相似之处。“套路贷”犯罪中的行为人常常使用“软暴力”，逼迫被害人出具虚增欠据，强迫被害人接受高额家访费、考察费等超出借贷款项之外的费用。这些行为方式和强迫交易罪中的行为方式产生重合交叉的地方，导致实践中存在难以准确定性敲诈勒索罪与强迫交易罪的情况。

四、一罪与数罪的争议

“套路贷”犯罪罪数认定的难点在于“套路贷”犯罪伴生、密切牵连的行为界定不清晰。比如，上文多次提及，将“套路贷”犯罪行为解构为若干行为单独加以评价，那么很有可能得出某个或某几个行为单独并不构成犯罪的结论。那么对于实施了包括单独不构成犯罪行为在内的多个行为或仅实施了该单独不构成犯罪行为的被告人如何评价？则变成了一个棘手的问题。这些所谓不构成犯罪行为单位仅是在机械、割裂整个“套路贷”犯罪语境下得出的观点，结合之前提及的全面评价、整体评价原则，这些单个行为单独不构成犯罪的观点是

[1] 参见朱和庆、周川、李梦龙：《〈关于办理“套路贷”刑事案件若干问题的意见〉的理解与适用》，载《人民法院报》2019年6月20日，第5版。

难以成立的。那么在全面评价、整体评价语境之下避免重复评价，厘清一罪与数罪，做到不枉不纵则需要借助生活常识、司法实践经验、理论学说等知识体系综合予以解读。

五、共犯明知争议

套路贷犯罪涉及的主体包括放贷公司、网络科技公司、催收公司、第三方支付公司等，甚至形成恶势力、黑社会犯罪集团。即使是一家公司，也往往需要多人在不同环节配合完成整个犯罪过程，其目的和手段行为可能触犯不同罪名。在行为人只参与某个环节的情况下，如何对行为人的明知进行合理推定？对“套路贷”犯罪到底是以其模式进行整体评价，还是分别按照犯罪的实施阶段的行为进行单独评价？理论界和实务界对这些问题都存在分歧。笔者认为，共谋共同正犯以及实行过限理论[1]都可以引入“套路贷”涉刑案件的司法实践活动中，以厘清各被告人的刑事责任，体现罪责刑相适应原则。

第三节 “套路贷”涉刑案件罪数认定案例分析

典型“套路贷”犯罪一般包括制造民间借贷假象、制作虚假给付证据、非法讨债等行为，犯罪行为人具有非法占有目的是“套路贷”犯罪的典型特征。但因实践中存在将不具有非法占有为目的行为之非法讨债行为人和参与人一律认定为“套路贷”犯罪的打击对象。鉴于此，笔者将此种情况也纳入，以此厘清二者的区别。

“套路贷”犯罪行为模式分为两种：

第一种：没有虚构事实、隐瞒情况，后期采用非法方式催债（采用非法方式催讨高额利息、共同犯罪仅参与非法催债环节）；

第二种：前期虚构事实、隐瞒真相，后期采用非法方式催债（非法催债的具

---

〔1〕 参见张高峰：《论实行过限》，厦门大学2006年硕士学位论文。

体方式包括平和催收—虚假诉讼,没有明显暴力、威胁手段;侵财式催收—敲诈勒索、强迫交易、抢夺、抢劫;非侵财式催收—故意杀人、故意伤害、绑架、非法拘禁等)。

一、没有虚构事实、隐瞒情况,后期采用非法方式催债

(一)采用非法方式催讨高额利息

典型案例 刘维某等人非法追讨高额利息寻衅滋事案

【案号】(2019)冀0202刑初131号

【案情简介】

2014年12月,被告人刘维某成立天佑公司,以发放贷款,收取高额利息为主要业务。在催收贷款及利息过程中,形成了以被告人刘维某为首要分子的恶势力犯罪集团。该犯罪集团以被告人李某、韩某为骨干,以被告人张某等数人为成员。刘维某多次指使团伙成员采取堵锁眼、喷漆、放哀乐等"软暴力"手段或者暴力殴打手段讨要欠款及利息。

【裁判结论及观点】

法院认为,本案成员固定,符合恶势力犯罪的组织特征,采用软暴力及暴力行为符合恶势力的行为特征,严重扰乱当地的社会秩序符合恶势力犯罪的危害性特征。

判决被告人刘维某等9人犯寻衅滋事罪,判处1年7个月至4年6个月不等的刑期。

【律师点评】

本案并不涉及行为人设置"套路"的在先行为,但是行为人为追讨高额利息(年化36%甚至更高),实施了喷漆、堵锁眼、放哀乐等"软暴力"及暴力手段,存在所谓讨债的"套路",但并非典型的"套路贷"犯罪。在"套路贷"被当作犯罪,采用刑事手段评价并进行制裁之前,类似行为在社会生活中已经存在。

从狭义的"套路贷"概念来说,其犯罪故意中应当包含具有非法占有为目的

特征。而“放高利贷”中的高额利息,借贷双方事先达成了合意,借款人对于高额利息在事前是了解的;但是高利放贷人的高额利息不被法律认可和保护,那么为了实现、保障其高额利息,这些高额放贷人不得不实施所谓的“私力救济”,因此,“套路贷”与“高利贷”的内涵是不同的,虽然其可能表现为相同或相类似的行为方式。

本案犯罪集团具有成员固定、组织明确等“黑恶势力”组织犯罪的特征,那么虽然其犯罪形式是放“高利贷”,但亦被纳入广义的“套路贷”犯罪而予以打击。追讨高于法律保护的高额利息甚至追讨合法债务过程中,如实施软暴力或暴力手段非法催债,仍然可能构成犯罪,如果以此为业,并具备一定组织形式、规模架构,将可能涉及黑社会组织犯罪,予以严厉打击。

值得一提的是,此前关于超越经营范围放贷是否构成非法经营罪理论界存在争议,实践中也存在“同案不同判”的情况。《最高人民法院、最高人民检察院、公安部、司法部关于办理非法放贷刑事案件若干问题的意见》于 2019 年 10 月 21 日起实施,该意见规定,“违反国家规定,未经监管部门批准,或者超越经营范围,以营利为目的,经常性地向社会不特定对象发放贷款,扰乱金融市场秩序,情节严重的,依照刑法第二百二十五条第(四)项的规定,以非法经营罪定罪处罚”。因此,对于危害严重的“高利贷”行为,即使不认定为“套路贷”犯罪,也仍然可以认定为非法经营罪。

《办理黑恶势力犯罪的指导意见》中对“恶势力团伙”“恶势力犯罪集团”这两个概念进行了解释和规定,“软暴力”是恶势力犯罪的常见行为模式,但恶势力犯罪并不一定都是以“软暴力”的形式来实施。根据《最高人民法院、最高人民检察院、公安部、司法部关于办理实施“软暴力”的刑事案件若干问题的意见》中对“软暴力”进行了比较明确的界定。软暴力需要满足三个条件:一是行为人主观上是为了牟取不法利益或形成非法影响;二是在行为模式上采用滋扰、缠绕、哄闹、聚众造势等手段;三是在效果上足以造成他人产生心理恐惧或心理强制。对“软暴力”的定义应与暴力及以暴力相威胁的行为予以区分,实施“软暴力”犯罪通常与敲诈勒索罪、寻衅滋事罪、强迫交易罪、非法拘禁罪相关联。“软暴力”的手段可以非常多,目前还出现了利用网络“水军”在网上威胁、恐吓、侮辱、诽谤等给他人造成恐慌的新型手段。

同时在《办理黑恶势力犯罪的指导意见》中，对于恶势力团伙、恶势力犯罪集团和黑社会组织犯罪亦进行了界定，笔者将其主要区别归纳如下（见表1）。

表1 恶势力团伙、恶势力犯罪集团和黑社会组织犯罪的区别

特征	恶势力团伙	恶势力犯罪集团	黑社会组织犯罪
组织特征	3人以上，纠结者相对固定，至少应有2名相同成员多次参与违法犯罪活动	3人以上，犯罪组织较为固定，有明确的首要分子，重要成员较为固定，共同实施3次以上犯罪活动	组织稳定，人数较多，有明确的组织者、领导者，骨干成员固定
行为特征	违法活动为主，实施犯罪活动为辅	实施犯罪活动为主，违法活动为辅	
危害特征	在一定区域或者行业内多次实施违法犯罪活动，为非作恶，欺压百姓，扰乱社会、经济生活秩序，造成较为恶劣的社会影响，但尚未形成黑社会性质组织的违法犯罪组织		通过实施违法犯罪活动，或者利用国家工作人员的包庇或者纵容，称霸一方，在一定区域或者行业内，形成非法控制或者重大影响，严重破坏经济、社会生活秩序
法律后果	除了根据具体情况可能构成强迫交易、故意伤害、非法拘禁、敲诈勒索、故意毁坏财物、聚众斗殴、寻衅滋事等犯罪。另外，区别于普通刑事案件，根据《刑法》关于共同犯罪和犯罪集团的规定，依法从严惩处		处7年以上有期徒刑，并处没收财产；积极参加的，处3年以上7年以下有期徒刑，可以并处罚金或者没收财产；其他参加的，处3年以下有期徒刑、拘役、管制或者剥夺政治权利，可以并处罚金

（二）共同犯罪仅参与非法催债环节

典型案例 郭某等人诈骗、寻衅滋事案

【案号】（2019）闽01刑终451号

【案情简介】

被告人郭某分别伙同被告人潘某、覃某，以非法占有为目的，采取虚构事

实、隐瞒真相的手段骗取他人财物。被告人郭某纠集被告人潘某、覃某、郑某、赵1、赵2、谢某、郑某等人,分别结伙多次采用上门喷油漆、写大字、堵锁眼、打电话威胁等方式逼迫被害人偿还债务,恐吓他人,情节恶劣。

【裁判结论及观点】

法院判决:(1)郭某、潘某犯诈骗罪和寻衅滋事罪,数罪并罚,分别执行有期徒刑16年6个月、8年10个月。(2)郑某、赵1、谢某、郑某犯寻衅滋事罪,判处有期徒刑1年至1年4个月不等。(3)赵2犯寻衅滋事罪及非法拘禁罪,数罪并罚,判处有期徒刑1年4个月。

被告人郭某、潘某、覃某、赵2在判决宣告以前一人犯数罪,应实行数罪并罚。

【律师点评】

本案中值得探讨之处是上述被告人对前阶段设置“套路”犯罪行为的“明知”是如何进行合理推定的?何时按照其参与的具体环节定罪?何时对其行为整体评价进行数罪并罚?

在实务中,“套路贷”涉刑案件呈现出“流水线作业”的趋势,组织者将整个犯罪过程拆分成若干环节,如“揽客”“放贷”“违约认定”“复签”“催款”各个环节中,组织者会指派相应的负责人,各个环节的参与人员彼此独立,相互配合。以本案为例,部分成员只参与了讨债环节“催款”的非法活动,仅以寻衅滋事罪一罪判处。但需要指出的是,在其他的司法判例中,亦存在牵连犯以一重罪处罚的情形;也存在以诈骗罪和寻衅滋事罪数罪并罚的情况。笔者认为,司法实践中这样同案不同判的情况可以参考“实行过限”理论,[1]形成统一的裁判观点或指导意见,对于审判实务将有更积极的意义。

《办理“套路贷”若干问题的意见》第5条对“套路贷”犯罪中明知他人实施相关“套路贷”犯罪行为,予以配合和帮助的共犯情形进行了列举:(1)组织发送“贷款”信息、广告,吸引、介绍被害人“借款”的;(2)提供资金、场所、银行卡、账号、交通工具等帮助的;(3)出售、提供、帮助获取公民个人信息的;(4)协助

---

〔1〕 参见胡冬阳:《论共同犯罪实行过限》,西南政法大学2009年硕士学位论文。

制造走账记录等虚假给付事实的;(5)协助办理公证的;(6)协助以虚假事实提起诉讼或者仲裁的;(7)协助套现、取现、办理动产或不动产过户等,转移犯罪所得及其产生的收益;(8)其他符合共同犯罪规定的情形。综上,可以推定“套路贷”共同犯罪中主观明知的标准:是否明知他人实施“套路贷”犯罪?应当结合行为人的认知能力,既往经历,行为次数和手段,与同案人、被害人的关系,获利情况,是否曾因“套路贷”犯罪受过处罚,是否故意规避查处等主客观因素进行综合分析认定。

《办理“套路贷”若干问题的意见》虽然设定了行为边际,但是在一罪、数罪等问题上,仍需要按照个案进行分析定性。相关规定并未明确参与非法讨债环节是否构成“套路贷”共同犯罪,这就需要根据参与讨债环节阶段行为人的具体情况进行推定其是否明知他人实施“套路贷”犯罪。犯罪团伙行为模式符合“套路贷”的典型特征,但部分参与人不具有非法占有为目的,一般存在于尚未形成成熟的“套路贷”犯罪团伙中,仅有个别成员为“套路贷”犯罪的实施者,其他成员仅参与催债环节且有相关证据证明其不知道存在“套路贷”犯罪的,可以仅就其参与的讨债环节单独以寻衅滋事等罪定罪处罚。

二、前期虚构事实、隐瞒真相,后期采用非法方式催债

(一)平和的催收方式——虚假诉讼,没有明显暴力、威胁手段

典型案例 李某阳诈骗案

【案号】(2019)沪0110刑初512号

【案情简介】

2014年10月14日,武某、章某某实际出资,以被告人李某阳名义借款转账3万元给被害人全某1,后全某1向李某阳出具23万元的借条。同年10月18日,李某阳借款转账3万元给全某1。2014年10月22日,被害人全某1向李某阳借款,李某阳以“行规”为由要求全某1签订156万元的翻倍借条、收条,并至公证处办理公证。同日,李某阳借款转账1.61万元给全某1。同年10月25

日,被告人李某阳转账156万元给全某1,全某1收到钱款后取现124.3万元,其中120.3万元交给被告人李某阳,转账30万元至武某账户。武某收到30万元后转账5万元至章某某妻子周某1账户上。后被告人李某阳以上述翻倍借条向全某1索债,周某2代全某1转账还款100余万元给李某阳。2017年2月,被告人李某阳以上述翻倍借条至法院起诉,要求全某1归还53万元、相关利息和违约金并胜诉。

被告人李某阳以非法占有为目的,虚构事实,骗取他人财物,数额特别巨大,已构成诈骗罪。

法院认为,李某阳签订虚假借条、走银行流水、逼债,符合“套路贷”的形式要件,全某1已归还全部本金,李某阳仍以虚高借条进行虚假诉讼要求全某1归还剩余本金,李某阳的行为同时构成虚假诉讼罪和诈骗罪,属牵连犯,依法择一重罪处罚,应认定李某阳犯诈骗罪。

【裁判结论及观点】

判决被告人李某阳犯诈骗罪,判处有期徒刑10年。

【律师点评】

本案中,行为人采取了虚假诉讼方式催收借款,实施了两个符合刑法规定的犯罪行为,侵犯了两个法益,即虚构债权侵犯借款人的财产权及虚假诉讼扰乱司法秩序。

根据《办理“套路贷”若干问题的意见》“未采用明显的暴力或者威胁手段,其行为特征从整体上表现为以非法占有为目的,通过虚构事实、隐瞒真相骗取被害人财物的,一般以诈骗罪定罪处罚”的规定,法院最终认定行为人以诈骗为目的,采用虚假诉讼的方式,两者属于系目的和手段的牵连行为,而认定被告人构成诈骗罪。

《办理“套路贷”若干问题的意见》第4条规定:“实施‘套路贷’过程中,未采用明显的暴力或者威胁手段,其行为特征从整体上表现为以非法占有为目的,通过虚构事实、隐瞒真相骗取被害人财物的,一般以诈骗罪定罪处罚;对于在实施‘套路贷’过程中多种手段并用,构成诈骗、敲诈勒索、非法拘禁、虚假诉讼、寻衅滋事、强迫交易、抢劫、绑架等多种犯罪的,应当根据具体案件事实,区分不同情况，依照刑法及有关司法解释的规定数罪并罚或者择一重处。”上述规定并未明确何种情况数罪并罚，何种情况择一重罪处罚。

一种观点认为，犯罪行为分属不同阶段，相对独立，应数罪并罚。[1] 另一种观点认为，“套路贷”犯罪是围绕着非法占有为目的展开的犯罪行为，各个阶段具有牵连关系，应择一重罪处罚。

虚假诉讼罪的客体是复杂客体，侵犯的法益既有司法秩序也有他人合法权益，其中司法秩序是主要客体，他人合法权益是次要客体。本罪既可以侵犯一个客体也可以同时侵犯两种客体。此前，对于伪造证据欺骗法院是否能构成诈骗罪在理论、立法上[2]均存在争议，各国对此也有不同的立法规定，其中尤以三角诈骗、[3]间接正犯、间接诈骗三种学说为主，反对对虚假诉讼单独定罪，建议以诈骗罪定罪处罚。2015 年我国将虚假诉讼行为规定在《刑法》中，在刑事立法层面结束了此争议。由此，也造成了“套路贷”犯罪中的诈骗罪和虚假诉讼罪法条竞和的局面，“套路贷”犯罪在捏造事实的手段上存在多样化，在侵犯两种客体的情况下，对于罪名和罪数的认定仍然存在不同理解和适用的问题。

实务中，对于虚假诉讼罪的判定，往往有条不成文的分界线，即“虚构”即可构罪，而“夸大”一般不以该罪追究。具体来说，如果被告没有欠款(包括已经还款)，那么通过诉讼要求被告还款，就构成犯罪；如果被告确有欠款，而在诉讼过程中，通过虚构事实等方式要求其还款的金额高于法律规定的金额的，通常不以该罪论处。

实践中对罪名和罪数的评价与其说是技术评价，不如说是以技术为依托的价值评价，通常优先适用《刑法》和司法解释的规定，同时根据具体案件中行为人在犯罪中的地位作用、主观心态等因素，根据罪刑法定及罪责刑相适应原则，对行为人的罪名和罪数进行评价，这也导致相似的案件可能存在不同的认定，

---

〔1〕 参见黄京平：《牵连犯处断原则辨析》，载《中国人民大学学报》1993 年第 3 期。

〔2〕 参见赵秉志、商浩文：《简论应将虚假诉讼行为独立入罪》，载《人民法院报》2004 年 8 月 13 日，第 6 版。

〔3〕 参见张明楷：《论三角诈骗》，载《法学研究》2004 年第 2 期；诸葛旸、文明：《诉讼诈骗行为的定性分析》，载《中国检察官》2014 年第 2 期；郑薇、吴巍：《诉讼诈骗的刑法分析——质疑最高人民检察院的一个〈答复〉》，载《福建公安高等专科学校学报》2005 年第 2 期。

笔者认为这属于合法合理的情况，并不属于司法裁判尺度不统一。

（二）侵财式催收——敲诈勒索、强迫交易、抢夺、抢劫

典型案例 **张某1等人诈骗案**

【案号】（2019）甘09刑终179号

【案情简介】

2017年，被告人张某1、胡某1、王某1、李某见从事网络借贷有高额利益可图，专程到浙江省诸暨秦越网络科技有限公司学习考察，同年10月，被告人张某1、胡某1、王某1、李某共同出资成立宁波泓辰网络科技有限公司，被告人张某1负责公司全部事务，并负责获取客户资源，被告人王某1、李某、胡某1先后负责财物及放款工作，同时胡某1还直接分管审核部工作，被告人李某分管催收部工作。

被告人张某1、胡某1、王某1、李某成立公司后，招募朱某2、翟某、王某2、毛某、汪某、沈某1、马某1、王某3等工作人员，在未取得金融业务许可证的情况下，先后在多个地点购置办公桌椅、电脑、手机等用品，以小额借贷公司的名义向社会不特定的人发放贷款。该公司内部分设审核部与催收部两个部门，审核部负责贷款业务推广、审核客户资料、跟踪还款，催收部负责逾期未还款人员债务催收。在发放借款时，预先将高额利息以“手续费”的名义从本金中扣除，借款到期时诱导借款人不断展期，从而收取高额“展期费”“逾期费”。当借款人未能偿还时，催收部工作人员使用威胁、恐吓、侮辱、滋扰等“软暴力”手段逼迫借款人还款。

【裁判结论及观点】

被告人张某1、胡某1、王某1、李某经考察成立公司时，对如何引入客户资源（公民个人信息）、如何推广放贷、借款不能偿还时如何索要有一套完整的手段。对借款拒绝还款时，通过电话滋扰、短信“轰炸”，或者制作侮辱图片、编辑侮辱短信是提前已经设定好的索要方式。系犯罪目的与手段的竞合，在处刑时择一重罪处罚，因本案被告人已构成诈骗罪且属重罪，同时构成敲诈勒索罪或

寻衅滋事罪时,以诈骗罪论处。需要说明一点,本案涉及的侵犯公民个人信息罪,因法律明确规定,应当数罪并罚,故与诈骗罪数罪并罚。被告人马某1、王某3实施的电话滋扰、短信“轰炸”,或者制作侮辱图片、编辑侮辱短信等犯罪行为,系“套路贷”诈骗犯罪中一个必要环节,与其他被告人系分工协作关系,其行为也应评价为诈骗罪。

【律师点评】

敲诈勒索、强迫交易、抢夺、抢劫罪属于我国《刑法》第五章侵犯财产的内容,本章保护的法益主要公私财物所有权和占有权。因此,对“套路贷”犯罪中,行为人采用敲诈勒索、强迫交易、抢夺、抢劫等手段催收的行为,总体被概括为“侵财式催收”。

本案中,比较明显的特点是行为人在整个犯罪活动中,实施了数个行为,在前期以手续费名义预先在本金中扣除高额利息,后期采取了威胁、恐吓、侮辱、滋扰等多个犯罪手段进行催债。因此,本案的争议焦点为后期催债行为属于数个行为是否应当数罪并罚?解决这个问题的前提是,首先要分清前期欺骗和后期催收手段是否应当数罪并罚,其次是后期的多种催收手段行为是否应当数罪并罚。

如果其他犯罪行为之间具有目的和手段的牵连关系,则符合牵连犯的理论从一重罪处罚,回归到“套路贷”涉刑案件前面欺诈行为与后面催债行为属于目的和手段的牵连关系,应当按照诈骗罪定罪处罚。本案与前案的区别在于,本案催收部人员只负责催收环节,但对其是按照整体犯罪行为来进行评价的。

裁判者应当是基于本案的犯罪团伙成员联络紧密、制度完善、分工明确,在入职时已对全部成员进行了针对性培训,犯罪团伙是一个整体,因此无论是在主观故意还是意思联络上均构成了诈骗罪的共犯,不应当仅就其参与的环节进行单独评价,笔者认为这样的裁判符合罪责刑相适应原则。本案中大部分行为人对于其需要从事的“工作”性质、行为的后果是有着明确的认知,并非毫不知情。因此,本案中法院以整体犯罪行为综合分析后进行裁判是恰当的。

但本案衍生的问题仍然值得思考:一般情况下,如果行为人采取的是常见的催债方式,如威胁、恐吓、侮辱、滋扰,司法实践中一般不以数罪并罚,而是择一罪从重处罚;但对于超越常见催债方式的,如抢夺、抢劫,则认为不属于牵连行为,应当数罪并罚。尽管如此,在立法[1]和实践[2]中仍存在不同的解读。

(三)非侵财式催收——故意杀人、故意伤害、绑架、非法拘禁等

典型案例 徐某勇等人诈骗、寻衅滋事、非法拘禁案

【案号】(2019)皖02刑终113号

【案情简介】

2017年9月初,被告人徐某勇获悉小额贷行业滋生的"套路贷"可获取暴利,便与苏某合伙成立义勇公司,并招揽了被告人朱某等业务员负责招揽客户,被告人汤某等催收人员负责放款时上门拍照、对逾期及违约客户进行催收,被告人骆某等人担任公司财务人员,负责放款、收款、发放员工工资,并制作公司经营情况报表。

2017年9月,被告人徐某勇、苏某共同成立义勇公司,该公司实行"零用贷""空放贷"两种放贷方式。零用贷即还款方式为等额本息,一般分24期,7天为1期,日息为3‰~4‰;空放贷即还款方式为先息后本,22天为1期。客户贷款时会预先扣除平台费、外访费、材料费等各项费用。公司以低利率、放款快等条件为诱饵,诱惑被害人前来"借贷"。被害人借款时,公司让其提供本人及亲属的身份信息和联系方式,然后安排外访人员核实其实际住址。办理贷款时,扣除各项平台费、外访费、材料费等各项费用,要求被害人签订借款协议、借条、客户承诺书,协议借款额为借款额的双倍,让被害人手持借款合同、借条、身份证等进行拍照固定,公司不向被害人出具任何手续,所有签订的合同仅有一

[1] 《浙江省高级人民法院、浙江省人民检察院、浙江省公安厅关于办理"套路贷"相关刑事案件若干问题的纪要》第3条第5点规定:实施"套路贷"过程中,行为人针对同一人实施敲诈勒索、强迫交易、抢夺、抢劫、寻衅滋事等侵犯财产型手段非法占有他人财物的,一般以牵连犯择一重罪处罚;针对不同人的,一般应数罪并罚。

[2] 参见张婷、郝家英、杨阳:《立足具体行为准确认定"套路贷"罪名》,载《检察日报》2019年12月1日,第3版。

份，且由公司保存。其间，被害人对合同金额、协议内容等提出异议，公司人员骗称双倍还款协议仅是信用保证，并非作为借款凭证使用。之后，被害人出现逾期或其他“违约”现象（如到其他公司借款），公司则对被害人及其亲友进行催收并收取“逾期费”“上门费”等，以言语威胁、上门滋扰等方式迫使被害人还款。

2017 年 10 月至 2018 年 1 月，被告人徐某勇指使被告人汤某、李某、刘某至吴某、陈某、徐某、乔某、宋某家中上门催收未果，便在其家门外用油漆喷写“欠债还钱”等字样。

被害人胡某在伟星时代金融中心的另一家小贷公司借款被发现后，被告人徐某勇、汤某等人强行将胡某带回公司扣留，逼迫其结清欠款并出具借条，胡某无力归还欠款、拒绝出具借条，便被被告人汤某殴打，次日刘某等人跟随胡某返回家中，随后又将胡某带回义勇公司非法拘禁时间长达 23 小时。

【裁判结论及观点】

徐某勇多次指使他人到被害人家中索要债务，采取刷油漆、堵锁眼的方式，恐吓被害人，造成被害人心理恐慌，情节恶劣，其行为已构成寻衅滋事罪，原判认定徐某勇、汤某、李某、刘某行为构成寻衅滋事罪，不存在重复评价。

【律师点评】

故意杀人、故意伤害、绑架、非法拘禁、侵犯公民个人信息、侵入他人住宅罪属于我国《刑法》第四章侵犯公民人身权利、民主权利罪的内容，组织、领导、参加黑社会性质组织罪属于《刑法》第六章妨害社会管理秩序罪的内容。因此，“套路贷”犯罪中，涉及上述催债方式的行为可以统称为“非侵财式催收”。

本案非法拘禁行为侵犯了借款人的人身权利，在理论和实践中一般认为此种情况符合 2 项罪名的构成要件，侵犯了 2 个法益，非法拘禁等非侵犯财产手段超出了“套路贷”犯罪中应有的目的和手段的牵连关系，因此应当数罪并罚。

按照行为说、法益说及构成要件标准说，本案采取数罪并罚毋庸置疑。实务中，对于行为人来说，采取“软暴力”催债和采用“硬暴力”催债，只是手段、程度、方式的区别；一般而言，这其中是有逐步升级的过程，在“套路贷”犯罪中经常会有寻衅滋事等常见的伴生犯罪行为，按照牵连犯择一重罪处理；而进一步的行为伴随着故意伤害、非法拘禁等侵犯人身权利的行为，从实质上说与行为人实施"软暴力"行为的动机并无实质不同，但基于其后果的严重性，因此对于牵连犯择一重罪处理的处置中并不需要有太多的考量。法律上未对伴生行为（无论是"软暴力"还是"硬暴力"）的范围进行限制，而是由裁判者根据具体案件情况进行裁量，导致实务中相似案件存在不同裁判结果，笔者认为确有必要给予统一的指导意见，避免实践中存在的差异。

综上，笔者认为，只有在犯罪构成标准说[1]的基础上，优先适用《刑法》和司法解释的规定，以法益个数为重要评判参考，坚持罪刑法定原则及罪责刑相适应原则，结合犯意、行为、结果等综合判断才能妥善地对"套路贷"犯罪的罪数进行认定。

---

〔1〕 参见马克昌：《比较刑法原理：外国刑法学总论》，武汉大学出版社2002年版，第751页。

第五章 “套路贷”涉刑案件中言词证据的收集和固定

2019 年 2 月,《办理“套路贷”若干问题的意见》出台,两高两部对“套路贷”涉刑案件中的定义进行了统一。司法实践中,此类犯罪在不同的实施阶段,可能涉及诈骗、敲诈勒索、抢劫、非法拘禁、虚假诉讼、故意伤害、寻衅滋事等多项罪名;而假借“民间借贷”的名义从事犯罪活动隐蔽性极强给司法机关侦办过程中,在案件定性、数额认定、证据收集上均造成一定困扰。

“套路贷”涉刑案件言词证据难以突破的原因,一是受害群体抵触侦查,关键证据获取难。有的被害人迫于讨债公司的压力,因畏惧报复而抗拒侦查,在含冤还完债务后采取息事宁人的态度,面对公安机关的积极调查往往不说、不配合、不面对,甚至在侦查机关询问时避重就轻、刻意隐瞒重要情节,导致相关证据链条难以完善。比如,河南安阳“326 套路贷”案件中涉及全国 2500 余所高校的 1.3 万名受害学生,被害人消极配合,取证工作难以进行。二是嫌疑人反侦查意识强,证据相互印证难,而证据印证的功能实际上就是补强,相互印证即相互补强,而能够补强的证据必然也是具有印证功能的证据。证据补强或者证据相互印证,都是为了保证证据的真实性和认定案件事实的可靠性。[1] 三是犯罪嫌疑人多为前科劣迹人员,很多主犯在被抓后拒不交代,从犯、胁从犯等基于组织规定的威慑不敢交代犯罪事实,周边人员对核心内容不知晓,同时很多被害人对借贷次数及金额并不清楚,导致很多证据线索难以得到印证。甚至有些犯罪嫌疑人经专业人员指导规避法律风险意识较强,到案后往往寄希望于

[1] 参见李建明:《刑事证据相互印证的合理性与合理限度》,载《法学研究》2005 年第 6 期。

“保护伞”的庇护,对“诈骗”和“套路”的主观犯意拒不供述,造成检察院、法院对认定犯罪存在顾虑,无法全链条打击。

“套路贷”涉刑案件本身就是比较复杂的案件类型,涉及“套路贷”案件的言词证据又具有客观性不强的特点,对证据效力难有客观的衡量标准,借用理论上“具体问题具体分析”的辩证唯物主义的经典方法去分析判断,过于笼统和模糊。司法实践中,因民事、刑事两大诉讼体系差异性较大,对言词证据的判断标准也截然不同,鉴于此,笔者将以“套路贷”言词证据的概念和特点为基础,结合相关案例,对办理该类案件中言词证据的收集和固定展开分析。

第一节 “套路贷”案件言词证据的概念

言词证据,是指以人的陈述形式所表现的各种证据,故又称人证,[1]与“实物证据”对称,具体是指以言词形式提供的证据,包括被害人陈述、被告人供述和辩解、当事人陈述、证人证言、鉴定意见等。

“套路贷”刑事案件的言词证据同样属于“人的证据”,主要以书面文字的形式所收集记录办案机关言词所作的询问或者讯问笔录内容,是对言词证据的固定方法和一种表现方式。收集该类案件的言词证据,应当充分考虑提供言词证据的各种因素,如社会经历、教育背景、家庭环境等。

具体来说,“套路贷”涉刑案件的言词证据指当事人或证人以言词陈述为形式提交给法庭进行质证的证据,包括民事诉讼中的当事人陈述及证人证言及刑事诉讼中的被害人陈述、被告人供述及辩解、证人证言及鉴定意见。这类证据都是由陈述人在案件审理过程中将自己的记忆用习惯的语言方式陈述和表达出来,其中必然带有较强的主观色彩,与其他客观性较强的证据(如物证、书证)相比,具有一定的特殊性。

---

〔1〕 参见毕玉谦:《证据法要义》,法律出版社2006年版,第293页。

第二节 “套路贷”案件言词证据的特点

一、言词证据能够系统、生动地证明案件事实

言词证据是当事人、证人等对其直接或间接感知的案件事实的陈述,可以形象生动、详细具体地反映案件事实经过,这是言词证据的一个突出的优点。特别在“套路贷”涉刑案件中,涉案人数众多,涉案金额巨大,案情比较复杂,在被害人发现自己陷入各种“套路”之时,犯罪行为往往已经实施了较长时间,犯罪团伙也已经形成和运行了较长时间,这就更需要办案机关全面了解整个案件的来龙去脉、前因后果,才能厘清法律关系、预判案件性质,从而有的放矢地收集和固定相关证据。

言词证据与待证事实的关联性较强,相对于实物证据来说,言词证据也一样具有可视性,并不像实物证据始终处于静止和被挖掘的地位。涉案的诉讼参与人均可以主动地提供他所感知的案件情况,从而及时对案件事实起到证明作用,也可以在司法办案人员询问或者讯问的指引下,补充、修正所感知的事实,澄清疑问从而更加客观地呈现事情的经过,更加全面地揭示案件的事实真相。

二、言词证据主观性大且稳定性差

侦查机关办案人员在办理“套路贷”涉刑案件时,应当有一个基本的认识,即行为人不愿意作出对自己不利的陈述是符合“人性”的正常现象,所谓“趋利避害”是人之常情。除非已经有一定的心理认知或者有其他证据证实,行为人才可能较为客观地陈述犯罪事实。即便如此,随着时间和环境的改变,行为人的思想也会随之变化,很可能就同一事实作出不同甚至完全相反的陈述,亦为“翻供”或者“辩解”,这些情况在“套路贷”涉刑案件中均比较常见。

“套路贷”涉刑案件基本都是有组织、有预谋的犯罪,行为人也多在社会上“摸爬滚打”多年,侦查机关面对这个群体收集其有罪供述难度较大。此时,应

当根据被害人(借款人)或者证人的陈述,有针对性地围绕行为人的主观故意和客观行为,迅速及时地制作笔录,调取、核实其他证据,并在此基础上结合被害人、证人陈述的内容,在较短时间内多做几次笔录,巩固笔录证据。如此一来,即使行为人“翻供”或“辩解”,裁判者在审理案件时也会考虑整个言词证据内容被颠覆的合理性。

三、“套路贷”涉刑案件言词证据的虚假或失真及应对

言词证据作为“人的证据”,受主、客观因素的影响,较为容易出现虚假或失真的情况。从主观方面来看,被害人(借款人)与案件的利害关系可能是其作出虚假陈述的原因。刑事诉讼中的被害人、犯罪嫌疑人、被告人都与诉讼结果有直接的利害关系,因为种种原因均有可能作虚假陈述。证人虽然一般与案件没有直接的利害关系,但也会由于个人的认识能力、道德品质或心理倾向而作出失真的陈述,或者因为受到威胁、利诱而不如实陈述。

从客观方面来看,言词证据的形成是一个相当复杂的过程,一般要经过感知、记忆、陈述三个阶段,在这三个阶段都可能受各种客观因素的影响而出现失真,导致言词证据在反映案件事实时出现偏差。鉴定意见亦存在同样的情况,故对言词证据必须慎重对待,不可轻信,特别是没有其他证据佐证的情况下。

如何避免虚假和失真?笔者认为在办案过程中,组成固定的办案结构和人员是关键。也就是说,在办理相关“套路贷”涉刑案件或者收集言词证据之前,需要制订统一的计划和突破点,并在专案组人员中经过讨论达成共识;分组进行讯问或询问时能够相互支持,互通有无,有序组织,避免在还未厘清人物关系和案情前因后果以及基本性质的情况下,就贸然开始讯问或询问工作,陷入被动。

四、“套路贷”涉刑案件中言词证据的阶段性特点

“套路贷”涉刑案件一般经过“合同签订”“发放贷款”“履行合同”“索取债务”四个阶段。司法实践中,可以根据这四个阶段的特点,依法、全面、及时收集和固定相关言词证据。

“合同签订”过程的显著特点是借款人和出借人之间基本不认识，出借人是通过特殊手段锁定急需资金的借款人；“发放贷款”阶段，借款人常常不按照约定履行合同义务，随意扣除“中介费”“佣金”“砍头息”等费用，或者直接将部分借款从借款人处取回；“履行合同”过程中，借款人常常制造麻烦，阻碍借款人支付利息或者还款，或者利用非法手段骚扰借款人及其亲属，让借款人被迫签订空白合同，或者虚增借款金额、抵押房产等；“索取债务”阶段，出借人更是花样百出，利用虚假诉讼或者强抢、强占借款人的房产或者其他财产，而不仅是收回借款本金及利息。

第三节 “套路贷”案件中言词证据的分类及其收集和固定

一、“套路贷”涉刑案件中被害人陈述

（一）被害人陈述

顾名思义，此类证据指的是“套路贷”涉刑案件中被害人或者报案人对危害其人身或者财产权利的事件向侦查机关所作的陈述。“被害人陈述”在一般情况下是“套路贷”涉刑案件的起源，也是指控犯罪的基点。

侦查机关制作“被害人陈述”至关重要，通过被害人报案书或者控告书以及制作相关询问笔录，可以初步了解借款人是否欺骗被害人签订虚高借款合同，是否签有阴阳借款合同，借款人是否威胁或者诱骗被害人签订空白借条或者合同，在调查取证的过程中，侦查人员根据收集的证据判断行为人主观上是否具有非法占有他人财物的故意，从而判定是否应当立案侦查。

（二）“被害人陈述”的收集

“被害人陈述”这类言词证据的收集，应当从多个角度判断行为人的主观故意，以此区分“套路贷”涉刑案件和民间借贷。办案机关应当根据案件事实和证据综合评判，不能机械地进行理解或者只关注某个因素及情节，例如，“套路贷”

涉刑案件的重要特征包括“砍头息”“高额利息”,但并不是只要存在“砍头息”和“高额利息”就是“套路贷”,还要综合借贷双方的约定、是否形成合意、出借人是否故意制造违约阻止借款人还本付息等情况来综合分析和判断。

“套路贷”涉刑案件的“合同签订”阶段,收集“被害人陈述”应当注意以下事项:(1)被害人的基本情况一定要调查清楚,重点查明被害人生活经历、职业背景、借款用途、被害人与嫌疑人是否认识等;(2)被害人先前与嫌疑人有无债务纠纷、其他个人纠纷等情况;(3)嫌疑人是否询问、了解被害人借款用途、有无对被害人偿还能力、诚信情况进行审查以及如何审查。

“发放贷款”阶段,收集“被害人陈述”应当注意以下事项:(1)放款交易的场所、时间,在银行走账、提现的整个过程,以及有无参与人或知情人在场等情况。(2)被害人实际取得借款数额与合同内容或银行流水账单是否一致。如果不一致是什么原因造成的,以及被害人提现资金的流向。

“履行合同”阶段,收集“被害人陈述”应当注意以下事项:(1)被害人还贷情况(包括还贷时间、地点、金额、次数、方式等),以及有无相应还贷记录;(2)被害人有无逾期未还款,逾期未还款的原因(是否出自外力)、被害人是否采取补救措施防止和减少违约后果的发生和扩大,逾期未还款有无产生实际损失;(3)被害人逾期未还款后,有无被收取“违约金”等费用及收取金额,以及采取何种手段、方式(如欺骗、“软暴力”、殴打、非法拘禁,非法占有担保物或其他财物并威胁加以处分,以及其他逼迫、胁迫等)收取。

“索取债务”阶段,收集“被害人陈述”应当注意以下事项:(1)嫌疑人索取债务主要采取何种手段,包括但不限于辱骂、胁迫、滋扰、纠缠、殴打、非法拘禁、非法扣押财物或者虚假诉讼;(2)嫌疑人以公开被害人隐私、非法占有被害人财物要挟,索取债务的过程(重点包括时间、地点、人员、手段、后果以及索债人员具体行为等)。

(三)“被害人陈述”的固定

1. 迅速、及时地完成制作过程

侦查机关在保障证据形式合法的情况下,尽可能缩短办案时间,这是迅速、及时固定证据的意义所在。言词证据作为特定的陈述文字,离案发时间越近,

被害人或证人对案件事实的记忆越清晰,表达也会越清楚;离案发时间越远,被害人或者证人对案件事实的记忆就越模糊。侦查机关迅速、及时地制作完成“被害人陈述”不仅可以为调取其他证据赢得时间和机会,而且可以提高整个案件的办理效率。

2. 详细、完整地记录陈述内容

“套路贷”涉刑案件的被害人被“套路”借款后,遂被“套路贷”行为人通过各种手段进行“索债”,被害人被侵犯人身或者财产权利已经身心疲惫、苦不堪言,这种情况下被害人能够提供的证据和情况基本不会遗漏或者隐瞒,但侦查机关仍需特别关注被害人有否无隐瞒事实或者夸大事实的可能,要详细、完整地记录“被害人陈述”,不遗漏细节。

二、“套路贷”涉刑案件中嫌疑人供述及辩解

(一)嫌疑人供述及辩解

《刑事诉讼法》第55条规定,只有被告人供述而没有其他证据的不能认定被告人有罪和处以刑罚。虽然如此,但是在刑事案件中,“被告人供述”仍然是实践中定案的关键。大部分案件如果嫌疑人能对犯罪事实予以供认,基本上案件的侦破工作也就成功了一大半,但很多案件的嫌疑人都拒不认罪。这种情况下,嫌疑人“口供”如何获取,或者在嫌疑人拒不供认的情况下如何从其他证据上寻求突破点,形成完整的证据链条,以证实“有犯罪事实发生,且犯罪事实确实是嫌疑人所为”,则是侦查机关应该深入研究和思考的问题。

(二)“嫌疑人供述及辩解”的收集

收集该类证据之前必须目标明确,需要查明的案件事实一般在法律条文中均有明确规定。例如“套路贷”涉刑案件中的诈骗罪,首先必须符合《刑法》第266条规定的构成要件,主观上有非法占有他人财物的故意,且实施了虚构、隐瞒事实或者欺骗被害人的客观行为,为了达到非法占有他人财物的主观目的,并伴随数额较大的危害后果发生。

明确查明案件事实后,应当确立查明案件事实的标准。“套路贷”涉刑案件

标准的确定是区分刑事案件和民事纠纷的关键,包括犯罪构成的标准、刑事立案的标准、情节严重的标准、犯罪数额的标准。司法实践中,“套路贷”犯罪涉及的具体罪名繁多,单从一罪名分析并不复杂,但复杂之处在于“套路贷”涉刑案件的众多行为具体对应的众多罪名应当定一罪或数罪?这个问题在前文中已经详细论述过,这里不再展开。“高利贷”行为在民间广泛和长期存在,其中也有为了“索债”而触犯刑事法律的案例,但《办理“套路贷”若干问题的意见》明确规定了“非法索债”和“套路贷”涉刑案件的区别。笔者总结了如下具体注意事项:

第一,“签订合同”阶段:

“嫌疑人供述及辩解”的收集的注意事项:(1)嫌疑人基本情况及嫌疑人所在公司基本情况,包括但不限于公司组织架构(如临时雇用、聘用人员)、经营模式(如公司名称、注册与否、业务范围、人员构成、公司地址、放贷资质等情况)、公司自成立以来的经营状况、公司有无“业务”外包(如有“外包”业务的,可按照上述指引查证“外包”公司基本情况,管理人员是否知情等);(2)借款有无格式合同、是否为“阴阳合同”、合同条款由谁制定、格式合同由谁起草(有无专业法律人士草拟)以及合同条款具体内容(包括借款人、借款数额、还款期限、约定利息、违约条款等);(3)是否存在以“保证金”“中介费”“服务费”“违约金”“家访费”等各种名义收取的费用以及相关比例,签订合同的具体过程(包括时间、地点、人员、方式、合同的份数以及合同由谁保管),“套路贷”犯罪中,往往借款合同仅有一份,并由贷款公司保管。

第二,“发放贷款”阶段:

“嫌疑人供述及辩解”的收集的注意事项:(1)放款交易的场所、时间,放款账户性质(公司账户还是私人账户)以及放款金额的决策者,在银行走账、提现的整个过程以及来回乘坐的交通工具(颜色、车型、牌照等),有无其他参与人或知情人在场;(2)被害人实际取得借款数额,与合同内容或银行流水账单是否一致,不一致的原因,以及被害人提现资金的流向;(3)向被害人收取相关费用的理由(如首期利息、“保证金”“手续费”“服务费”“行业规定”等)、费用的数额以及收取费用的实质原因。

第三,“履行合同”阶段:

“嫌疑人供述及辩解”的收集的注意事项:(1)被害人还贷情况(包括还贷时间、地点、金额、次数、方式等)以及有无相应还贷记录;(2)被害人有无逾期未还款以及逾期未还款的具体情形,被害人有无实际行使抗辩情况(包括涉及承认、变更、拒绝等诉求的协商、协议、调解等);(3)被害人无法还清本期贷款(借款)或者其他费用,嫌疑人有无介绍他人或者其他贷款公司与被害人重新签订借款合同予以“平账”,从而垒高借款金额;(4)嫌疑人介绍的人员或者贷款公司或者所扮演的公司有无实际放款,被害人被进一步垒高的借款金额,嫌疑人与新的出资人、贷款公司的关系,是否为同一控制人或者同一家公司,是否有长期合作关系。

第四,“索取债务”阶段:

“嫌疑人供述及辩解”的收集的注意事项:(1)索债人员是否为本公司人员,通过何种途径(如有固定合作关系、他人介绍、QQ或者微信群寻找)雇用索债人员,中间介绍人情况以及索取债务费用有关情况(包括费用名目、数额、支付方式及相关微信、支付宝、银行卡账户情况等);(2)嫌疑人索取债务主要采取何种手段,包括但不限于辱骂、胁迫、滋扰、纠缠、殴打、非法拘禁、非法扣押财物或者虚假诉讼;(3)嫌疑人以公开隐私、非法占有他人财物为要挟,索取债务的过程(包括时间、地点、人员、手段、后果以及索债人员具体行为等,主要涉嫌敲诈勒索罪);(4)嫌疑人采取殴打或者其他方式故意伤害被害人或者其近亲属,强行索取债务的过程(包括时间、地点、人员、手段、后果以及索债人员具体行为等,主要涉嫌故意伤害罪);(5)嫌疑人采取非法限制人身自由的方式,强行向被害人索取债务的过程(包括时间、地点、人员、手段、后果、次数以及索债人员具体行为等,主要涉嫌非法拘禁罪);(6)嫌疑人采取暴力、威胁手段,强立债权、强行索债的过程(包括时间、地点、人员、手段、后果以及索债人员具体行为等,主要涉嫌强迫交易罪、抢劫罪);(7)嫌疑人在民事执行过程中以捏造的事实对执行标的提出异议,申请参与执行财产分配的过程(包括单方还是与他人恶意串通、恶意串通情况、是否委托代理律师及其委托经过、与律师讨论案件处理和应对法院情况、有无教唆他人作伪证及其作伪证情况,以及在法院提起诉讼的具体过程)。

(三)“犯罪嫌疑人供述”的固定

1. 犯罪嫌疑人如实供述的情况下,可根据已经形成的被害人陈述的内容,逐一核实二者描述的案发经过的细节是否达成一致。在双方陈述内容基本一致的情况下,将嫌疑人供述内容多做几份详细的笔录,以固定此类言词证据。笔录内容应该体现出行为人非法占有他人财产的主观故意、实施相关的客观行为以及因此造成的社会危害后果。在“套路贷”涉刑案件中,除了实体的内容,证据的形式上也需要做到完备,使其在此后的程序里经得起公诉机关、辩护人、审判机关的层层检验。

2. “套路贷”涉刑案件多是团伙或者多人多次作案,因为其非法占有他人财物的目的不会因为一两宗犯罪得逞而停止,很多时候为了掩饰其犯罪目的,嫌疑人往往会成立公司,招聘职员以公司形式进行伪装并以此为“职业”。侦办此类案件过程中,如果嫌疑人拒不供认,侦查机关可根据被害人的陈述分别讯问不同嫌疑人,从供认不讳的嫌疑人处打开缺口,引导其陈述案件事实,给予其立功机会,并及时收集制作相关证据以固定成果。

三、“套路贷”涉刑案件证人证言及鉴定意见

“套路贷”涉刑案件的证人包括被害人的亲朋好友、办理贷款的银行职员、办理房屋抵押或者过户的工作人员、处理涉嫌“虚假诉讼”案件的司法机关工作人员以及嫌疑人公司职员等。知情人、目击者、跟案件事实密切相关的其他人员所作出的言词内容作为证据体系的组成部分,才能起到连接完整证据链条的重要作用。因为即便一个诚实和正直的证人,他在不同的时间对同一个事情的回忆,在一些细节上也可能会出现矛盾。

除了收集除上述人员的证人证言,侦查机关还需特别关注犯罪行为现场目击者以及其他知情者证言,应重点扩展至被害人所在楼栋、小区、单位、街道或村组的相关人员的证言,收集知情人或群众对“套路贷”行为及其社会危害的评价等证据。

鉴定意见本质上是一种证人证言,所以法庭调查阶段经辩护人申请,法庭

可批准出具鉴定意见的鉴定人出庭作证并由控辩双方对其进行询问和质证，其中的规则与对证人证言的质证规则相同。“套路贷”涉刑案件的鉴定意见主要包括涉案公司财务账目专业审核的鉴定意见、对涉案电子证据的出处来源、形式完整的鉴定意见以及涉案“合同”“借条”的笔迹鉴定意见等。鉴定意见虽具有专业性的特点，但仍是通过鉴定人的主观判断和表达外现，同样具有该类案件言词证据的共同属性及特点，在收集和固定时可参照执行。

第四节　“套路贷”案件中言词证据影响判决的案例分析

典型案例　言词证据成为“套路贷”案件的突破口

——孙某杰、孙某平、曹某旺诈骗案

【案号】(2018)粤0305刑初1808号

【案情简介】

广某华南投资发展有限公司(以下简称广某公司)于2012年8月29日成立，注册资本500万元，实收资本100万元，法定代表人为孙某杰，股东为孙某杰、田某、郭某，经营范围为投资兴办实业；投资咨询、企业管理咨询、从事担保业务(不含融资性担保)；二手车销售；国内贸易。该公司的实际经营者是田某和孙某杰，田某主要负责贷前审批，孙某杰主要负责贷后催收，也有权审批10万元以下的小额借款。广某公司的业务员孙某杰、曹某旺、邹某(另案处理)等人通过同类借款公司分享信息、互联网、朋友介绍等途径获取客户资源，将符合条件的客户带到该公司办理高息借款。田某、孙某杰对客户提供的资料进行评估审核，指派业务员对客户进行上门考察；考察通过后，在办理借款手续的过程中，该公司要求客户在空白的格式借款合同、借据、抵押合同、空白A4纸等资料上签名捺手印。客户办理借款产生的利息、手续费、保证金、逾期费等由田某、孙某杰确定，考察费由业务员强行向客户索取。合同签订后，具体的借款分两笔转账到客户账户，第一笔借款转给客户后，马上要求客户将手续费、保证金等费用和第一个月利息或者全部利息转回该公司控制的其他银行账户，然后再将尾款转给客户，客户实际到手的金额少于借款合同约定的借款金额。

如客户逾期还款，孙某杰则指派业务员对客户进行电话和上门催收，催收过程中经常对客户及其亲属进行威胁、恐吓等，逼迫客户还款，甚至将客户强行带到广某公司的办公场所不让离开，直至达到目的。如果客户实在无力还款，广某公司会要求客户再向该公司借一笔钱，或者介绍客户到孙某平入股的深圳市聚鑫时代投资咨询发展有限公司（以下简称聚鑫公司）借钱，用来偿还欠款、逾期费等，以达到垒高借款金额的目的。当客户欠款到一定程度时，广某公司就将客户借款时所签的空白格式借款合同、抵押合同以及空白A4纸等填写完整，伪造证据以提起民事诉讼。

【裁判观点及结论】

本案的争议焦点为：关于被告人孙某杰、孙某平、曹某旺的行为是否构成诈骗罪。

1. 被告人的主观目的。综合涉案9名借款人的陈述、3名被告人的供述及银行流水、交易明细清单等书证可知，被告人与借款人在签订借款合同后，只有在借款人未按时归还约定的本金或利息时，被告人才会采取催收手段，且催收的内容也仅限于借款人应付的利息、本金或未按时还款导致的违约金等，追债行为是为了实现合同中约定的被告人享有的权利，主观上是为了获取本金及高额利息，并不具有非法占有借款人财物的目的。

2. 被告人的行为方式。

（1）从借款人与广某公司签订借款合同的状况来看，虽然被告人与借款人在签订合同时存在让借款人签订空白合同、借据、在空白A4纸上捺手印，向借款人收取考察费、手续费、保证金等有违公平的情形，但被告人在借款时有提前告知借款流程，借款人在明知上述行为存在风险的情况下，为了达到借款目的而自愿选择承担由此导致的后果，双方之间是在平等自愿的条件下签订的借款合同，属于双方意思自治下的民事法律行为，且涉案借款人中郑某2、舒某、申某均多次向公司借款，谢某2、罗某亦先后两次借款，说明各借款人认可了涉案公司的借款规则，自愿将自己置于风险之中，认定其受到被告人的胁迫、欺骗的证据不足。

(2)从借款合同金额与实际金额之间的差额大小来看,虽然被告人在将借款转账给借款人之后即要求借款人将第一个月利息及相关手续费、考察费、保证金等转回,导致借款人实际到手金额与借款金额有差距,但该“砍头息”及扣除相关手续费的行为是双方经过协商后一致同意的,在普通民间借贷中亦不鲜见,借款合同金额与借款人实际到手金额之间的差距在合理的范围内,无证据表明被告人有故意明显虚增借款金额的行为。

(3)从资金的实际走向来看,被告人在按照合同约定将相应借款转给借款人后,所借款项即由借款人实际占有并自由支配,利息及相关费用的收取均是经过银行转账、微信支付等方式,全程留痕,被告人并未以现金方式取走多余部分或故意制造资金走账流水的方式隐瞒真实借款金额,客观上借款人的目的已达到;且在借款人依约还清借款的情况下,被告人亦有按照约定退还保证金的情形。

(4)从被告人对违约的态度来看,结合在案证据,涉案事实中违约情形的出现均是因借款人自身无力偿还所导致,与被告人无关,本案被告人没有故意制造借款人的单方面违约,而是对所借款项采取了积极的催收行为,被告人主观上并不希望发生借款人不能还款的事实,而是希望借款人能尽快还款以得到本金及利息,符合正常的借贷关系。

3.3 名被告人主观上仅是为了获取高额利息,并不具有非法占有他人财物的目的,客观上不存在虚构事实、隐瞒真相的行为,另结合司法鉴定意见,截至案发,借款人还款的金额尚少于被告人借款金额,即使已还清本金,利息也在法律保护范围内,故被告人的行为客观上并未侵犯借款人的合法财产。

法院最终认定3名被告人的行为不构成诈骗罪,驳回起诉。

【律师点评】

上述案例中出现了多处与“套路贷”犯罪相符的客观要件,比如,签订合同阶段,借款人和出借人互相不认识,出借人是通过网络科技手段锁定借款人,并主动找上门;发放借款阶段,借款人直接扣除“砍头息”后才将款项给付借款人;履行合同阶段,强制借款人签订“空白合同”和在“空白借条”上捺手印;索取债务阶段,采用威胁、恐吓、滋扰等“软暴力”手段向借款人收取各种名义的手续费、保证金和考察费，从表面看，本案这些特征均符合《办理“套路贷”若干问题的意见》对“套路贷”犯罪的相关规定。但实践中，法院却依据案件相关证据认定不构成诈骗罪。笔者认为最关键的原因是裁判者经过对案件证据的质证和梳理后，认定本案被告人实施犯罪的主观目的仍然是要回向借款人发放的借款，而并没有想要占有借款人财产的主观故意。

本案法院判决书中难得地出现了大段的说理过程，并引用、摘抄了经过质证的被害人（借款人）陈述、证人证言、被告人供述及辩解的内容，通过对这些言词证据的质证，法院最后变更了检察院指控的诈骗罪罪名，而改为认定寻衅滋事罪，也否认了本案是“套路贷”涉刑案件的定性，认为本案被告人实施的是民事借贷中的“非法讨债”行为。虽然涉案被告人最后仍被认定有罪，但前后两罪名的法定量刑相距甚远，后果自然也相距甚远。

结合案例，我们可以进一步看出“套路贷”涉刑案件中，裁判者极为重视言词证据的质证，并根据该类证据相互印证的内容，捋出案件脉络，辅以其他证据相互印证，从而对行为人的主观故意、客观行为以及危害后果作出判断。

综上所述，言词证据在“套路贷”涉刑案件中具有不可忽视的重要性，而侦查机关收集、固定这些证据的难度较大，需要办案机关和承办干警在掌握“套路贷”涉刑案件刑法理论的基础上，不断在平时办案过程中积累经验、总结心得，准确理解立法意图，掌握案件特征和类型，在收集和固定证据的过程中抽丝剥茧、去伪存真、融会贯通、综合评判；切实防止认定范围不当扩大，严格依照“罪刑法定”原则，立足行为人认知能力，既往经历，行为次数和手段，与同案人、被害人的关系以及获利情况、社会危害后果等因素，综合分析和认定行为人的主观故意，并据此收集和固定相关证据，以区分不同阶段涉及的不同罪名、罪数及涉案金额等问题。

第六章 “套路贷”涉刑案件犯罪数额的认定规则

第一节 “套路贷”犯罪数额“虚高”的认定趋势

一、犯罪数额规定的合理性考察

从古至今，财产犯罪的“计赃定罪”皆以赃物数量多少与价值高低作为定罪量刑的依据。[1] 唐律确定“以绢计赃”，《唐律疏议》第282条规定：“诸窃盗，不得财笞五十；一尺杖六十，一疋加一等；五疋徒一年，十疋加一等，五十疋加役流。”[2]宋朝在“以绢计赃”的基础上，又发展出“以钱定罪”的方式。宋太祖建隆二年制定的“窃盗法”，首次规定计钱论罪的计赃标准，“犯窃盗赃满三贯文，坐死。不满者节级科罪。其钱八十为陌”。自此，计钱论罪这种数目型的犯罪数额规定方式沿袭至今。

以钱数计算罪量有其历史合理性：首先，以赃物价值的高低区分刑罚的层级，是实现罪刑相称的有效方式；其次，确定每个幅度刑罚的具体财产数目，使法律具有明确性，既便于立法操作，也易于向民众昭示；再次，在立法上确定具体的数目，能够有效避免司法适用的任意性，防止滥权和舞弊；最后，数目型的犯罪数额规定方式与中国古代的经济社会形态基本相适应。中国早自“井田制”开始，即推行小农经济，工商业一直大受抑制。小农经济是一种自给自足的

[1] 参见沈家本：《历代刑法考（二）》，中华书局1985年版，第1019～1025页。

[2] 《唐律疏议》卷十八《贼盗凡》。

自然经济,稳定性和封闭性是其最大的特征。在这样的经济社会形态下,币值受经济波动的影响较小,固定的币值基本上能够实现罪刑的平衡。[1] 当时落后的经济水平和技术,以钱数计算罪量是最好的犯罪数额规定方式。

犯罪数额不仅决定一个人的行为是否构成犯罪,还对行为人应该受到什么样的刑事处罚起着决定性的作用。我国现今《刑法》及刑事诉讼相关法律法规规定的罪名中,约半数对犯罪数额有具体要求,可见犯罪数额在定罪量刑中的重要地位。

犯罪数额是与犯罪行为相关联,体现行为的社会危害程度,以货币形式表现的经济价值量。犯罪数额的设定,与公众对犯罪行为的抗拒程度、司法资源的负担力、刑事政策的松紧、大众对刑法的认同等问题有关,需要慎重确定。因此,在司法实践中,对于犯罪数额的认定就成为区分罪与非罪以及情节是否严重的重要衡量标准。

二、“套路贷”犯罪数额认定的必要性

随着越来越多的“套路贷”涉刑案件进入审判阶段,如何确保对于此类案件的司法裁判能做到罪刑相适应,实现对“套路贷”犯罪的精准打击,成为司法实务界和立法者都在研究和探讨的问题。为了准确甄别和依法惩处“套路贷”犯罪活动,《办理“套路贷”若干问题的意见》对“套路贷”刑事案件相关问题的司法认定提出了指导意见,但对“套路贷”犯罪数额认定问题的分歧仍存在,亟待根据“套路贷”犯罪的特点厘清司法认定脉络和标准。

三、宏观层面:“套路贷”犯罪数额“虚高”

2017 年 10 月发布的《上海市高级人民法院、上海市人民检察院、上海市公安局关于本市办理“套路贷”刑事案件的工作意见》,在第四部分“犯罪数额认定和涉案财物处理”中明确了:在“套路贷”犯罪数额的认定上,要把握“套路

---

〔1〕 当然这也非绝对,如宋朝时物价变动较大,法律就必须不断调整计赃绢价标准和各类货币之间的比值。参见郭东旭:《宋朝的物价变动与计赃论罪》,载《中国经济史研究》2004 年第 1 期。

贷”行为的犯罪本质,将其与民间借贷区别开来,从整体上对其予以否定性评价。被告人在借贷过程中以“违约金”“保证金”“中介费”“服务费”等各种名义收取的费用,均应纳入犯罪数额予以认定。除了借款人实际收到的本金外,双方约定的利息不仅不受法律保护,还应当计入犯罪数额,而不应当从犯罪数额中扣除。

2018 年 3 月发布的《浙江省高级人民法院、浙江省人民检察院、浙江省公安厅关于办理“套路贷”刑事案件的指导意见》,在第四部分“犯罪数额认定和涉案财物处理”中也明确了:将“套路贷”与民间借贷区别开来,除了被害人实际收到的本金外,虚高的本金、双方约定的利息以及被告人在借贷过程中以“违约金”“保证金”“中介费”“服务费”等名义收取的费用均应作为犯罪数额予以认定。《办理“套路贷”若干问题的意见》在犯罪数额的认定上于第 6 条作出了与上述地方指导意见类似的规定。

为贯彻落实《办理“套路贷”若干问题的意见》,江苏省和浙江省分别于 2019 年 6 月、7 月发布了《江苏省高级人民法院、江苏省人民检察院、江苏省公安厅关于建立健全严厉打击“套路贷”沟通协调机制的意见》《浙江省高级人民法院、浙江省人民检察院、浙江省公安厅关于办理“套路贷”相关刑事案件若干问题的纪要》,在犯罪数额认定问题上对上述内容进行了重申或细化。《江苏省高级人民法院、江苏省人民检察院、江苏省公安厅关于建立健全严厉打击“套路贷”沟通协调机制的意见》和《浙江省高级人民法院、浙江省人民检察院、浙江省公安厅关于办理“套路贷”相关刑事案件若干问题的纪要》均作出了类似的规定。基于国家对“套路贷”犯罪从严打击之目的,司法实务界对“套路贷”的犯罪数额认定也出现了从严认定的趋势。综观《办理“套路贷”若干问题的意见》以及各省的指导意见、会议纪要,整体上进行否定性评价的趋势比较明显。“砍头息”“保证金”“中介费”“违约金”等一律计入犯罪数额,对合法利息也大多不予区分,一律计入犯罪数额。这一计息方式将直接导致认定的犯罪数额“虚高”。相对较为默契的是对借款本金的认定,借款人实际收到的本金不计入犯罪数额。

四、微观层面:“套路贷”犯罪数额“虚高”

笔者认为犯罪数额是认定行为人刑事责任的重要标准。法律并没有明确规定计算方式及认定标准,对于犯罪数额有多种理解和适用的情况下,按照司法实践所谓的经验对行为人进行定罪量刑,有违“罪刑相适应”之原则。对于司法实务中已经出现的“将全部涉案借款数额(或银行流水数额)简单相加”认定为犯罪金额的情况,这种“简单粗暴”的计算方式必然导致案件犯罪数额的“虚高”。

典型案例 计算方式导致犯罪数额“虚高”

——江某等敲诈勒索案

【案号】(2018)苏0104刑初756号

【案情简介】

2017年6月以来,被告人江某、唐某为非法牟利,在南京市秦淮区中山东路18号国际贸易中心十四楼共同出资成立某小贷公司,由被告人许某负责公司的经营管理,被告人曹某等人作为公司的业务员,被告人朱某、晁某、谢某、杜某、王某、李某、张某等人作为公司的催收员,在上述地点以借贷为名,通过各种途径向社会招揽客户,当被害人向该公司借款时,以双倍甚至更高的金额与被害人签订借款协议,以保证金、材料费、上门费、手续费、中介费等名义扣减部分借款本金,并制定苛刻的逾期、违约条件。在被害人没有按要求还款后,由催收员上门按照借条的“条面金额”索取高额债权,并采取言语威胁、堵锁眼、喷漆等胁迫、滋扰方式逼迫被害人及家属筹款还钱,从而达到勒索财物的目的。

【裁判观点及结论】

本案的争议焦点之一是犯罪数额应否扣除合法利息。辩护人提出,犯罪数额应当扣除部分合法利息,而南京市秦淮区人民法院则认为,在“套路贷”案件中,除被害人实际收到的本金外,虚高债务以及以利息、违约金、保证金、中介费、服务费等各种名目扣除或收取的额外费用均应认定为犯罪数额。

关于被告人江某、朱某的辩护人提出犯罪数额未扣除部分合法利息的辩护意见,法院未予采纳。

【律师点评】

南京市秦淮区人民法院的观点代表了现今裁判机关的主流观点。笔者认为不考虑借贷目的是否基本实现,而一味地将合法利息计算为犯罪数额,“套路贷”犯罪的认定显然呈现出扩大化的倾向。刑民交叉案件应当以刑事案件的先行审理为前提,但如果确属民事法律范畴内的行为不应当强行用刑法相关规定来进行评判和界定。若借款人的借款需求得以满足、借贷目的得以实现,司法机关仍以“套路贷”犯罪来否定民间借贷部分的行为,并不符合基本事实发展规律。

第二节 “套路贷”犯罪数额与民间借贷金额的区别

一、“套路贷”犯罪与民间借贷定性的区别

前文已经论述,并非所有的“套路贷”犯罪都能够表明行为人具有非法占有目的,也并非所有的“套路”都具有“套路贷”犯罪的构成要件,继而涉嫌“套路贷”犯罪。实践中,有些“套路贷”仅属于不规范的民间借贷行为。为确保合同当事人权利义务的公平与公正,法律对当事人行使意思自治进行了多方面的限制,但是在实际的借贷过程中,贷款人往往仍存在不规范的行为。例如,《民法典》第 149 条、第 150 条、第 151 条规定的以欺诈、胁迫、乘人之危方式订立的合同或者订立显失公平的合同,这些行为在客观上与刑法规定的诈骗罪、强迫交易罪等犯罪的构成要件行为具有相似性。但是当欺诈、胁迫程度未达到刑法分则犯罪构成要件所要求的程度时,作为可撤销合同处理即可,即使行为人意欲获取一定的财物,也不能一律认定为犯罪。

《办理“套路贷”若干问题的意见》第 2 条在第 1 条在对“套路贷”概念定义的基础上,也对“套路贷”与民间借贷行为进行了区分。主要从两个方面进行认

定:一是贷款人的主观目的,是“到期按照协议约定的内容收回本金并获取利息”还是“非法占有他人财物”;二是是否使用各种“套路”虚构债权等方式以达到非法占有他人财物的目的。对于不具有非法占有目的,也未使用套路形成虚假债权债务的,不应视为“套路贷”犯罪。根据《办理“套路贷”若干问题的意见》第1条,除了形成虚假债权债务的套路外,还存在假借民间借贷之名,诱使或迫使被害人签订“借贷”或变相“借贷”“抵押”“担保”等相关协议的情况。涉嫌犯罪的贷款人在主观上必须具有非法占有目的,但是《办理“套路贷”若干问题的意见》对非法占有目的的规定并不明确。比如,民间借贷中涉及财产的部分包括本金、利息以及违约金三个部分,行为人意欲占有哪些范围内的资金属于非法占有,认定标准又是什么?是否只要相关行为不符合法律法规就能被认定为套路?

笔者认为,民间借贷属于市场经济的组成部分,其遵循自由竞争的市场机制,在法律上表现为合同当事方的有限的意思自治以及自愿原则。“套路贷”应当从广义上进行理解,只要贷款人的行为不符合相关法律规定,且妨碍了借款人意思自治的实现,都可认定为“套路贷”,但与是否构成“套路贷”犯罪并无直接关系。是否构成“套路贷”犯罪,不仅需要从刑法分则规定的犯罪构成上进行考察,还需要根据《办理“套路贷”若干问题的意见》以及相关司法解释的规定进行综合评判。对于借款人同意或知晓,并没有违背借款人意愿的行为或者虽然违背但仅属于民事欺诈或者轻微胁迫的行为,不能认定为“套路贷”犯罪,作为不规范的民事借贷行为来处理即可。

根据《最高人民法院关于对为索取法律不予保护的债务非法拘禁他人行为如何定罪问题的解释》,为索取高利贷、赌债等法律不予保护的债务,非法扣押、拘禁他人的,定非法拘禁罪。这表明,我国司法实践中是根据有无事实上的债权债务关系为依据认定非法占有目的。因此,“套路贷”不仅包含民事不法的欺诈行为还包括刑事不法的“套路贷”犯罪。

“套路贷”犯罪对相关利益的获取违背了市场的获利机制,表现为两种情形:一是借贷合同的签订违背了借款人的意志,二是相关债权债务关系是虚假的(事实上未曾发生的)。因此,《办理“套路贷”若干问题的意见》第1条“诱使或迫使被害人签订协议”与“形成虚假债权债务”之间应当是或然关系。

二、“套路贷”犯罪数额与民间借贷金额的区别

笔者认为,《办理“套路贷”若干问题的意见》第 6 条第 1 款规定的“应当与民间借贷相区别,从整体上予以否定性评价”,并不是全盘否定“套路贷”中存在民间借贷部分,而是指司法机关应当在从整体上分析前阶段行为与后阶段行为之间的关系、借贷关系是否真实存在、贷款人是否基本实现借贷目的的基础上,以此区分民间借贷部分与“套路贷”部分并进行合理评价。借款人进行民间借贷的目的是获取资金以进行其他活动,借贷目的的考察在套路贷相关犯罪的犯罪数额认定中具有重要作用。“套路贷”犯罪是假借民间借贷的名义侵犯他人的财产法益,而相关法益是否受到侵犯,则体现在借贷目的是否实现上。如果借款人实现了借贷目的,说明相关法益并未受到实质侵害,存在民间借贷的事实关系;如果借贷目的未能实现,则说明不存在事实上的民间借贷关系。因此,借贷目的的实现与否是判断有无事实上借贷关系的重要依据,应当紧密结合借贷目的的实现与否来理解第 6 条第 1 款。具体应当如何准确理解?笔者总结如下:

第一,对于虽然具有非法占有目的,但是履行了合同主要部分、具有事实上的借贷关系的情形,应当从整体肯定合同民间借贷性质的基础上,将“民间借贷”与“套路贷”区别对待——对于借贷目的基本得到满足,受到侵害的法益较小的行为不纳入《刑法》评价范围;而对于形成虚假债权债务的行为部分,按照罪刑法定原则对该行为侵害到的相关法益等作出相关评价,并进行相应的定罪量刑。因此,对于该部分不存在合法依据的资金应当计入犯罪数额。

第二,对于根本不具有借贷目的、基本未履行合同的行为,应当从整体上否定存在民间借贷性质。此种情形下的行为人签订借贷合同或者给付少量本金的目的纯粹是形成虚假债权债务,从而非法获取财物,且并未发生事实上的债权债务关系,借款人的借贷目的并未实现。因此,对于未发生借贷事实关系的,应当从整体上否定借贷行为的合法性,相关的虚假债务、利息、违约金没有存在的合法依据,因而应当计入犯罪数额。

第三,对于整体上予以否定性评价的“套路贷”,也应当对民间借贷部分与构成犯罪的“套路贷”部分进行区分。行为人为形成虚假债权或者非法占有虚假债权,扣除各种名义的费用或者仅给付较少的本金,以至于合同仅履行了较少的部分。但是,只要借款人的借贷目的得到部分的实现,那么便说明目的得到实现的该部分借贷关系是真实发生的,借款人的借款需求得到部分满足,在获取贷款资金后也实现了部分借贷目的,该部分借贷关系并没有得到侵犯借款人的相关法益。因此,对于民间借贷部分的合理限度内的利息应当在犯罪数额中予以扣除。

第三节 “中介费”“服务费”“上门费”等费用的认定

一、“中介费”“服务费”“上门费”等费用的性质

“套路贷”总体上应当以行为人意欲使被害人遭受的财产损失作为认定数额的依据,对于违反借款人意志的或者不符合法律规定的虚假债权、利息、违约金、中介费等费用一般均应计入犯罪数额。在索取虚假债务过程中与被害人协商减少的资金,应当从犯罪数额中予以扣除。

司法实践中有的法院在适用《办理“套路贷”若干问题的意见》第 6 条时往往不具体考察借贷双方在签订、履行借贷合同过程中对所涉资金的主观态度、履约情况,一概将本金以外的虚高债务、利息、违约金等计入犯罪数额。然而,这可能并不符合司法解释原意,可能存在以下三个方面的问题。

第一,忽视了非法民间借贷行为与“套路贷”犯罪行为的区分。行为构成犯罪,是认定犯罪数额的前提。“套路贷”是一系列违法犯罪行为的总称,既包括违反民事法律、行政法律的行为,也包括违反刑事法律的行为。因此,正确区分“套路贷”涉刑案件的罪与非罪是认定犯罪数额的首要问题。但是,由于有的司法机关未能准确把握《办理“套路贷”若干问题的意见》第 6 条所规定的“套路贷”涉刑案件与民间借贷的区别,一律“予以否定性评价”,造成错案的发生。

“套路贷”由于具有民间借贷的表象，且行为人主观上都以获取相关资金为目的，手段上也具有一定的欺诈、胁迫等性质，这导致其在民事违法行为与犯罪行为之间往往较难区分。但是，司法机关不能因为“难区分”便“不区分”，而是应当仔细甄别民事违法部分与犯罪部分，从而决定能否“从整体上予以否定性评价”。

第二，混淆了合法之债、自然之债、无效之债与犯罪数额的界限。根据《民间借贷若干问题规定》（2020 修正），当事人约定的利息与违约金分为三种情形：一是合法之债（年利率≤24%），二是自然之债（24% <年利率≤36%），三是无效之债（年利率>36%）。贷款人为了获取高额利息与违约金，往往通过“材料费”“上门费”“手续费”“中介费”“保证金”等变相提高利息与违约金，通过虚假诉讼的手段获取自然之债与无效之债。但是应当注意，即使行为人实施了虚假诉讼行为，也应当对合法利息予以扣除，因为该部分资金本来就是受法律所保护的。

第三，忽视了借款人意思自治与借贷目的实现与否的考察。在借贷双方签订、履行合同过程中，如果不考察借贷合同是否基于“意思自治”、借贷需求是否基本得到满足、借贷目的是否基本实现等情况，则有“套路贷”认定扩大化的倾向。尽管行为人在签订合同过程中存在不当的“套路”，例如，虚增借贷金额、设置过高的利息与违约金，但是只要借贷合同是基于借贷双方的意思自治，且没有侵害到国家、社会和其他人的利益，便没有法益受到侵害。这时，刑法就不应当强行介入民事领域。同时，如果借款人的借款需求得以满足、借贷目的得以实现，司法机关仍然因为存在“套路”而否定民间借贷部分，这也不符合确实存在民间借贷关系的事实。

因此，笔者认为“中介费”“服务费”“上门费”等费用是另一种形式的利息与违约金。

二、“中介费”“服务费”“上门费”等费用的认定

根据《办理“套路贷”若干问题的意见》第 1 条和第 2 条，属于犯罪的“套路贷”具有两个特征：一是具有非法占有目的；二是使用套路形成虚假债权债务关系。“套路贷”犯罪的核心内涵可以概括为以非法占有目的通过各种方式形成

虚假债权债务关系。不规范的民间借贷中行为人往往也表现出一定的占有他人财物的目的,在主观上与构成犯罪非法占有为目的具有相似性。因此,非法占有目的的认定与客观上使用的套路具有较为密切的关联性。不规范的民间借贷虽然也存在一定的欺诈、胁迫等套路,但是该套路难以认定行为人具有非法占有目的,其在性质上属于民事欺诈或者可撤销的合同等。但是,《办理“套路贷”若干问题的意见》对非法占有目的及作为其表现的具体套路范围并未予以明确,其使用的“等方式”“包括但不限于”等词语使司法机关难以准确把握套路的本质和范围。因此,为实现准确定罪、恰当量刑,亟待厘清。

借贷合同大致可以划分为三个阶段:一是合同订立阶段,二是合同履行阶段,三是违约责任阶段。同时根据《民法典》,借贷合同中所涉资金包括本金、利息(逾期利息)和违约金三部分。据此,大致可以将套路分为以下几种类型。

第一,针对合同签订的自愿性设置套路。贷款人往往以发布低息、无须抵押和征信等信息诱骗借款人前来借款,在影响借款人意思表示的真实性的情形下与借款人签订借贷合同。第二,针对借贷关系的真实性设置套路。贷款人的目的不在于赚取利息,而是凭借形成的虚假借贷关系向借款人索取虚假债务,或者占有抵押物。第三,针对合同内容设置套路,包括以下几种情形:一是虚构或者隐瞒合同内容。例如,使借款人在不清楚合同条款的情形下签订合同。二是针对本金设置套路,在该类型套路中,贷款人的目的是非法占有已给付的本金。手段表现为,通过安装费、家访费、辛苦费、行规等各种名义扣除本金,或者其本来就具有恶意制造或肆意认定违约的意图,在与借款人签订虚高债权债务合同并制造已经给付虚高资金的银行流水后,将虚高部分资金要回,并恶意制造或肆意认定违约让借款人按照虚高合同部分还款。三是变相提高借贷利率。该类型套路中,贷款人的目的是赚取高额利息。具体的手段是变相提高借贷利率,包括虚增借贷数额或者扣除各种名目的费用以减少本金给付。根据《民间借贷若干问题规定》(2020 第二次修正)第 25 条,超过一年期贷款市场报价利率 4 倍的利息,属于无效之债。为达到收取高额利息的目的,行为人通过各种方式使借贷合同在形式上满足法律规定,继而使之能够得到民事法律保护。四是变相提高违约金。贷款人未获取高额违约金往往通过虚增借款金额等方式,使高额违约金能够得到民事法律保护。五是设置不合理的合同条款。如设置严格的违约条件和极高的利息或者违约金。

在认定行为构成犯罪的基础上,才能将犯罪行为意图非法占有的相关资金计入犯罪数额。但是应当注意,并非一旦行为构成犯罪,行为人意图占有的资金便都应当计入犯罪数额。对于存在事实上的借贷关系的,属于该民间借贷部分的合法的利息与违约金应当予以扣除。对此,应当准确把握套路贷“形成虚假债权债务”的本质,以及恰当理解《办理“套路贷”若干问题的意见》第 6 条第 1 款的规定:在认定“套路贷”犯罪数额时,应当与民间借贷相区别,从整体上予以否定性评价,“虚高债务”和以“利息”“保证金”“中介费”“服务费”“违约金”等名目被犯罪嫌疑人、被告人非法占有的财物,均应计入犯罪数额。

笔者认为“中介费”“服务费”“上门费”等费用是另一种形式的利息与违约金。首先根据借款人意思自治与借贷目是否实现来决定是否进行全部否定性评价。如果借款人的借款需求得以满足、借贷目的得以实现,再根据所处的比例区间,来界定属于合法之债、自然之债或者无效之债。显然,无效之债是不受法律保护的,可以根据个案的具体情况分析、判断是否认定为套路贷犯罪数额。

第四节 “套路贷”数额认定案例集锦

总体来说,侵犯财产罪的构成要件结果是使被害人遭受财产损失,财产损失及其多寡,反映了他人财产法益是否受到侵害以及侵害的程度。财产损失反映在行为人的非法占有目的中,表现为行为人意欲使他人遭受财产损失的数额。因此,“套路贷”涉刑案件总体上应当以行为人意欲使被害人遭受的财产损失作为认定数额的依据,实际给付给被害人的本金数额,应当予以扣除。《办理“套路贷”若干问题的意见》第 6 条第 2 款,明确将本金数额予以扣除。这在其他司法解释中也有所体现,如 2001 年《最高人民法院关于全国法院审理金融犯罪案件工作座谈会纪要》规定:“在具体认定金融诈骗犯罪的数额时,应当以行为人实际骗取的数额计算。对于行为人为实施金融诈骗活动而支付的中介费、手续费、回扣等,或者用于行贿、赠与等费用,均应计入金融诈骗的犯罪数额。但应当将案发前已归还的数额扣除。”

笔者认为,对于形成虚假债权债务型“套路贷”涉刑案件的犯罪数额,应当紧密结合行为人的侵犯财产手段进行认定。形成虚假债权债务型套路贷的行为人非法获取他人财物的手段,是形成虚假债权债务后的索取财物行为。由于形成虚假债权债务的本质是设定债权,不能单独评价为犯罪,因此,只能根据后续作为索债手段的行为认定犯罪数额。主要分为以下几种情形。

第一,对于违反借款人意志的或者不符合法律规定的虚假债权、利息、违约金、中介费等费用一般均应计入犯罪数额。形成虚假债权债务型套路贷的行为人意图非法占有的即为其虚增的借贷金额,其形成虚假债权的手段为签订借贷协议后,违反被害人意志通过各种形式扣除的各种手续费、安装费、行规费、中介费、辛苦费等,或者通过各种名义虚增借贷金额。其一,对于行为人借款人同意的虚增的自然之债和无效之债,一般不能认定为行为人具有非法占有目的,因为该协议并未违反借款人的意思自治,当其并未侵害到国家、公共或者他人利益时,刑事法律不宜过度介入私权领域。索债手段构成犯罪的,应当按照非法拘禁罪、故意伤害罪等犯罪处理。其二,行为人自始具有以虚假诉讼手段占有虚高债务的,对于借款人同意的虚增自然之债和无效之债,应当计入犯罪数额。因为该部分资金按照民事法律不能得到国家的强制性保护,通过虚假的借贷合同以及民事诉讼行为获取此部分资金,侵犯了司法秩序。其三,以各种名义扣除的手续费、安装费等的本质是减少给付贷款本金,从而变相增加虚假债务数额,按照上述规则处理。

第二,在索取虚假债务过程中与被害人协商减少的资金,应当从犯罪数额中予以扣除。一般来说,行为人在索债阶段意图非法占有的金额可以认定为犯罪数额。但是,从作为被害人财产法益受到侵害表现的财产损失的角度来看,行为人在索债过程中与被害人协商减少的资金是行为人能够实际获取的数额,也是被害人财产损失的数额,因而应当予以扣除。

“套路贷”犯罪数额的正确认定,需要以合理把握套路贷的罪与非罪为前提。在理解《办理“套路贷”若干问题的意见》第 6 条第 1 款时,应当严格把握

“套路贷”的本质，根据非法占有资金的手段以及相关法益是否受到侵犯认定犯罪数额。对于整体上予以否定评价的“套路贷”，也应当区分民事不法与刑事不法部分，不应将事实上借贷关系部分的合理的利息、违约金计入犯罪数额。

典型案例一 “利息”“逾期息”“续期费息”“手续费”“服务费”等名目被行为人非法占有的财物，均应计入犯罪数额

——蒋某、唐某、童某等诈骗案

【案号】(2019)浙0226刑初628号

【案情简介】

犯罪事实：2018年12月，赖某(另案处理)出资以宁波市某有限公司名义委托他人开发了“花蜜蜂”网络放贷软件，并租用浙江省宁波市海曙区集市港镇聚才路1058号宁波艾维实业有限公司厂区二楼为办公地点，先后纠集被告人蒋某、杨某、严某、唐某、童某、汪某等人，以“花蜜蜂”为平台，以网络放贷名义进行“套路贷”犯罪活动，并逐步形成了以赖某为首要分子，以被告人蒋某为重要成员，被告人杨某、严某、唐某、童某、汪某为成员的恶势力犯罪集团。该犯罪集团成员分工明确，赖某为公司负责人，提供资金，负责“花蜜蜂”平台的运作、人员管理及收益；被告人蒋某为催收负责人，主管放贷资金的催收工作；被告人杨某、严某负责“花蜜蜂”放贷平台的客户“引流”，监控“引流”质量并与承接“引流”服务的公司进行对接；被告人唐某、童某、汪某等人专事催讨贷款工作。其间，被告人蒋某非法获利人民币3万元，被告人唐某非法获利人民币3万元，被告人童某非法获利人民币2.4万余元，被告人汪某非法获利人民币1.4万余元，被告人杨某、严某各非法获利人民币7万元。

【裁判观点及结论】

法院认为：“套路贷”是以非法占有为目的，假借民间借贷之名，诱使或迫使被害人签订“借贷”或变相“借贷”“抵押”“担保”等相关协议，通过虚增借贷金额、恶意制造违约、肆意认定违约、毁匿还款证据等方式形成虚假债权债务，并借助诉讼、仲裁、公证或者采用暴力、威胁以及其他手段非法占有被害人财物的

相关违法犯罪活动的概括性称谓。本案“花蜜蜂”网贷App平台在小额借贷领域，假借“民间借贷”之名，行非法占有他人财产之实，通过“服务费、手续费、续借费”，先期扣除借款总额约30%的费用，借款周期7天，若借款人到期无力归还，则向借款人收取续期费、逾期费，恶意垒高借款人的债务，并通过电话滋扰、辱骂、威胁借款人及其亲属的方式，进而实现非法占有他人财产的目的，上述行为符合“套路贷”的构成要件，应当以诈骗罪定罪处罚。

在认定本案犯罪数额时，以“利息”“逾期息”“续期费息”“手续费”“服务费”等名目被行为人非法占有的财物，均应计入犯罪数额；已经着手实施“套路贷”，但因意志以外原因未得逞的，应计入未遂金额；但行为人实际给付被害人的本金数额，不计入犯罪数额。

【律师点评】

笔者认为在认定“套路贷”犯罪数额时，应当与民间借贷相区别，即使从整体上予以否定性评价，非法占有的财物，均应计入犯罪数额，但要注意明确区分既遂和未遂的犯罪状态，从而准确认定既遂金额和未遂金额，对于已经着手实施“套路贷”的相关行为，但因意志以外原因未完成相关犯罪的，此部分应计入未遂金额。

典型案例二 在认定“套路贷”犯罪数额时，利息不应当扣除

——赵某、顾某诈骗案

【案号】(2019)鲁02刑终495号

【案情简介】

2017年9月，被害人李某1、高某以房产作抵押，向被告人赵某经营的青岛某投资咨询有限公司借款。赵某以索要高额利息、重复计算利息等方式，诈骗李某1、高某11.84万元。具体如下：

2017年9月，被害人李某1因为资金周转困难，其妻高某向被告人赵某经营的公司借款，并以其黄岛区王台镇环台东路一套89.09平方米房产作抵押，共计借款13万元，借期1年。赵某提出利息每月3%，先付6个月利息，收取1

个月的利息押金，加中介费、手续费等费用，共收取3.37万元。赵某联系其出资人侯某，共同至房产交易中心签订了借款合同，并办理了房产抵押手续，让李某1、高某夫妇给侯某出具了一张13万元的借条。侯某向李某1、高某夫妇放款13万元，李某1、高某将其中的3.37万元转给赵某，赵某向侯某转账1.67万元，作为第一期半年的利息(2.1%)，剩下1.7万元由赵某占有。

2018年4月初，赵某收取李某1、高某下半年的利息共2.34万元。过了几天，被害人李某1、高某又向被告人赵某借款7万元，借期半年，并支付6个月的利息1.26万元(月息3%)，加急费1300元，3%的中介费(或者手续费)2100元，共计1.6万元。赵某联系出资人侯某向李某1、高某夫妇放款7万元。李某1、高某转给赵某1.6万元。

2018年6月27日，被害人李某1、高某向被告人赵某再次借款。赵某要求李某1、高某将其之前的7万元的抵押借款撤掉，将13万元的抵押借款保留，赵某又联系侯某给李某1、高某夫妇放款15万元，提出重新办理共计22万元的抵押借款手续，借期一年。等于分两次共计借款35万元(一次13万元，一次22万元)，李某1、高某支付给赵某4.53万元，包括35万元借款3个月的利息31,500元(月息3%)，加急费3000元，3%的中介费共计10,500元，撤押费300元。

【裁判观点及结论】

本案应当定性为“套路贷”犯罪。“套路贷”犯罪是犯罪嫌疑人、被告人以非法占有为目的，假借民间借贷之名，虚构事实、隐瞒真相，与被害人签订虚假、阴阳借款合同等明显不利于被害人的各类合同，通过制造资金走账流水、肆意认定违约、转单平账，强立债权、虚增债务，进而向被害人索要虚高借款的行为。犯罪嫌疑人、被告人在向被害人索债过程中，还往往采用“硬暴力”、胁迫、“软暴力”、虚假诉讼等手段。从本案被告人实施的具体行为来看，表面上被告人赵某等人在与被害人安某等人签订借款合同时，已明确告知合同上虚高部分为提前扣除的高额利息及手续费，到期按口头约定利率还款，各被害人同意并自愿签订借款合同。本案看似明码标价，但其本质符合“套路贷”的表现形式，理由如下：

(1)制造民间借贷假象。本案被告人与被害人安某、史某1等人签订明显不利于被害人的虚高借款合同、房屋租赁、抵押合同,在安某、史某1等人无法偿还高额利息后,内部人员继续垫资作为偿还利息,并索要各种名目的违约金、中介费等,并让被害人再次用房屋抵押。赵某等人明知存在不利于被害人的借款条件,会导致被害人必然还不上,先以实现房屋抵押权进行威胁,再提出继续借款垒高本金,以此达到侵吞被害人财物的目的。

(2)虚增债务,肆意索要违约金,恶意垒高借款金额。在安某事件中,为保证从被害人安某的房产继续获取高额利润,被告人赵某、王某、杨某、顾某合谋,由赵某出面与安某商谈,假称虚增40万元债务,该债务及利息均不用安某偿还,欺骗安某签订借款合同,并办理房产抵押。在史某1等人借款过程中,赵某等人在被害人无法偿还高额利息的情况下,以内部出资的方式让被害人签订借款合同,并肆意索要违约金、中介费,被害人对此并未实际取得借款,却达到垒高被害人借款金额的目的。

(3)伪造资金走账流水。被告人明知法院不支持超过3%的借款利率,也明知对于大额的借款仅有借款合同也不能在法院胜诉。所以,在合同上均签订不高于3%的利息,而口头却商定高额的利息,并且对于被害人每一笔大额的借款,均制造与借款合同一致的银行流水,制造将全部借款交给被害人的假象。虽然被害人未取得任何借款,但被告人赵某等人通过虚假银行流水,签订借款合同,办理房屋抵押,制造完整的“证据链”,为后续虚假诉讼准备证据。

(4)转单平账,实现虚增债权。被告人赵某等人发现安某的房产未满二年,无法实现所有权转移,遂指使被告人顾某找到太平洋公司接手安某的全部债权,据此,赵某等人不需要通过诉讼,即实现了包括虚增40万元在内的所有债权。通过以上种种手段,表面上被害人对所有的事实知情和同意,但是实际被赵某等人的行为所欺骗,在不知不觉中落入必定违约、必定无法偿还的陷阱之中,最终导致被害人的财产被侵犯,所以被告人的一系列行为不是民间借贷纠纷,而是披着民间借贷外衣的诈骗行为。

法院判决,被告人赵某参与诈骗金额共计150.42万元,被告人顾某、王某、杨某参与诈骗金额共计123.73万元,被告人毕某参与诈骗金额70.40万元。

【律师点评】

本案裁判观点认定放贷人在与被害人签订借款合同时,已明确告知被害人合同上虚高部分为提前扣除的高额利息及手续费,同时口头约定到期还款利率,各被害人同意并自愿签订借款合同,也不影响“套路贷”犯罪状态的认定。

笔者认为另一个关键问题是,放款人的利息不应当被扣除。因此,在认定“套路贷”犯罪数额时,应当与民间借贷相区别,从整体上予以否定性评价,虚高债务和以利息、保证金、中介费、服务费、违约金等名目被被告人非法占有的财物,均应计入犯罪数额。

典型案例三 对被害人已赎回部分,可以按被害人实际支付的钱款为基数认定既遂金额

——苏某、郑某敲诈勒索案

【案号】(2019)闽03刑终106号

【案情简介】

被告人苏某、郑某、何某、吴某、梁某、林某、王某、陈某、郭某、傅某、洪某、蔡某、梁某某等人在从事汽车钥匙抵押贷款业务过程中,以非法占有为目的,伙同同案人多次使用威胁、要挟等手段勒索被害人钱款,已形成成员较为固定的恶势力犯罪集团。其中被告人苏某、郑某参与作案既遂数额1,239,465元(其中恶势力犯罪集团外的数额为349,525元)、未遂数额160,850元;被告人何某、吴某参与作案既遂数额889,940元、未遂数额160,850元;被告人梁某、林某参与作案既遂数额653,390元;被告人王某参与作案7起,既遂数额383,590元;被告人洪某参与作案6起,既遂数额317,240元,均数额特别巨大;被告人郭某、傅某参与作案6起,既遂数额235,700元;被告人陈某参与作案5起,既遂数额213,200元、未遂数额82,750元;被告人蔡某参与作案3起,既遂数额134,100元,均数额巨大;被告人梁某参与作案1起,既遂数额15,000元,数额较大。被告人雷某、游某、朱某、黄某明知是犯罪所得的车辆而予以收购,其中被告人雷某、游某、朱某参与收购7起,数额合计1,031,900元,被告人黄某参与收购6起,金额合计976,900元,均情节严重。被告人何某、梁某、周某还以营

利为目的，为他人赌博提供场所，合计抽头渔利2,081,400元，情节严重。被告人何某的行为已分别构成敲诈勒索罪、开设赌场罪；被告人苏某、郑某、梁某、林某、吴某、王某、陈某、郭某、傅某、洪某、蔡某、梁某某的行为已构成敲诈勒索罪；被告人雷某、游某、朱某、黄某的行为已构成掩饰、隐瞒犯罪所得罪；被告人梁某、周某的行为已构成开设赌场罪。被告人苏某系敲诈勒索犯罪集团的首要分子及主犯，应当按照集团所犯的全部罪行处罚；被告人苏某有前科，酌情从重处罚；被告人苏某归案后能如实供述主要犯罪事实，在法庭上自愿认罪、犯罪未遂部分、配合公安民警抓获被告人吴某、郭某、蔡某，具有立功表现，依法从轻处罚。被告人郑某系敲诈勒索犯罪集团的首要分子及主犯，应当按照集团所犯的全部罪行处罚；被告人郑某归案后能如实供述主要犯罪事实并认罪、协助公安民警抓获被告人王某具有立功表现、犯罪未遂部分，依法从轻处罚。被告人何某系敲诈勒索犯罪集团的首要分子及主犯，应当按照集团所犯的全部罪行处罚；被告人何某系开设赌场的合伙股东，在开设赌场的共同犯罪中起主要作用，是主犯；被告人何某有前科，酌情从重处罚；归案后能如实供述开设赌场的主要犯罪事实且自愿认罪、敲诈勒索犯罪未遂部分，依法从轻处罚。被告人吴某系负责与车主签约、谈判，在敲诈勒索共同犯罪中起次要作用系从犯，配合公安民警抓获被告人何某，具有立功表现，依法减轻处罚；被告人吴某归案后能如实供述主要犯罪事实，在法庭上自愿认罪，犯罪未遂部分，依法从轻处罚。被告人梁某为实施“套路贷”犯罪提供资金帮助，在敲诈勒索共同犯罪中起次要作用系从犯，依法减轻处罚；被告人梁某经通知后主动到案，归案后只如实供述侵犯公民个人信息的犯罪事实，依法不构成自首，但可酌情从轻处罚；被告人梁某向被告人苏某提供被害人车辆的行车轨迹等信息，酌情从重处罚。被告人林某为实施“套路贷”犯罪提供资金帮助，在敲诈勒索共同犯罪中起次要作用系从犯，依法减轻处罚。被告人王某负责谈判，在敲诈勒索共同犯罪中起次要作用系从犯，依法减轻处罚；被告人王某归案后能如实供述主要犯罪事实，在法庭上自愿认罪，依法从轻处罚。被告人陈某负责拖车，在敲诈勒索共同犯罪中起次要作用系从犯，归案后能如实供述主要犯罪事实，在法庭上自愿认罪，犯罪未遂部分，依法从轻处罚；被告人陈某有前科，酌情从重处罚。被告人郭某负责拖车，还负责与部分车主谈判，在敲诈勒索共同犯罪中起次要作用系从犯，归案后能如实供述主要犯罪事实，在法庭上自愿认罪，依法从轻处罚。被告人洪某负责拖车，还负责与部分车主谈判，在敲诈勒索共同犯罪中起次要作用系从犯，主动投案且归案后能如实供述主要犯罪事实，在法庭上自愿认罪，系自首，依法减轻处罚。被告人傅某负责拖车，还负责与部分车主谈判，在敲诈勒索共同犯罪中起次要作用系从犯，归案后能如实供述主要犯罪事实，在法庭上自愿认罪，依法从轻处罚。被告人蔡某负责拖车，还负责与部分车主谈判，在敲诈勒索共同犯罪中起次要作用系从犯，归案后能如实供述主要犯罪事实，在法庭上自愿认罪，依法减轻处罚。被告人梁某负责拖车，在敲诈勒索共同犯罪中起次要作用系从犯，归案后能如实供述主要犯罪事实，在法庭上自愿认罪，依法减轻处罚；被告人梁某取得被害人谅解，酌情从轻处罚。被告人雷某、游某、朱某、黄某均系华通汽车的合伙股东，在掩饰、隐瞒犯罪所得的共同犯罪中均系股东，作用相当，不宜区分主、从犯。被告人雷某、游某、朱某归案后均能如实供述主要犯罪事实，在法庭上自愿认罪，依法从轻处罚。被告人黄某主动投案后能如实供述主要犯罪事实，在法庭上自愿认罪，系自首，依法减轻处罚。被告人梁某系开设赌场的合伙股东，在开设赌场的共同犯罪中起主要作用，是主犯；被告人梁某归案后对参与开设赌场的犯罪事实供认不讳，在法庭上自愿认罪，依法从轻处罚。被告人周某系受雇参与作案，在开设赌场的共同犯罪中起次要作用系从犯，依法减轻处罚；被告人周某归案后能如实供述主要犯罪事实，在法庭上自愿认罪，依法从轻处罚。

【裁判观点及结论】

根据《办理“套路贷”若干问题的意见》的相关规定，“虚高债务”和以“利息”“保证金”“中介费”“服务费”“违约金”等名目被被告人非法占有的财物，均应计入犯罪数额，被告人实际给付被害人的本金数额，不计入犯罪数额。原判认定第 1 起、第 4 起、第 7 起、第 8 起、第 10 起、第 11 起、第 12 起、第 14 起、第 15 起、第 16 起敲诈勒索系被害人通过直接向被告人苏某等人支付钱款后赎回车辆，原判认定第 2 起、第 3 起、第 19 起敲诈勒索系被害人事后向华通汽车支付钱款后赎回车辆，对于该 13 起犯罪金额应以被害人支付的钱款包括利息扣减实际借款后认定敲诈勒索既遂金额;原判认定第5起、第6起、第9起、第13起、第17起、第18起敲诈勒索,由于被害人未向华通汽车赎回,该6起未赎回车辆的既遂金额应按拖车时车辆价值加上被害人已支付的利息扣减实际借款后认定敲诈勒索既遂金额;对于第一次拖车后,车辆被被害人自行取回的原判认定第3起、第4起、第11起、第18起,因苏某等人索要钱款未果系犯罪未遂,未遂金额应以索要钱款扣减实际借款后的数额认定。苏某、郑某、何某、吴某参与19起敲诈勒索犯罪行为,应对该19起的犯罪数额承担罪责,苏某、郑某另行参与敲诈勒索被害人严某某,故苏某、郑某的敲诈勒索既遂数额均为1,240,045元、未遂数额均为161,910元;何某、吴某的敲诈勒索既遂数额均为890,520元、未遂数额均为161,910元。梁某、林某各按20%、20%的比例分别出资233,800元作为苏某等人从事车钥匙抵押贷款业务资金,且在获悉2017年12月1日部分车主在惠安县洛阳镇的停车场自行找回车辆的事件后,应当知道苏某等人实施“套路贷”犯罪,但为了收回资金而放任苏某等人对被害人继续采取拖车等手段索要钱财还债,梁某还利用自己及同事的PKI证书、警务系统、公安警务工作平台数十次查询涉案车辆行驶轨迹、车主信息等相关信息,并提供给苏某,后梁某、林某直接或通过同案人苏某某向苏某分别讨回出资款18万元、20万元,故应对2017年12月1日之后发生的原判认定第3起、第4起、第5起、第6起、第7起、第9起、第10起、第11起、第13起、第17起、第18起、第19起共计12起敲诈勒索的犯罪数额承担罪责,即梁某、林某的敲诈勒索既遂数额均为650,350元。王某参与原判认定第5起、第6起、第9起、第10起、第13起、第14起、第15起犯罪事实,其敲诈勒索既遂数额为387,940元。陈某参与原判认定第1起、第2起、第12起、第16起犯罪事实,其敲诈勒索既遂数额为215,100元,其还参与原判认定第4起、第11起中的犯罪,未遂数额为83,210元。郭某、傅某参与原判认定第4起、第5起、第7起、第10起、第18起、第19起犯罪事实,其敲诈勒索既遂数额均为229,200元。洪某参与原判认定第4起、第5起、第7起、第9起、第10起、第18起犯罪事实,其敲诈勒索既遂数额为309,690元。蔡某参与原判认定第7起、第18起、第19起犯罪事实,其敲诈勒索既遂数额为126,450元。梁某参与原判认定第3起犯罪事实,其敲诈勒索既遂数额为

15,400元。对被害人已赎回车辆的部分,原判按被害人实际支付的钱款为基数认定敲诈勒索既遂金额并无不当;对被害人未赎回车辆的部分,原判按拖车时车辆价值为基数认定敲诈勒索既遂金额并无不当。但原判没有将苏某等人已收取的利息计入犯罪数额不当,本院予以纠正。原判认定的第3起、第4起、第11起、第18起,苏某等人第一次拖车后对被害人进行敲诈勒索,但该次拖车后因车辆被车主开回致未能敲诈勒索得逞;第二次再行拖车后敲诈勒索得逞,前后两次拖车行为系各自独立完成,应分别予以评价,不存在重复评价的情形。苏某、郑某、吴某、梁某、林某、王某、郭某、洪某、蔡某及其辩护人提出本案敲诈勒索既未遂数额方面的相关诉辩意见不能成立,不予采纳。

苏某、郑某、何某、吴某、梁某、林某、王某、陈某、郭某、傅某、洪某、蔡某、梁某某等人在从事汽车钥匙抵押贷款业务过程中,以非法占有为目的,伙同同案人多次使用威胁、要挟等手段勒索被害人钱款,已形成成员较为固定的恶势力犯罪集团。其中苏某、郑某参与作案既遂数额1,240,045元(其中恶势力犯罪集团外的数额为349,525元)、未遂数额161,910元;何某、吴某参与作案既遂数额890,520元、未遂数额161,910元;梁某、林某参与作案既遂数额650,350元;王某参与作案7起,既遂数额387,940元;洪某参与作案6起,既遂数额309,690元,均数额特别巨大;郭某、傅某参与作案6起,既遂数额229,200元;陈某参与作案5起,既遂数额215,100元、未遂数额83,210元;蔡某参与作案3起,既遂数额126,450元,均数额巨大;梁某参与作案1起,既遂数额15,400元,数额较大。雷某、游某、朱某、黄某明知是犯罪所得的车辆而予以收购,其中雷某、游某、朱某参与收购7起,数额合计1,031,900元,黄某参与收购6起,金额合计976,900元,均情节严重。何某、梁某、周某还以营利为目的,为他人赌博提供场所,合计抽头渔利2,081,400元,情节严重。何某的行为已分别构成敲诈勒索罪、开设赌场罪;苏某、郑某、梁某、林某、吴某、王某、陈某、郭某、傅某、洪某、蔡某、梁某某的行为已构成敲诈勒索罪;雷某、游某、朱某、黄某的行为已构成掩饰、隐瞒犯罪所得罪;梁某、周某的行为已构成开设赌场罪。原判认定各被告人的犯罪事实清楚,证据确实、充分,定罪准确,量刑适当,审判程序合法。各被告人及其辩护人提出的诉辩意见均不能成立,不予采纳。但原判没有把已收取的利息计入套路贷犯罪数额不当，且对原判认定第18起犯罪数额计算错误。

【律师点评】

本案中对被害人已赎回部分，可以按被害人实际支付的钱款为基数认定既遂金额，已收取的利息也应计入“套路贷”犯罪数额。放贷人索要钱款未果系犯罪未遂，未遂金额应以索要钱款扣减实际借款后的数额进行认定。被害人支付的实际数额的本金不计入犯罪数额，但是超过实际借款数额部分的“砍头息”等费用应当计入“套路贷”犯罪数额。

典型案例四 行为人自始具有以虚假诉讼手段占有虚高债务的，对于借款人同意的虚增自然之债和无效之债，应当计入犯罪数额

——蒋某诈骗案

【案号】(2020)沪02刑终832号

【案情简介】

被告人蒋某以非法占有为目的，虚构事实骗取他人钱款，数额巨大，其行为已构成诈骗罪。公诉机关指控的罪名成立，对被告人蒋某依法应予处罚。被告人蒋某假借民间借贷之名，诱骗被害人俞某签订虚高借款金额的借条，制造被害人已取得全部虚高借款金额的银行流水，形成虚假债权债务，并按照虚高的借条金额从被害人亲属处全额收回虚高借款，其行为符合诈骗罪的构成要件，应以诈骗罪定罪处罚，对辩护人关于蒋某不构成诈骗罪的相关辩护意见，该院不予采纳。

【裁判观点及结论】

蒋某以非法占有为目的，虚构事实、隐瞒真相，骗取被害人财产，数额巨大，其行为已构成诈骗罪，依法应予处罚。蒋某关于其没有让被害人出具虚高金额的借条、没有制造虚假流水的辩解，以及辩护人认为蒋某的诈骗数额应为10万余元、蒋某能坦白罪行的意见，与查明的事实不符，本院均不予采纳。

【律师点评】

假借民间借贷之名，诱骗被害人签订虚高借款金额的借条，制造被害人已

取得全部虚高借款金额的银行流水，形成虚假债权债务，并按照虚高的借条金额从被害人亲属处全额收回虚高借款，应当计入犯罪数额。

典型案例五 以虚假诉讼方式侵占借款人财产的“借贷”团伙获利金额应计入犯罪数额

——何某、贾某诈骗、寻衅滋事、高利转贷案

【案号】(2020)浙0781刑初54号

【案情简介】

2016年9月，在浙江省兰溪市，被害人钟某1因沉湎于网络赌博等原因，急需资金而主动向被告人何某借款，向其出具了人民币(币种下同)20万元借条，约定月息2分，被告人何某扣除保证金1万元后，由其妻子即被告人戚某转账至钟某1账户19万元，被告人何某另行收取利息0.8万元，之后被害人钟某1将该借款全额归还。后经被告人何某了解，获悉被害人钟某1金钱观念淡薄且家境优越，钟某1所负的债务其家人定能出资代偿等情况。遂心生歹念，在此后至2018年，被告人何某多次纠集他人算计被害人钟某1，并逐渐形成了以被告人何某为纠集者，被告人郑某、李某、徐某为较为固定成员，被告人戚某、杨某为松散成员的恶势力犯罪团伙。

该恶势力犯罪团伙中，被告人何某为了顺利实现诈骗他人财物之目的，指使团伙成员假借他人之名，虚构民间借贷实施犯罪活动，与该团伙成员或事先通谋，或相互配合，或共筹资金放贷给被害人钟某1，通过虚构银行转账记录恶意制造借款凭证，先行扣除保证金、“砍头息”等，签订高于实际所得借款的借条等方式虚增债务金额，借款期间收取高额利息，并要求被害人钟某1及家人按借条上的虚高金额支付利息，后又隐瞒借款时已收取保证金、“砍头息”等费用直接按借条上的虚高金额催讨，在被害人钟某1未按期归还及逃避躲债时，通过张贴“寻人启事”、上门滋扰、通信滋扰、跟踪滋扰等“软暴力”手段，前往被害人钟某1、钟某2(钟某1之父)、陈某1(钟某1之妻)等住所、亲属家里及洗车店等地非法索债，并企图以向人民法院提起虚假民事诉讼的手段非法获利。该恶势力团伙的行为严重扰乱了社会经济秩序、破坏了司法公信力，造成了极为恶

劣的社会影响。

【裁判观点及结论】

以被告人何某为相对固定纠集者,以被告人李某、郑某、徐某为较为固定骨干成员,以被告人戚某、杨某为相对松散成员的恶势力犯罪团伙,以非法占有为目的,假借民间借贷之名,通过虚增借款本金、假借他人名义、恶意制造借款转账凭证等手段放贷,以“平账”方式虚构重新借款事实,以虚增借款金额向家人催讨、用“软暴力”等犯罪手段催讨,以提起虚假诉讼方式意欲实现非法目的,骗取他人财物,其行为均已构成诈骗罪;被告人贾某、张某、郑某、潘某以非法占有为目的,以虚增借款本金,恶意制造银行转账凭证等手段放贷,以“平账”方式虚构重新借款事实,以提起虚假诉讼方式意欲实现非法目的,骗取他人财物,其行为均已构成诈骗罪;其中被告人何某、贾某、张某、郑某数额特别巨大,被告人李某、徐某、潘某、戚某数额巨大,被告人杨某数额较大。被告人何某、李某、郑某为牟取不法利益,多次以“软暴力”方式违法催讨债务,严重影响他人正常的工作、生活、生产、经营,其行为均已构成寻衅滋事罪;被告人何某、戚某以转贷牟利为目的,套取金融机构信贷资金后高利转贷他人,违法所得数额较大,其行为均已构成高利转贷罪。各被告人在所共同参与的犯罪活动中均系共同犯罪;被告人何某是恶势力犯罪团伙的纠集者,在共同犯罪中起主要作用,是主犯,应当按照其所参与的全部犯罪处罚;被告人戚某、杨某在共同犯罪中起次要作用,是从犯,依法应当从轻处罚。被告人何某、郑某、徐某、李某以及被告人贾某、张某各自在共同参与的部分诈骗犯罪中,虽已着手实行犯罪,但由于意志以外的原因而未得逞,是犯罪未遂,对被告人何某、贾某、张某、郑某、李某、徐某比照既遂犯予以从轻处罚。被告人何某、李某、郑某、戚某均一人犯数罪,应依法予以数罪并罚。本案的发生借款人自身有较大过错,对各被告人可酌情予以从轻处罚。以虚假诉讼方式意欲达成非法占有的目的,骗取他人财物的,其行为构成诈骗罪。

被告人何某累计出借资金 179.5 万元,单独或伙同他人实施诈骗犯罪 17 次共计实际获利金额 115.8 万元,未遂 22 万元;被告人贾某累计出借资金 178.33 万元,伙同他人实施诈骗犯罪 8 次共计实际获利金额 185.3 万元,未遂 4

万元;被告人张某累计出借资金153.33万元,伙同他人实施诈骗犯罪7次共计实际获利金额153.3万元,未遂4万元;被告人郑某累计出借资金103.33万元,伙同他人实施诈骗犯罪7次共计实际获利金额63.15万元,未遂22万元;被告人李某累计出借资金11.5万元,单独或伙同他人实施诈骗犯罪9次共计实际获利金额22万元,未遂16万元;被告人徐某累计出借资金115万元,伙同他人实施诈骗犯罪7次共计实际获利金额26.2万元,未遂22万元;被告人戚某伙同他人实施诈骗犯罪3次共计实际获利金额29.6万元;被告人潘某累计出借资金25万元,伙同他人实施诈骗犯罪一次共计获利实际金额32万元;被告人杨某伙同他人实施诈骗犯罪一次共计实际获利金额9万元。造成被害人钟某1、钟某2、陈某1等实际损失283.9万元,被害人钟某1尚有“套路贷”犯罪资金26万元未退还。

【律师点评】

本案中,被告人以非法占有为目的,假借民间借贷之名,通过虚增借款本金、假借他人名义、恶意制造借款转账凭证等手段放贷,以“平账”方式虚构重新借款事实,以虚增借款金额向家人催讨、用“软暴力”等犯罪手段催讨,以提起虚假诉讼方式意欲实现非法目的,骗取他人财物,均构成诈骗罪。

对于以转贷牟利为目的,套取金融机构信贷资金后高利转贷他人,违法所得数额较大,其行为均已构成高利转贷罪,对于多次以“软暴力”方式违法催讨债务,严重影响他人正常的工作、生活、生产、经营,其行为均已构成寻衅滋事罪。如果同时具有上述行为,应当数罪并罚。

典型案例六 为实施“套路贷”犯罪所实际交付的本金,作为犯罪工具,应依法予以追缴或没收

——陈某诈骗案

【案号】(2020)浙1082刑初401号

【案情简介】

2016年至2017年,被告人陈某以非法占有为目的,在台州市椒江区以借贷为名,通过“借一写二”、事先收取家访费、资料费,并隐瞒被害人归还部分本息

的事实以借条金额向法院提起民事诉讼等方式实施“套路贷”诈骗。其间,被告人陈某诈骗被害人郑某、陶某、蒋某等人至少达人民币 654,82 元,其中既遂金额至少达人民币 45,762 元,未遂金额至少达人民币 19,720 元。

【裁判观点及结论】

被告人陈某以非法占有为目的,利用“套路贷”诈骗公私财物,数额较大,其行为已构成诈骗罪。公诉机关指控的罪名成立。被告人陈某在诈骗犯罪中有部分系犯罪未遂,依法比照既遂犯予以减轻处罚。被告人陈某当庭自愿认罪,并愿意接受处罚,依法予以从轻处罚。被告人陈某退还了违法所得,酌情予以从轻处罚。公诉机关的量刑建议适当。辩护人提出的与上述事实相符的辩护意见,本院予以采纳。被告人陈某为实施“套路贷”犯罪所实际交付的本金,作为犯罪工具,应依法予以追缴或没收,被害人的合法财产应予以返还。被告人陈某向本院退还的为实施“套路贷”犯罪实际交付的“本金”人民币 1562 元予以没收,上缴国库。

【律师点评】

为实施“套路贷”犯罪所实际交付的本金,很多案件将其认定为犯罪工具,予以追缴或没收,犯罪本金与被害人的合法财产有时存在混同,此时需要严格加以区分,属于被害人的合法财产应当予以返还。为实施“套路贷”犯罪实际交付的“本金”作为犯罪工具认定的情况下,司法实践中很多案例判决予以没收,上缴国库,本案亦是如此。

第七章 “套路贷”犯罪之刑民交叉问题研究

第一节 “刑民交叉”的基本定义

“刑民交叉”至今未有一个统一的法律定义。有的观点侧重于从法律关系交叉、牵连、影响去定义,有的观点侧重于法律事实竞合、牵连、影响上去定义,有些观点则侧重于从产生的原因去定义,不一而足。

所谓“刑民交叉”案件必然牵涉《刑法》《民法典》两大部门法。民事、刑事法律关于立法目的、调整对象及责任承担均存在区别。民法侧重于调节平等主体之间的财产、人身关系,刑法则侧重于通过公权力惩罚和预防犯罪、保护个人及集体合法权益,其调节的对象范围很广,不仅包括人民财产、人身权利,还包括社会管理秩序、经济管理秩序、国家安全、社会公共安全、人民民主专政政权和社会主义制度等。

张明楷教授对“刑民交叉”的概念提出评判,[1]认为“刑民交叉”是一个伪概念,它不是对事物本质的思考,刑法学不应当创制和使用这一概念。学者、检察官、法官及律师相关司法从业人员对刑民交叉定义及分类的不同,将不利于具体问题的解决。笔者认同该观点,过去“刑民交叉”这一词语在引导刑事、民事部门法研究相对封闭到重视两法在交集中产生的问题起到应有的促进作用,但现在为了进一步提升问题和方案的可交流性和可行性,讨论涉及“刑民交叉”相关问题时,应当尽量具体明确,避免概念外延过大。

刑民交叉问题近年来频繁出现在涉及民间借贷、“套路贷”、非法集资、非法

---

〔1〕 参见张明楷:《“刑民交叉”概念是个伪概念!》,载《法商研究》2021 年第 1 期。

吸收、公众存款领域的案件中。在实践中对于刑事打击的边界存在不少争议,随着国家对民间借贷政策收紧,民间借贷构成非法经营罪也成为现实,这势必带来新的刑民交叉边界的思考。基于刑民处置的前后顺序、处置手段、责任分担存在不同,因此涉及“套路贷”的刑民交叉案件,存在一方面难以从借款合同、转账流水中发现诈骗行为,导致无法判定是否构成犯罪;另一方面,存在借款人为逃避债务,动则以涉嫌“套路贷”、出借人是职业放贷人主张合同无效,导致刑民争议激烈的情形。同时,因刑民交叉涉及公安机关、检察院、法院的程序及部门的衔接,因此部门和部门之间、程序和程序切换之间对于合同效力认定、责任承担、财产处置等问题成为刑民交叉案件中的焦点。

第二节 “套路贷”刑民交叉案件程序处置分类及处置思路

一、刑民交叉程序处置的分类

刑民交叉案件程序处置先后顺序问题目前存在先刑后民、刑民并举、先民后刑不同主张,除此之外还存在刑事附带民事的程序。

(一)关于先刑后民

先刑后民对于案件查明更为有利,有利于维护民事判决的稳定性,在司法实践中被广泛采纳、适用。关于先刑后民主要的法律为《最高人民法院关于在审理经济纠纷案件中涉及经济犯罪嫌疑若干问题的规定》第11条“人民法院作为经济纠纷受理的案件,经审理认为不属经济纠纷案件而有经济犯罪嫌疑的,应当裁定驳回起诉,将有关材料移送公安机关或检察机关”及《最高人民法院关于修改〈关于审理民间借贷案件适用法律若干问题的规定〉的决定》第5条“人民法院立案后,发现民间借贷行为本身涉嫌非法集资等犯罪的,应当裁定驳回起诉,并将涉嫌非法集资等犯罪的线索、材料移送公安或者检察机关。公安或者检察机关不予立案,或者立案侦查后撤销案件,或者检察机关作出不起诉决定,或者经人民法院生效判决认定不构成非法集资等犯罪,当事人又以同一事实向人民法院提起诉讼的,人民法院应予受理”。

(二)关于刑民并举

“刑民并举”观点认为惩罚犯罪和保护民事私权在价值取舍上不存在孰轻孰重,一味强调“先刑后民”可能有损被害人的权利。实践中,比较具有代表性的刑民交叉案件如网络借贷,在平台并未被刑事立案的情况下,民事立案依旧困难重重。如借款人未被刑事立案的,一方面将导致出借人无法通过追缴、退赔方式挽回损失,也无法通过民事途径向实际借款人追偿,借款人逃债现象严重,不利于保护出借人的合法权益,并且一味追求“先刑后民”可能加剧当事人以犯罪为由阻挠民事诉讼的进行,导致侦查机关违法插手经济纠纷。

具体到与民间借贷相关的“套路贷”犯罪,“套路贷”犯罪的源发基础是先有民间借贷行为,而该民间借贷行为及后续要求还款的过程往往又会涉及诈骗等犯罪,在“套路贷”涉刑案件中,笔者认为如能对民间借贷行为所派生的民事纠纷与犯罪有针对性地分别处理,则可能最大限度地保护被害人合法的民事权益。人民法院在办理此类案件中一般按照“先刑后民”的方式处理,该种处理方法虽有相应的理论、实践基础支撑,但是不容忽视的事实却是,刑事诉讼与民事诉讼在诉讼目的、基本原则、判定标准、实质关注等方面存在巨大差异,同时进行可能存在矛盾,比如被害人重复受偿的问题。因此,如何协调两者之间的关系是正确办理“套路贷”涉刑案件并取得“法律和社会效果的统一”之关键所在。

对于法律事实交叉的,有学者[1]认为应以“刑民并行”为原则,以“先刑后民”“先民后刑”为例外。立法上《最高人民法院关于全国法院民商事审判工作会议纪要》针对同一当事人因不同事实分别发生民商事纠纷和涉嫌犯罪的情况,对应当分别审理的主要情形进行了列举,并明确对于审判实践中出现有的人民法院仍然以民商事案件涉嫌犯罪为由不予受理,已经受理的又裁定驳回起

[1] 参见毛立新:《刑民交叉案件的概念、类型及处理原则》,载《北京人民警察学院学报》2010年第5期。

诉的情形应当予以纠正。

(三)关于先民后刑

“先民后刑”观点则认为有一些犯罪分子潜逃国外无法归案时,如不让民事先行将可能导致被害人的权益无法得到救济。因此,不妨采用先民后刑的模式处理,尽可能保护被害人的财产性权益。司法实践中,还存在刑事案件需以民事案件关于财产权属认定为依据的情形。另外,对股权、企业性质等财产权属认定将直接影响到贪污罪、挪用公款罪、侵占罪、职务侵占罪以及挪用资金罪等罪名的认定。目前对于“先民后刑”缺乏规范性法律文件的支持,虽然没有任何一项规定要求某项刑事诉讼程序的启动必须在相关民事程序完结之后,“先民后刑”观点远不如“先刑后民”观点深入人心。

换一个角度来看,“套路贷”犯罪中所涉及民间借贷行为往往涉及较多参与者,其中有出借一方,也有借款一方,还存在第三人,从维护社会稳定角度出发,刑事的介入要等到民事审判结束后方可进行,这样滞后的操作可能会留下过多的社会风险,比如,导致侦查机关侦查取证的不利,证人证言的不稳定性以及涉案财产被转移的风险,这些风险的存在不利于对众多被害人财产性权益的保护,且先民后刑的模式从财产性权益的救济角度来说也未必比先刑后民要具有优势,这也是司法实践中较少出现“先民后刑”模式的原因。

在司法实践活动中先刑后民、刑民并举、先民后刑三大观点或者说原则中,并无哪种模式具有绝对的优势,具体办理相关案件时还是需要办案人员根据具体情况具体分析和判断来选择和适用。广泛适用的“先刑后民”并非审理“套路贷”涉刑案件中涉及民间借贷部分刑民交叉问题的基本原则。如果仅机械套用“先刑事后民事”的处理原则,则可能违背了刑事、民事法律体系自洽的理论,可能侵犯当事人合法的民事诉讼权利。随着国家立法完善,关于刑民交叉程序处置顺序特别是关于财产处置刑民程序的有效协调一定会有更具有可操作性的规定。

二、程序先后处置之法理分析

(一)立案阶段处置情况及处置思路

1. 处置情况

民事诉讼立案前,如果发现案件本身涉嫌“套路贷”犯罪,一般不予立案。司法实践中,民事立案并不进行实质审查,此时被告及其他诉讼主体也并未进入程序中主张其权益,因此除非侦查机关已向法院提交立案决定书、内控名单及相关函件,否则一般难以发现案件涉嫌犯罪。由于民间借贷合同纠纷目前有刑事化的趋势、犯罪中的事实认定又受民事法律事实和法律关系认定的影响,导致司法实践中相对于其他案由,民间借贷案件在立案、保全、执行时,人民法院立案部门会较为慎重地进行审查,依据公证文书及仲裁裁决申请执行的,立案部门一般会主动审查案件是否涉嫌犯罪。

2. 处置思路

根据2020年出台的《最高人民法院关于修改〈关于审理民间借贷案件适用法律若干问题的规定〉的决定》,在立案阶段,发现民间借贷行为本身明显涉嫌犯罪(如非法集资、诈骗经侦查机关立案)的,应当裁定驳回起诉,并将犯罪的线索、材料移送公安或者检察机关,并且告知当事人向公安机关、检察机关寻求具体的解决办法。公安机关或者检察机关不予立案的,或者立案侦查后撤销案件的,或者检察机关作出不起诉决定,经人民法院生效判决认定不构成犯罪的,当事人又以同一事实向人民法院提起诉讼的,人民法院应予受理。

(二)审理阶段处置情况及处置思路

1. 处置情况

通过对裁判文书的分析,民事诉讼审理过程中涉及“套路贷”犯罪的处置有以下几种情况。

(1)公安侦查立案

在涉及“套路贷”犯罪中,既存在民事诉讼中诉讼参与主体主动反映,从而促使法院发现属于公安立案侦查线索或发现借贷关系存在异常,进而移送公安机关审查的情形;也存在公安机关立案侦查过程中发现刑事案件事实涉及民事诉讼,经过沟通促使法院主动移送或检察院抗诉的情形。通常来说,诉讼参与主体主动提出的原因多种多样,其中不能完全排除在一般高利借贷关系中借款人希望以此达到不归还借款的目的,对于是否达到刑事立案标准仍需要经侦查部门的审核。另外,对于法院主动移送的案件,除了审查民事诉讼中涉及的借贷异常及不合常理的情形,侦查机关进行审查时一般重点以出借人是否是职业放贷人、是否是黑恶势力作为评判依据。

(2)检察院抗诉

2019年颁布的《最高人民检察院关于加强和改进新时代检察理论研究工作的意见》强调,检察机关在民事检察方面,通过抗诉、检察建议等形式促进民事诉讼中的理念、政策、导向创新、发展、进步。“套路贷”纠纷中涉及错误认定合同的民事案件也看到了检察院介入的身影,在此类民事诉讼中检察院通过抗诉促使法院启动再审,再审过程中可能涉及犯罪的,移送侦查机关审查的情形时有发生,浙江省检察机关对此有突出表现。检察机关抗诉案件启动原因通常是民事判决生效后,经过公安机关侦查发现涉嫌犯罪后再由检察机关提起抗诉。

(3)法院主动移送

此种情况,又分为诉讼参与主体主张借贷合同属“套路贷”犯罪,而法院在审理过程中也发现存在“套路贷”犯罪嫌疑进而移送公安机关;还存在在诉讼参与主体未主张的情况下,法院依职权将案件移送的情况。一般来说,民事法官的刑事思维相对较弱,且刑事案件证据相对民事证据的要求高,在审理过程中被害人“口说无凭”,主张权利的“嫌疑人”又证据齐全。因此,人民法院在民商事案件的审理过程中发现犯罪线索移送公安机关的情形并不多见。法院的相关移送审查决定的表现形式一般分为中止审理、驳回起诉、继续审理。在司法裁判实务中,存在部分民事案件没有查明是否明显存在犯罪,即直接裁定驳回起诉的情况。法院在裁定驳回起诉时,通常以“若经有关部门认定不构成犯罪的,原告可另行主张权利”表述留有余地,避免其因“一事不再理”原则而无法通过民事诉讼主张权利。

法院主动移送的“套路贷”案件线索最终无法刑事立案(此种情况相对较

少)，可能存在因“民事定案高度盖然性”和“刑事定罪排除合理怀疑”之间的矛盾所在，也可能确实不存在“套路贷”犯罪的原因。如并非涉嫌非法集资、集资诈骗、“套路贷”涉刑案件群体化明显等因素，法院如一律裁定驳回起诉的“先刑后民”的处置方式，将导致民事保全程序的终结。比如，移送的“套路贷”犯罪线索不一定构成犯罪，无法刑事立案，对出借人的财产“查扣冻”措施可能无法无缝衔接，导致涉案资产可能被转移使出借人的权益无法得到保障。

2. 处置思路

《民间借贷若干问题规定》(2020 修正)第 5 条明确规定：“人民法院立案后，发现民间借贷行为本身涉嫌非法集资犯罪的，应当裁定驳回起诉，并将涉嫌非法集资犯罪的线索、材料移送公安或者检察机关。公安或者检察机关不予立案，或者立案侦查后撤销案件，或者检察机关作出不起诉决定，或者经人民法院生效判决认定不构成非法集资犯罪，当事人又以同一事实向人民法院提起诉讼的，人民法院应予受理。”第 6 条明确规定：“人民法院立案后，发现与民间借贷案件虽有关联但不是同一事实的涉嫌非法集资等犯罪的线索、材料的，人民法院应当继续审理民间借贷案件，并将涉嫌非法集资等犯罪的线索、材料移送公安或者检察机关。”第 7 条明确规定：“民间借贷的基本案件事实必须以刑事案件审理结果为依据，而该刑事案件尚未审结的，人民法院应当裁定中止诉讼。”

针对上述规定，笔者总结了以下几种情况的处理方式：

(1)如果刑、民案件基本关键事实为“同一事实”，原则上应当将民事案件纳入刑事诉讼程序一并处理。

①对于侦查机关已经立案或者侦查机关虽未立案但明显构成非法集资、“套路贷”诈骗等案件，法院应当告知原告撤诉后到公安机关登记债权；原告不撤诉的，裁定驳回起诉，将案件移送公安机关；已上诉案件，一审法院应当建议二审人民法院直接移送公安机关。

②对于虽有涉嫌“套路贷”犯罪的可能，但需要进一步核查的，法院应当裁定中止审理，等待公安机关的处理结果。

(2)刑、民案件基本关键事实如果行为主体、相对人以及行为其中之一不重叠的，则属于“不同事实”，应当采用“刑民并行”的处理模式，同时将涉嫌犯罪的线索、材料移送公安、检察机关;但此程序中所谓的独立是相对独立,实践中仍然要注意刑民协调裁判,避免产生矛盾。

关于“同一事实”的概念笔者从以下3个方面进行阐述:

①从行为实施主体的角度认定。“同一事实”指的是同一主体实施的行为,不同主体实施的行为不属于同一事实。例如,小额贷款公司法定代表人、负责人以及其他工作人员等对外实施套路贷,但小额贷款公司本身经营的借款业务是合法的,鉴于犯罪行为的主体与民事行为的主体属于不同的主体,因此不宜认定为“同一事实”。

②从法律关系的角度进行认定。如“套路贷”犯罪的被害人同时也是民事借贷法律关系的相对人的,一般可以认定该事实为“同一事实”。实践中,主合同的债务人涉嫌犯罪,债权人请求担保人承担民事责任的,因涉及不同的法律关系,均不属于“同一事实”。

③从要件事实的角度认定。只有民事案件争议的事实,同时也是构成犯罪的要件事实的情况下,才属于“同一事实”。如当事人因居间合同发生民事纠纷,人民法院在审理过程中发现房屋转让过程涉嫌套路贷,但鉴于居间行为并非诈骗犯罪的构成要件,因而民事案件与刑事案件不属于“同一事实”。

(3)对于刑事案件必须以民事案件的审理结果为依据的情形(这种情形相对比较少见),目前在《刑事诉讼法》及相关司法解释中并未涉及刑事案件中止需要以另一案件审理结果为前提的相关规定,但并不能完全排除刑事案件需要以民事案件的审理结果为依据的情况。比如,在“套路贷”涉刑案件中民间借贷关系在审理过程中存在相关财产确权方面的争议,则刑事诉讼或应当先行中止,待财产权属确定后,再行启动刑事程序。

第三节 “套路贷”案件中民事欺诈与刑事诈骗的界定

一、“套路贷”民事欺诈与刑事诈骗审查思路

民间借贷纠纷审判实务中,常常因借款人的借款行为涉及或涉嫌犯罪,导

致案件审理中出现刑民交叉问题，由此又引申出已受理的民间借贷纠纷是否应当移送的问题。审理此类案件的难点问题在于如何界定借款人借款行为的性质，是借款人与出借人之间的民事意思自治行为还是借款人的犯罪行为，只有首先界定了行为人行为的性质，才能确定纠纷属于民间借贷案件审理范围，还是涉嫌诈骗、非法集资、非法吸收公众存款等刑事案件审理范围，进而明确已受理的民间借贷纠纷是否应当移送。正确界定行为人行为的性质，可以达到既不放纵扰乱国家金融秩序、损害民众利益的犯罪行为，又依法保护正当的民间融资行为，维护正常的社会经济秩序。

《办理“套路贷”若干问题的意见》对“套路贷”犯罪进行了定义并重点强调区分平等主体之间基于意思自治而形成的民事借贷关系与“套路贷”犯罪，两者的区分实质是围绕着有无以非法占有为目的来设置套路进行分辨。司法实践中根据“套路贷”犯罪的特征，在相应民事案件审判中已经有较为成熟的甄别要素及审查重点。

（一）民事审判中“套路贷”特征的甄别

在司法实践中，民事审判中甄别和判定“套路贷”犯罪特征[1]有：

(1)出借人是否为职业放贷人或具有职业放贷人特征；

(2)借款所签署的文件、协议内容是否为范本式文件且借款人不具有修订权；

(3)借贷利率是否存在明显高于一般借贷利率的情形；

(4)对于出借款项的交付是否有其他的安排，如“砍头息”情形是否存在等；

(5)借贷双方对借贷合意、款项交付、还本付息等主要事实陈述是否合理、存在矛盾；

(6)是否设置障碍或以引诱、误导等方式造成借款人未按期还款；

(7)出借人对于借款的催讨方式是否合法，有无以暴力、威胁或“软暴力”

---

〔1〕 参见奚玮、王泽山：《审判视域下“套路贷”案件的甄别及罪数认定——基于涉“套路贷”裁判文书的实证研究》，载《法律适用》2019年第24期。

手段进行催讨；

(8)对于出借人的亲友是否存在其他的滋扰行为。

上述特征只是“套路贷”犯罪的外在单一的表象，便于直观认识套路贷犯罪并进行有效打击，但是除了掌握表象外，还需要深入“套路贷”涉刑案件事实和证据进行综合评判，不能仅依据某个因素和情节片面认定。

(二)民事审判中甄别“套路贷”的重点事实的审查

在处理“套路贷”涉刑案件过程中，对于相关事实的甄别和证据审查的需要尤为重视，不仅要从主观上审查出借人是否有非法占有目的，而且还需要从客观行为诸如是否设置套路、制造虚假债权及非法讨债进行审查。这个目标在民事审判阶段可以通过合理分配举证责任有效发现“套路贷”犯罪行为，重点关注应围绕如下几个方面展开：

1. 关于借款人主观认知的审查。不仅要审查借款人是否知道存在“套路”，而且要结合民间借贷的行业现状，审查该“套路”是基于正常民间借贷的行规，还是犯罪分子为获取非法利益设置的异乎寻常的“陷阱”。不仅要审查被害人的主观认识，而且要审查出借人是否希望借款人能按时还本付息，结合上述所列甄别“套路贷”犯罪要素中的出借人是否是职业放贷人及是否涉黑涉恶进行全面审查。

2. 关于资金往来的审查。具体案例中，出借人往往采取现金交付的方式来规避款项实际交付事实的审查，在支付手段如此便捷多样的今天，现金交付需要重点审查，既要结合出借人的提款情况也要结合借款人的存入情况加以判断。律师行业有个流传广泛的小故事，原告以一张欠条要求被告还款100万元，在法院调查交付事实时，案件中的原告在法庭上向审判长比画了一下说，他就用一个普通双肩包装了100万元现金交给对方。可基于常理认知，即使这100万元现金票面都是100元一张的纸币，那么其体积也是无论如何无法放入原告所比画的双肩包之内的，最终法院没有采信其说法。对于现金交付的判断、甄别往往需要以生活常识等作参考，结合多种因素加以判断，而出借人对交付事实承担的举证责任相对更重。

3. 关于违约的审查。“套路贷”中“套路”的核心在于以违约为由虚增债务金额，如果没有这一环节，那么则可能仅属于传统“高利贷”范畴，而不是“套路贷”范畴。那么对于以违约等名义虚增债务的判定亦需要结合资金走账记录来认定，同时需要结合对于每次增加还款金额的原因判定。基于民事法律实务，借贷双方约定合理的违约责任无可厚非，但对于违约事项的成就是否有人为促成的因素则需要仔细甄别。此外，对于部分手法低劣的“套路贷”，比如，收款人将借款大部分转回出借人关联账户或由出借人提出现金后再交付给出借人等情形的，相对判定较为容易，在此不再赘述。

4. 关于借贷利息审查。对此需要重点关注之前提及的是否存在“砍头息”或利用各种收费变相“抽头”的行为，以实际转账交付金额认定借款本金。对于高额利息，重点关注约定利率与实际执行利率不一致的情况；借据中对利率没有约定或者认定属于事后添加的，因此造成利率标准认定模糊的，则视为利息约定不明，对出借人主张的利息请求不予保护。其中对于“套路贷”还是“高利贷”亦需要加以辨识而非一概而论。

二、“套路贷”民事欺诈与刑事诈骗案例评析

典型案例一 孙某与吴某民间借贷纠纷

【案号】(2019)苏0722民初7854号之二

【案情简介】

原告孙某起诉被告吴某，主张被告以生意周转为由向原告借款98,000元，约定月利率1.5%，由被告出具借条为证。后经原告催要，被告未予偿还。要求法院判令被告返还原告借款98,000元及诉前利息144,060元，诉后利息按月利率1.5%计算至实际付清之日止。一审法院审查认为，被告辩称涉案借款本金仅有30,000元，其已经归还部分，而原告所持有的借条是“利滚利”累计后出具的条据。

【裁判结论及观点】

一审判决认为原告、被告之间的该行为涉嫌“套路贷”犯罪，故本案应当裁定驳回起诉，移送公安机关处理。二审法院认为民间借贷的出借人是为了到期

按照协议约定的内容收回本金并获取利息,不具有非法占有他人财物的目的,即使在借贷协议中出现了民事法律禁止的高额的利息约定或利滚利等情形,也应当在尊重当事人意思自治的前提下,依据民事法律规定对该约定的效力进行公正评价,而不应当视为存在犯罪嫌疑。因此依法改判。

典型案例二 朱某、黎某、夏某诈骗案

【案号】(2020)皖18刑终123号

【案情简介】

2007年至2019年,被告人朱某、黎某、夏某以非法占有他人财物为目的,假借民间借贷之名,利用被害人急需用款的心理,以“行业规矩”等为由诱骗被害人签订明显不公平不合理的“借贷”协议,强迫被害人提供具有公职或有稳定工作的人员作为借款担保人,利用“砍头息”“息转本”“违约金”等方式虚增债务,利用“现金还息”“拒不出具收据”“一次性现金还本付息结清债务”等方式隐匿还款证据,软硬兼施“索债”。

【裁判结论及观点】

在案证据足以认定被告人具有非法占有为目的,构成诈骗罪。

被告人在借款之初就设置了套路,利用被害人急需用款的心理,以行业规矩等为由诱骗被害人签订明显不公平、不合理的借贷协议,交付借款时,被告人通过银行将借款本金转入被害人账户,制造银行交易流水,留下将借款全部交付给被害人的证据,转账当日即要求被害人现金给付首期利息(“砍头息”),之后按月向被害人现金收取高额利息,部分借款实际收取的利息远高于借条上约定的利息。收到被害人现金归还的借款本息时,虽然众多被害人均要求出具收条,但被告人均以行业规矩为由拒不向被害人出具收条。如果被害人在外地,不方便现金还款,要求通过银行转账给付利息时,被告人会要求被害人转账到黎某的银行账户。在被害人拖欠一两个月时,会逼迫被害人打“息转本”的借条,虚增借贷金额、隐匿还款证据、恶意垒高借款金额。一旦被害人无力按期支付,被告人会到借款人、担保人家或单位采取辱骂、恐吓、威胁、滋扰等“硬暴力”

或“软暴力”手段索债。在采取上述手段达不到目的的情况下，则利用前期“套路”打下的基础，将借款人、担保人甚至他们的配偶起诉至法院，借助民事诉讼达到非法占有被害人财物的目的。

【律师点评】

上述两案对比，均存在息转本、利滚利的所谓行规“套路”，但前案经过二审认为不存在非法占有目的，后案认定具有非法占有目的构成诈骗罪。两案存在如下区别：

（1）是否为职业放贷人。前案借款人和出借人是通过正常亲友介绍认识，不存在与其他人的借贷纠纷，而后案仅法庭查明的借贷高达数十起，借款人与出借人均无特定关系。

（2）出借款项的目的。前案出借人的目的是收回本金并获取利息，后案是意图直接骗取、侵占被害人财产。

（3）是否明知虚增债务。前案虽然存在“利滚利”的行为，确实虚增了债务，但是借款人和出借人对于整个借款发生、借条多次结转形成的过程均予以认可。借款人对于借得的本金和将产生的利息也有清醒认识，并达成了合意。即使出借人在起诉时隐瞒了实际的原始本金索要高额的本金，也属于民事欺诈的不法行为，不具有非法占有他人财物的目的；而后案不仅存在利滚利虚增债务行为，更采取“现金还息”“拒不出具收据”“一次性现金还本付息结清债务”等方式隐匿还款证据，从而恶意垒高借款本金，使被害人陷入错误认识，对于借款本金和利息的计算被害人并没有清醒的认识，更没有达成合意的机会。

（4）是否存在非法催债行为。前案不存在“软暴力”和“硬暴力”的非法催债行为，而后案借助诉讼、拘禁、滋扰、纠缠、威胁、辱骂等手段，先后实施诈骗、敲诈勒索、非法拘禁、寻衅滋事等“套路贷”犯罪行为。

（5）是否存在恶势力。前案不存在恶势力，后案出借人纠集团伙，以滋扰、纠缠、威胁、恶意举报、扰乱正常工作生活等手段，使被害人形成心理强制，在一定区域和一定行业内多次实施犯罪活动，为非作恶，欺压百姓，扰乱经济、社会生活秩序，持续时间长、影响范围广，导致多名被害人巨额财产损失、生产经营无以为继、妻离子散，造成较为恶劣的社会影响，属于恶势力。

通过上述两个典型案例的比较,可以看出后案行为人的行为目的、手段显然更加不被社会所容忍,后案的“套路行为”不法程度明显高于前案,比较容易评判后案具有应受刑法处罚性。但是由于“套路贷”涉刑案件与民间借贷紧密交织的特殊性,对于不存在隐匿还款事实、职业放贷人、非法催债、恶势力的情况,如何区分民间借贷起诉时隐瞒“砍头息”、借新还旧、利息转本金、“利滚利”事实的民事欺诈与“套路贷”“虚增债务”刑事诈骗是此类案件的难点。

当借贷行为中存在欺骗因素时,应当以是否具有非法占有目的为审查重点,从欺骗内容、欺骗程度等多个角度鉴别行为属于民事欺诈还是刑事诈骗,不能简单地认为只要存在欺骗手段就构成刑事诈骗。不能以具有“套路贷”特征取代犯罪构成。[1] 民间借贷案件中,“砍头息”、借新还旧、利息转本金、“利滚利”一直以来被说是民间借贷行业“套路”,但是此类行为有些是行业惯例或者说是“江湖规矩”,借款人如心知肚明,则不存在被蒙骗的情况。即使隐瞒实际本金起诉,仍与具有非法占有目的的“套路贷”存在根本区别。因此存在“砍头息”、“利滚利”、利息转本金只能说是非法套路贷的重要表现形式而不应当据此就直接认定属于“套路贷”犯罪。《民间借贷若干问题规定》(2020 修正)第 27 条规定:“借贷双方对前期借款本息结算后将利息计入后期借款本金并重新出具债权凭证,如果前期利率没有超过合同成立时一年期贷款市场报价利率四倍,重新出具的债权凭证载明的金额可认定为后期借款本金;超过部分的利息,不应认定为后期借款本金。”从法秩序统一性的原理,即在民商法上合法的行为,不可能成为《刑法》上的犯罪的原理来讲,对于利息转本金的行为也不应当据此认定为“套路贷”,在司法实务中,虽然我国原则上并不支持“复利”,但是基于民商事行为的意思自治原则,所以对于“复利”在双方真实意思表示的前提下亦有支持的案例。

另外,如一概以借款人主观上明知借贷中是否存在“利滚利”、“砍头息”、借新还旧“行规”则不构成犯罪,因为基于不同借款人的教育年龄等因素及不同出借人的宣传行为模式,仍可能存在没有履行告知义务方式隐瞒事实使借款人

[1] 参见张明楷:《不能以“套路贷”概念取代犯罪构成》,载《人民法院报》2019 年。

陷入错误认识的情形，导致明显具有社会危害性的“套路贷”诈骗无法追究出借人的刑事责任。因此，对于以借贷行业“行规”的民间借贷刑民交叉的界分，实践中应注重对事实的整体评价，不仅从借款人的主观认知进行判定，而且从行为人的行为方式进行判定。根据社会相当性学[1]理论对于微罪出罪的主张，不应对一切法益侵害均加以禁止，应将在功能上处于历史形成的国民共同生活的秩序之内的行为，排除于不法的概念之外。因此在认定时应当充分考虑民间借贷、社会公序良俗的大环境进行全面综合的分析与判断，防止民间借贷泛刑事化。

第四节　“套路贷”案件刑事判决对民事合同效力的影响

一、“套路贷”涉刑案件之民事案件合同效力审查要点

民间借贷一旦被法院认定无效，无疑其约定的利息也无法主张，甚至民间借贷本身涉及“套路贷”犯罪的，还有可能被追缴违法所得和赃款赃物。对于合同纠纷涉及“套路贷”犯罪行为，特别是合同主体涉嫌犯罪的情况，比如，出借人与借款人签订所谓的“民间借贷”合同，然后出借人通过一系列有预谋的操作，造成了借款人违约的“事实”，进而通过民事诉讼或仲裁手段借助公权力实际占有被害人的财物，此时从整体评价角度来说，此行为涉嫌“套路贷”犯罪，且该行为同时引起刑事和民事双重责任；进一步来说，如出借人为达到掩饰、隐瞒其非法行为的目的，其往往先以小额借款合同作为诱饵，逐步引诱借款人进入预先设计好的“套路”之中，那么对于这小额借款合同若独立评判，应当认定此类合同是真实有效的，但若引入全面评价原则进行评判，又另当别论。

到底对于合同效力的认定是以损害社会公共利益为前提，采用当然无效的

---

〔1〕 参见陈璇：《刑法中社会相当性理论研究》，法律出版社2010年版，第60页。

“一刀切”的原则；还是根据具体情况《民法典》等部门法范围内单独进行认定；还是从保护被害人的角度，赋予其自主选择对合同效力进行追认或者撤销来认定；[1]司法实践中一直存在不同的观点以及做法。随着2015年《民间借贷若干问题规定》的出台，主张成立犯罪不影响合同效力的裁判观点日益增多。笔者认为，民间借贷本身涉及“套路贷”犯罪无疑是造成借贷合同无效的情形之一，但并非民事案件涉及“套路贷”犯罪就必会导致合同无效。在办理此类型案件时需要区分不同情况进行认定，具体应当通过审查以下的要点并根据相关的法律规定对合同的效力进行综合认定：

(1)借贷、买卖、抵押等合同的签订主体与“套路贷”犯罪嫌疑人/被告人是否为同一主体？

(2)民事争议款项、标的与涉嫌“套路贷”犯罪的款项、标的是否同一？

(3)借贷、买卖、抵押合同效力之认定对第三人权益是否造成影响？

(4)借贷、买卖、抵押合同之合同效力认定对国家、集体利益以及社会秩序是否造成影响？

(5)争议款项、标的本身是否属于违法范围？

(6)借贷、买卖、抵押合同之合同效力认定的事实是否与“套路贷”涉刑案件的刑事判决认定的事实存在冲突？

二、“套路贷”涉刑案件之民事合同效力案例评析

(一)非法催债被定罪，借贷合同是否有效

典型案例一 李某与孙1、孙2民间借贷纠纷

【案号】(2019)辽1302民初543号

【案情简介】

2016年9月8日，被告孙2为原告出具一张借条，载明：因资金周转需要，

[1] 参见叶名怡：《涉诈骗合同的民法规制》，载《中国法学》2012年第1期。

今向李某借到(人民币现金)玖万元整(小写:¥90,000.00),月利息为2分。如借款人不履行还款义务,出借人实现债权而支出的所有费用(包括诉讼费、财产保全费、执行费、差旅费、律师费、评估费、公证费等)由借款人全部承担,2016年9月8日。同时被告又为原告出具一张收条,载明:今收到李某人民币玖万元整,计¥90,000.00元,收款人:孙2,2016年9月8日。诉讼中,原告明确诉讼请求,要求被告按照月息2分计算利息,并承担律师费。庭审中,被告孙2承认借条、收条签名均为其本人所写。原告为催要借款诉至法院。

【裁判结论及观点】

2017年12月9日,原告为索取债务,非法拘禁被告人身自由,被法院追究刑事责任,判刑8个月。

被告为原告出具的借条、收条,能够证明双方之间存在民间借款关系和借款事实。被告虽否认该事实,但承认借、收条签名均为其所写,故被告否认借款事实的辩解理由和观点因缺乏证据佐证,本院不予采纳。原告主张的律师费,双方在借款中已明确约定,该约定不违反法律规定,本院予以确认。其支付的律师代理费有票据证明,本院应予支持。原告诉请的利息按月息2分计算,因双方在借款中未约定利息,且被告又予以否认,故对该项请求,本院不予支持。但利息可自起诉之日起计算。双方对借款期限没有约定,原告有权随时向被告主张偿还借款。

典型案例二 欧某与邱某民间借贷纠纷

【案号】(2019)苏01民终7152号

【案情简介】

A安防科技有限公司于2011年注册成立,2014年6月17日A安防科技有限公司股东变更为邱某、王某(欧某配偶)及邵1,邱某为法定代表人。2014年7月3日A安防科技有限公司注册资本增加至1010万元。2016年9月12日,A安防科技有限公司法定代表人由邱某变更为邵1,注册资金由1010万元增加至1686.7万元,股东增加1人邵2。2016年11月11日,A安防科技有限公司股东由邱某、王某、邵1、邵2变更为邵1、邵2。

2015年1月28日,邱某及王某向欧某出具借条一张,借条载明:“今A安防科技有限公司借欧某同志人民币壹拾伍万元整,用于公司日常支出,特此立据为证,偿还由A安防科技有限公司承担,利息壹分(年利息)。”

2016年11月8日,欧某以民间借贷纠纷为由将A安防科技有限公司作为被告诉至法院,要求A安防科技有限公司偿还本案15万元借条的借款及A安防科技有限公司于2014年11月2日另出具的35万元借条的借款(借条内容:今借欧某人民币叁拾伍万元整,用于公司运作,利息为壹分,特此立据为证,暂定壹年),合计50万元。

【裁判观点及结论】

出借人主张民间借贷法律关系成立的,应对借贷合意及款项交付承担举证证明责任。关于借贷合意,本案中欧某提交了2015年1月28日借条及2017年12月11日收条。而2015年1月28日借条内容上约定的借款人系A安防科技有限公司并非邱某,借条亦约定由A安防科技有限公司偿还借款。关于2017年12月11日收条,系邱某在受陈某等人非法拘禁犯罪行为下被迫出具,故该收条并非邱某的真实意思表示。关于款项交付,本案欧某主张其以王某分别向邱某转账6万元、向邱某交付现金9万元,欧某的该陈述与刑案中关于15万元系分两次汇入了邱某账户的陈述不相符,欧某对现金交付亦未提交其他证据予以佐证。综合本案证据,欧某所提交的证据不能证明其与邱某之间存在借贷合意以及向欧某交付了15万元款项这一待证事实,应当承担举证不能的不利法律后果。

【律师点评】

为了更好地阐述观点,笔者将上述两个案件进行对比后,分别作出分析说明。上述两案均未被认定存在以“套路贷”形式签署借贷协议,但两案均认定了合同的出借人自己或让案外人采用非法拘禁的方式催债。不同的是法院认定前案合同有效,后案则被认定为无效。

在司法实践中,基于不同地区的特点、经济发展水平等因素的影响,各地法院对于合同主体及构成犯罪主体、对象、法律关系同一的合同效力的认定,并非一概否定其效力(甚至基于不同的观点,同一法院的不同合议庭的认识也不尽相同)。在实体处理上,犯罪构成尽管与民事法律关系存有一定关联,但犯罪行为并不必然导致民事合同获得否定性的效力评价。[1] 我们需要根据具体的案件事实，结合相关法律规定进行认定。

在我国司法体系中，“先刑后民”的观点影响深远，部分法院认为借贷案件中行为人若构成犯罪的，刑事判决认定的事实将作为认定合同效力的重要评判。因此，后案中法院以原告举证不能为由驳回诉讼请求，是基于原告在刑民两个诉讼程序中对于借贷合意、款项交付的主要事实陈述存在矛盾为评判依据，而非简单套用“先刑后民”的“公式”。

在“套路贷”犯罪的民间借贷案件，往往存在真实借贷和套路贷混合的情况，对真实借贷的部分的合同效力应当如何判定？对于套路贷的合同效力又应当如何判定？肯定是需要我们区别对待的。

对于出借人以小额借款合同作为诱饵，逐步引诱借款人进入预先设计好的“套路”之中，或者说出借人成立公司，经营模式从一开始就设计为“套路贷”，那么对于这部分借款合同可以认定为无效。2019 年年底出台的《最高人民法院关于全国法院民商事审判工作会议纪要》明确要依法否定高利转贷行为、职业放贷行为的效力，但是对于某些成立初衷系合法经营的小额贷款企业，则应当区别对待，对双方达成真实合意的借贷合同效力予以认定为有效。概况而言，此类判定应当避免出现“一刀切”或者机械理解的情形，对于相关借贷效力应当予以甄别，结合相关证据予以分别判定。

(二)通过“套路贷”犯罪获取借款人的房屋后出卖的买卖合同效力

典型案例一　何某与雷某、徐某房屋买卖合同纠纷

【案号】(2019)浙 11 民终 1005 号

【案情简介】

2018 年 6 月 7 日，原告雷某、徐某作为买受方与被告何某签订房屋买卖合

[1] 参见刘高等：《民刑交叉中合同效力的认定及诉讼程序的构建——以最高人民法院相关司法解释为视角》，载《法学家》2015 年第 2 期。

同,双方约定房屋总价款200万元。合同签订后,雷某、徐某通过银行转账方式向何某支付定金30万元,购房首付70万元,共计100万元,何某于2018年6月7日出具了收条。嗣后雷某、徐某在合同约定的期限内要求何某办理房屋权属过户手续,被告拒绝办理。

何某主张房屋买卖合同是因为受到“套路贷”人员的胁迫才签订的,出售房屋并不是何某的真实意思表示。案涉房屋面积近105平方米,并带有车库,根据合同签订当时的市场行情,这样的房屋价值在250万元以上。雷某、徐某试图以极其不合理的低价200万元购买该房屋,显然是不合常理的。在房屋买卖合同签订的前一天,即2018年6月6日,何某被房屋中介孙某等人恐吓、拘禁,且雷某、徐某转账的100万元款项已全部被孙某等经营高利贷的人瓜分。2018年11月7日,丽水市公安局莲都分局受理了何某被诈骗一案,雷某、徐某并未涉及该刑事案件。

【裁判观点及结论】

雷某与何某签订的房屋买卖合同,系双方真实意思表示,未违反法律、行政法规的强制性规定,合同有效。原告要求解除合同双倍返还定金的诉请予以支持。

典型案例二 原告涂某、李某与被告何某、孙某确认合同无效纠纷

【案号】(2019)沪0120民初16212号

【案情简介】

2009年,原告涂某与案外人张某经居间方居间签订《房屋买卖合同》,因国家政策的限制导致上述房屋无法办理过户手续,双方约定待过户条件成就后办理过户手续并支付尾款。此后,张某一直实际居住于该处。

2014年3月25日,涂某向伍某借款60万元。伍某让涂某签订了金额90万元的借款合同,声称其中30万元为“保证金”,并办理了房产抵押登记手续,并签署委托赵某办理房屋出售和办理产证的委托书并公证。之后,伍某转账90万元至涂某的账户,并让涂某当场领取现金36万元交还给伍某,其中30万元

为“保证金”、6万元为借款利息，涂某实际得款54万元。2014年7月、8月，伍某在向原告催讨90万元未果后，隐瞒上述情况以100万元的价格将涉案房屋出售给何某、孙某夫妇，并向何某收取购房首付款45万元，公积金贷款40万元以及商业贷款10万元均指定打入赵某的账户。房地产交易中心完成过户登记，核发了新的房地产权证，权利人变更为何某、孙某。

张某在涉案房屋约定过户期已至，原告未能如约配合办理过户手续，遂向法院提起民事诉讼，请求确认其与本案原告签订的房屋买卖合同有效并协助其办理涉案房屋的产权过户手续。2015年2月5日，本院作出判决张某与原告李某签订的房屋买卖合同有效，并判令原告协助办理产权过户手续。

2018年7月，刑事判决书认定伍某以非法占有为目的，采用虚构事实、隐瞒真相的方式骗取被害人何某、孙某100万元。刑事判决书载明，根据上海市奉贤区发展和改革委员会价格认定结论书，上海市奉贤区金齐路188弄36号102室房产于2014年8月10日的市场价格为145.63万元、于2015年3月23日的市场价格为144.37万元。

【裁判观点及结论】

伍某与两被告签订的《上海市房地产买卖合同》属于我国合同法规定的以合法形式掩盖非法目的，系合同无效的法定情形。被告何某、孙某作为购房人理应对房屋产权情况、房屋结构、房屋居住等信息进行全面了解，但被告何某、孙某并未实地看房，且实际交易的购房款100万元明显低于当时市场价格145万元，本院难以认定被告何某、孙某为善意取得。

【律师点评】

笔者仍将上述两个案件放在一起进行对比，两个案件的表现形式都是房屋原持有人表示自己将房屋出售的行为系受到犯罪团伙的“套路”后不得已而为之，并非自己的真实意思表示；两个案子不同之处在于法院的处理结果，案例一的买卖合同被认定为有效，而案例二的买卖合同被认定为无效。

《民法典》第311条规定：无处分权人将不动产或者动产转让给受让人的，所有权人有权追回；除法律另有规定外，符合下列情形的，受让人取得该不动产或者动产的所有权：（一）受让人受让该不动产或者动产时是善意的；（二）以合理的价格转让;(三)转让的不动产或者动产依照法律规定应当登记的已经登记,不需要登记的已经交付给受让人。受让人依照前款规定取得不动产或者动产的所有权的,原所有权人有权向无处分权人请求赔偿损失。当事人善意取得其他物权的,参照前两款规定。

《最高人民法院关于适用〈中华人民共和国民法典〉物权编的解释(一)》第14条规定:“受让人受让不动产或者动产时,不知道转让人无处分权,且无重大过失的,应当认定受让人为善意。真实权利人主张受让人不构成善意的,应当承担举证证明责任。”

根据上述规定,两案裁判结果差异根本原因在于作为买受人是否是善意第三人,是否成立善意还需要通过行为人是否存在重大过失来进行综合评判。重大过失的认定,通常以行为人欠缺一般人具有的注意为判断标准,换句话说只要行为稍加注意即可以避免出现认识错误或者发生损失,而其没有尽到此注意义务时,应认为存在重大过失。[1]

上述案例中房屋买卖中评判是否属于善意第三人?具体可以通过是否查看过房屋权利、占有情况?购房价格是否显著低于正常市场价?通过这些表现形式可初步判断购买方存在的合理性。实践中购房人未对房屋的房屋产权情况、房屋结构、房屋居住等信息进行考察,可以认定其存在重大过失。

在民事审判实务中,对于第三人往往预设了“善意”的前提,推翻第三人“善意”的证明责任要求比较高。因此,除非有较为明确的证据,否则在民事审判活动中认定买受行为不具备“善意”的情形非常少。对于市场价的判断虽然可以通过司法鉴定等给予相对公允的标准,但是在实际交易过程中,因为买卖双方的关系、双方的需求等因素,往往又会对价格产生较大的影响。司法实务中,并不能仅以价格作为唯一的评判标准。举个例子,张三因做生意需要资金,急需抛售房产,将一套价值500万元的房产以400万元的价格出售,但是要求买家全款购房。此时,李四看中该套房屋,双方签署协议,李四取得房产,同时由于

---

〔1〕参见杜万华主编,最高人民法院民事审判第一庭编著:《最高人民法院物权法司法解释(一)理解与适用》,人民法院出版社2016年版,第359页。

李四以放贷为业，还同意再借给张三 100 万元。张三生意好转后发现因房产价格上涨，这套房屋市价已经涨到 700 万元；张三遂以当时生意资金周转困难，需要手续简易的贷款资金救急，李四利用该情况对其威逼利诱，以明显不合理价格购买其房产为由要求认定买卖合同无效，这种情况法院将如何处理？从客观事实的角度，张三的主张不应当得到法院的支持。此时，房屋价格显然不能作为评判的主要标准，此时能够比较轻易地作出判断，得出结论是因为我们具有所谓的“上帝视角”来观察张三与李四的所作所为，但是在司法实务中，任何裁判者都不可能具有“上帝视角”，那么除了要厘清案件事实，不放过每个关键节点以及进行充分质证，并进行综合评价之外，并无其他更优的选项。

再回到之前的两个案例，理论中对于适用善意取得制度存在争议，但在司法实务中却存在一种情形——所谓“一追到底”模式。有观点认为出卖人虚构事实，欺骗买受人的购房钱款签订的《房屋买卖合同》的行为属于“犯罪工具或手段行为”，此种情况下合同应当认定无效。同时，基于彰显刑法保障法的权威，即对被害人的特别保护，对于不法取得的赃物应当一追到底。在这种理论的指导下，实践中一般从严把握善意取得制度的适用，也存在同案不同判的情况。在笔者接触的“套路贷”涉刑案件之中，被害人往往借款的目的存在不正当性，其往往将房屋出让、抵押后取得的款项，用于挥霍、赌博等。案发后，因为“一追到底”的情况，房子追回后可被返还，但被害人通过借款用于挥霍、赌博等所耗费的金钱数额则往往难以认定和处理，导致最后不了了之。这种被害人“获利”的情形应当如何妥善处置，是我们在理论和实践中均需进一步解决的课题之一。

第八章 “套路贷”涉刑案件之涉黑涉恶问题研究

第一节 我国黑社会性质组织犯罪的历史沿革

黑社会性质组织犯罪是一种严重影响国家长治久安、危害社会安定有序、破坏人民安居乐业的有组织犯罪行为,我国立法层面对此一直是采取高压严打的态度,从最早的“打黑除恶”到现今的“扫黑除恶”,司法政策称谓的细微变化体现了我国《刑法》保护人权观念的进步,却仍反映了我国司法领域对“涉黑涉恶”犯罪的严厉打击的强硬态度,从“打”到“扫”这一字之差也标志着惩治黑恶势力的专项行动步入了新的阶段。

我国在 1997 年修订《刑法》时,首次将“涉黑”罪名纳入《刑法》当中,新增了组织、领导、参加黑社会性质组织罪;入境发展黑社会组织罪;包庇、纵容黑社会性质组织罪 3 个罪名。直至 2000 年,《最高人民法院关于审理黑社会性质组织犯罪的案件具体应用法律若干问题的解释》进一步对黑社会性质的组织特征进行了明确。2001 年,公安部发布打黑除恶专项斗争的通知,“打黑除恶”作为一个专门术语首次出现,自此随着社会与法治的不断进步,最高人民法院、最高人民检察院、公安部先后也陆续出台了多项关于黑社会性质组织犯罪的相关文件。

直到 2018 年 1 月,《中共中央、国务院关于开展扫黑除恶专项斗争的通知》发布,在全国范围内开展为期 3 年的扫黑除恶专项斗争,由此开始,“打黑除恶”正式易名为“扫黑除恶”,在引入人权观念的基础上,力求遏制黑恶势力犯罪及其滋生土壤,并形成长效机制,全力维护社会和谐稳定,不断增强人民群众获得感、幸福感、安全感。

随着扫黑除恶专项斗争向在全国范围内展开，传统黑恶势力也随之发生新的变化，逐渐改变策略，进行各种伪装。一些从传统行业领域向网络、金融等新兴行业领域延伸触角，利用法律空白及监管盲区，以新兴牟利方式作掩护，隐蔽从事犯罪活动。其中，最典型的就属“套路贷”犯罪。他们逐渐摒弃原来明火执仗、车匪路霸、打打杀杀的明显暴力手段，转而采取易对他人形成心理强制的“软暴力”，比如以跟踪滋扰他人、恶意举报诬陷、在家门口奏哀乐摆花圈、在门上喷油漆或堵锁眼、摆场架势示威等形式进行有组织有预谋的犯罪活动。

2019 年 4 月全国扫黑办首次举行新闻发布会，向社会公开发布最高人民法院、最高人民检察院、公安部、司法部联合印发的《最高人民法院、最高人民检察院、公安部、司法部关于办理恶势力刑事案件若干问题的意见》(以下简称《办理恶势力案件若干问题的意见》)、《办理“套路贷”若干问题的意见》《最高人民法院、最高人民检察院、公安部、司法部办理黑恶势力刑事案件中财产处置若干问题的意见》(以下简称《办理黑恶势力案件中财产处置的意见》)、《最高人民法院、最高人民检察院、公安部、司法部关于办理实施“软暴力”的刑事案件若干问题的意见》(以下简称《办理实施“软暴力”案件的意见》)4 个意见，为依法办理黑恶势力犯罪案件提供了更加坚实的法治保障。与此同时，在办理类似案件的过程中，许多辩护人却发现只要代理的案件带有“黑、恶”色彩，那么，意味着整个代理案件的推进将会极其艰难，面临层层阻碍。

第二节 “套路贷”案件中的涉黑犯罪的异同

前文中已提到“套路贷”并不是一个《刑法》意义上的概念，也不是一个犯罪构成的描述或者某个犯罪的构成要件，更不是一个独立的罪名。2019 年 4 月 9 日，《办理“套路贷”若干问题的意见》中对“套路贷”犯罪作出了明确、具体的规定，在此不再赘述。

“套路贷”只是一种犯罪行为的实施模式，其所涉及的借贷领域包括 P2P 网贷、校园贷、现金贷及车贷等,其行为不仅可能构成诈骗、敲诈勒索罪,还可能触犯非法拘禁、虚假诉讼、寻衅滋事、强迫交易、抢劫、绑架等犯罪。因而,在一系列犯罪中极易滋生黑恶势力,“套路贷”犯罪作为近年来民间借贷领域常见多发的新类型犯罪,易引发各类犯罪活动,既扰乱金融市场秩序,严重危及社会秩序和经济秩序,又容易滋生黑恶势力及组织,“套路贷”犯罪是扫黑除恶专项斗争聚焦的重点领域之一,并给当前的刑事诉讼带来了新的挑战,正确甄别“套路贷”犯罪的黑恶因素具有重要意义,正如《办理“套路贷”若干问题的意见》中明确:对于涉嫌“套路贷”犯罪中符合黑恶势力认定标准的,应该依照黑社会性质组织、恶势力或者恶势力犯罪集团进行侦查、起诉、审判。

司法实践过程中,“套路贷”犯罪极易牵涉涉黑、涉恶的问题,究其缘由,主要因为实施“套路贷”犯罪不可能由单一个体或者个别个体完成,而是必须借助多人或者团伙之间的相互配合,才能达到犯罪目的。此节笔者将首先对黑社会性质组织的本质与认定进行阐述,再结合“套路贷”犯罪自身独有的犯罪特征对“套路贷”涉刑案件中涉黑、涉恶的认定进行探析。

一、黑社会性质组织的本质与认定

根据《刑法》第 294 条的规定,黑社会性质组织必须具备“组织特征”“经济特征”“行为特征”和“社会危害性特征”四个特征,而且每个特征都有特定的认定标准,具有独特的地位和作用。

黑社会性质组织在最早刑法立法时,并没有形成一个具体的概念。之所以这么说,是因为 1997 年《刑法》修订第 294 条规定:“黑社会性质组织”是指“以暴力、威胁或者其他手段,有组织地进行犯罪活动,称霸一方,为非作恶,欺压、残害群众,严重破坏经济、社会生活秩序的黑社会性质的组织”。由于当时的法条内容缺乏对黑社会性质组织的具体界定标准,造成司法实践中对“黑社会性质组织”的认定这一问题的严重阻碍。到 2000 年 12 月 15 日,《最高人民法院关于审理黑社会性质组织犯罪的案件具体应用法律若干问题的解释》中对于“黑社会性质的组织”应具备的特征首次有了比较明确具体规定:“(一)组织结构比较紧密,人数较多,有比较明确的组织者、领导者,骨干成员基本固定,有较为严格的组织纪律;(二)通过犯罪活动或者其他手段获取经济利益,具有一定的经济实力;(三)通过贿赂、威胁等手段,引诱、逼迫国家工作人员参加黑社会性质组织活动,或者为其提供非法保护;(四)在一定区域或者行业范围内,以暴力、威胁、滋扰等手段,大肆进行敲诈勒索、欺行霸市、聚众斗殴、寻衅滋事、故意伤害等犯罪活动,严重破坏经济、社会生活秩序。”也即形成最初所谓的四大特征:“组织特征”“经济特征”“行为特征”“保护伞特征”。

虽然,此次司法解释对黑社会性质组织作了具体规定,但是在司法实践中,公安、检察、法院乃至理论界对此规定均有不同认识,争论关键点在于上述四大特征是否必须同时具备?随后,2002 年 4 月 28 日,全国人民代表大会常务委员会公布了《全国人大常委会关于刑法第二百九十四条第一款的解释》,规定了“黑社会性质的组织”应当同时具备以下特征:“(一)形成较稳定的犯罪组织,人数较多,有明确的组织者、领导者,骨干成员基本固定;(二)有组织地通过违法犯罪活动或者其他手段获取经济利益,具有一定的经济实力,以支持该组织的活动;(三)以暴力、威胁或者其他手段,有组织地多次进行违法犯罪活动,为非作恶,欺压、残害群众;(四)通过实施违法犯罪活动,或者利用国家工作人员的包庇或者纵容,称霸一方,在一定区域或者行业内,形成非法控制或者重大影响,严重破坏经济、社会生活秩序。”此次司法解释将最初形成的“保护伞特征”修改为“社会危害性特征”,即我们之后提到的四大基本特征——“组织特征”“经济特征”“行为特征”和“危害性特征”,上述两次司法解释的修改均体现了我国刑事立法的进步,体现了适应快速发展的社会需求,但这些不断更新的司法解释相关规定,还是没能彻底解决司法实践中对黑社会性质组织的认定问题。

于是 2009 年 12 月 9 日,《最高人民法院、最高人民检察院、公安部办理黑社会性质组织犯罪案件座谈会纪要》强调“黑社会性质组织”必须同时具备 2002 年立法解释中规定的“组织特征”“经济特征”“行为特征”和“危害性特征”,同时强调“称霸一方,在一定区域或者行业内,形成非法控制或者重大影响,从而严重破坏经济、社会生活秩序,是黑社会性质组织的本质特征,也是黑社会性质组织区别于一般犯罪集团的关键所在”。这一规定显然是想把黑社会性质组织与其他犯罪组织(如恐怖组织、邪教组织、“恶势力”团伙等)区别开来,但是在之后的司法实践中发现,不仅没能很好地达到区分不同犯罪集团或组织的目的,更为严重的是在全国范围内还出现了将某些尚不具备犯罪集团条件的组织错误地定性为黑社会性质组织并进行定罪处罚的情况。

基于此,2015 年 10 月 13 日,最高人民法院公布了《最高人民法院全国部分法院审理黑社会性质组织犯罪案件工作座谈会纪要》,其中用近一半的篇幅阐述关于黑社会性质组织认定的问题,规定黑社会性质组织应当具有一定规模、人数较多、组织成员一般在 10 人以上;应具有的“经济实力”在 20 万~50 万元幅度内;在实施犯罪活动中,应有一部分能够较明显地体现出暴力或以暴力相威胁的基本特征;控制和影响的“一定区域”,应当具备一定空间范围,并承载一定的社会功能。同时,强调“‘四个特征’中其他构成要素均已具备,仅在成员人数、经济实力规模方面未达到本纪要提出的一般性要求,但已较为接近,且在非法控制特征(危害性特征)方面同时具有《最高人民法院、最高人民检察院、公安部办理黑社会性质组织犯罪案件座谈会纪要》相关规定中的多种情形,其中至少有一种情形已明显超出认定标准的,也可以认定为黑社会性质组织”。通过这次《最高人民法院全国部分法院审理黑社会性质组织犯罪案件工作座谈会纪要》,“危害性特征”不再作为界分黑社会性质组织与其他犯罪组织的标准。

2018 年 1 月 16 日,《办理黑恶势力犯罪的指导意见》中又一次明确:黑社会性质组织应同时具备《刑法》第 294 条第 5 款中规定的“组织特征”“经济特征”“行为特征”和“危害性特征”。由于实践中许多黑社会性质组织并非这“四个特征”都很明显,在具体认定时,应根据立法本意,认真审查、分析黑社会性质组织“四个特征”相互间的内在联系,准确评价涉案犯罪组织所造成的社会危害,做到不枉不纵。在认定黑社会性质组织犯罪时,对成员规模、经济实力、一定区域等不再作出明确的规定。

无论是司法体系工作者还是律师行业刑辩律师,都不得不承认一个事实,即认定黑社会性质犯罪组织是一项具有高度挑战性和复杂性的工作。因此,司法实践中裁判者切不可用孤立、片面、静止的眼光来分析和解决问题,而应以联系、发展、全面、一分为二的思维予以应对和处理。换言之,就是不可以根据一个或若干个孤立的特征来认定犯罪组织是否为黑社会性质组织,而应通过相互间内在联系,准确把握每个特征的标准与地位,坚持依法、实质、稳定原则,对四个特征进行综合评价,从而准确认定黑社会性质组织。在下文中,笔者将结合上述文件中对黑社会性质组织的相关规定及解释,阐述当前我国黑社会性质组织应具备的四大特征。

(一)组织特征

认定黑社会性质组织的第一特征就是组织特征,针对这一特征,早期发布的《全国人大常委会关于刑法第二百九十四条第一款的解释》和《最高人民法院关于审理黑社会性质组织犯罪的案件具体应用法律若干问题的解释》对其说明比较简单,之后的《最高人民法院、最高人民检察院、公安部办理黑社会性质组织犯罪案件座谈会纪要》《最高人民法院全国部分法院审理黑社会性质组织犯罪案件工作座谈会纪要》对此作了更为详细的解释。总结在认定黑社会性质组织的组织特征时应当包括两个要素:组织结构要素、组织成员要素。

1. 组织结构要素

组织结构要素要求首先要形成较稳定的犯罪组织,其次是要有严格的组织纪律。所谓较稳定的犯罪组织,主要是指黑社会性质组织一般存续时间相对较长,且内部有着比较明确的层级和职责分工,这是因为一般组织在短时间内难以形成强有力的影响力及控制力,而明确的层级和职责分工又是组织得以发展和壮大的重要因素;所谓严格的组织纪律主要是指黑社会性质组织为了维护自身的安全和稳定,一般会有一些约定俗成的纪律、规约,有些甚至还有明确的规定,包括用以明确组织内部人员管理、职责分工、行为规范、利益分配、行动准则等事项的成文或不成文的规定、约定。

随着扫黑除恶专项斗争的不断升级,传统以帮派形式存在的犯罪组织已经逐渐失去了生存土壤,取而代之的是披上了“公司化”合法外衣,黑社会性质组织也不断向公司化、产业化方向发展,利用公司架构及组织形式实现其自身组织的发展壮大,这样的优势主要体现为:隐蔽性强、结构稳定、易于控制。

2. 组织成员要素

组织成员要素要求首先要核心成员稳定,其次是成员数量达到人数较多。黑社会性质组织的成员可以分为核心成员和一般成员,这里的核心成员指的是组织者、领导者和积极参与者,核心成员的稳定直接影响着组织结构的稳定。其中关于组织者、领导者、积极参加者的认定,在《最高人民法院、最高人民检察院、公安部办理黑社会性质组织犯罪案件座谈会纪要》及《最高人民法院全国部分法院审理黑社会性质组织犯罪案件工作座谈会纪要》有着较为明确的规定,总结概括如下:

(1)组织者、领导者主要指:①黑社会性质组织的发起者、创建者;②在组织中实际处于领导地位,对整个组织及其运行、活动起着决策、指挥、协调、管理作用的犯罪分子,既包括通过一定形式产生的有明确职务、称谓的组织者、领导者,也包括在黑社会性质组织中被公认的事实上的组织者、领导者。

(2)积极参加者主要指:①接受黑社会性质组织的领导和管理,多次积极参与黑社会性质组织的犯罪活动;②积极参与较严重的黑社会性质组织的犯罪活动且作用突出;③长时间在组织中起重要作用的犯罪分子,如具体主管黑社会性质组织的财务、人员管理等事项的犯罪分子;④直接听命于组织者、领导者,并多次指挥或积极参与实施有组织的犯罪活动。除上述人员之外,其他有关人员一般认定为一般成员。

组织成员人数较多这一标准在《全国人大常委会关于刑法第二百九十四条第一款的解释》和《最高人民法院关于审理黑社会性质组织犯罪的案件具体应用法律若干问题的解释》中都有要求,但是只有在《最高人民法院全国部分法院审理黑社会性质组织犯罪案件工作座谈会纪要》中具体规定为“黑社会性质组织应当具有一定规模,人数较多,组织成员一般在 10 人以上……”除此在其他相关解释及文件中均未给予明确的认定标准,但是在实践中,想要实现控制一定区域或行业,人数较少的情况下是很难做到的,具体到个案,还要根据实际情况灵活把握。

(二)经济特征

黑社会性质组织从小到大、从弱到强的发展扩大过程中,离不开经济实力的支撑。经济特征作为认定黑社会性质组织的一个十分重要的特征。曾有学者评价“黑社会性质组织尽管犯罪活动范围较广,但以追求经济利益为其基本目标因此具有一定甚至相当的经济实力,资产一般都在人民币几十万元、上百万元,甚至上千万元、亿元以上。他们有稳定的经济来源,或者通过组织提供非法货物(如毒品)、服务(如卖淫)牟取暴利或者从事掠夺性犯罪(如抢劫、敲诈、勒索、收取保护费)或者通过犯罪的非法所得向具有潜在利润的合法商业领域渗透开办餐饮、娱乐、建筑、运输、服务业及工厂、公司等企业”。之所以作出这样的评价是有一定依据的,由此也可以看出经济特征的重要意义。总结在认定黑社会性质组织的经济特征时应当包括三个方面:手段要素、规模要素、目的要素。

1. 手段要素

黑社会性质组织作为一个组织,获取经济利益是其发展壮大的内在需求,在很大程度上所实施的犯罪活动也都是围绕经济利益展开的。所谓手段要素就是指黑社会性质组织通过犯罪活动或者其他手段获取经济利益,其获利途径往往是多样化的,既包括合法途径也包括非法途径。常见的非法途径,通过司法实践案例的分析,主要包括以下几类:发放“高利贷”“套路贷”、开设赌场、组织强迫妇女卖淫、强迫交易、敲诈勒索等;而所谓的合法途径,主要是指一些黑社会性质组织以公司或企业等经济组织为依托,通过“以黑养商”或“以黑护商”的方式,利用这些经济组织的合法经营活动为黑社会性质组织提供物质基础,这在现在的黑社会性质组织犯罪中变得越来越常见。

2. 规模要素

所谓规模要素就是指黑社会性质组织要具有一定的经济实力,一定的经济实力是黑社会性质组织坐大成势、称霸一方的基础。这里的经济实力是对黑社会性质组织经济特征的数量和规模的一种描述,表明该组织所具有的支配经济资源的能力和水平。在2015年《最高人民法院全国部分法院审理黑社会性质组织犯罪案件工作座谈会纪要》中,对于经济实力有过规定“各高级人民法院可以根据本地区的实际情况,对黑社会性质组织所应具有的‘经济实力’在20万~50万元幅度内,自行划定一般掌握的最低数额标准”。但之后2018年《办理黑恶势力犯罪的指导意见》中对这一规定作了新的调整“由于不同地区的经济发展水平、不同行业的利润空间均存在很大差异,加之黑社会性质组织存在、发展的时间也各有不同,在办案时不能一般性地要求黑社会性质组织所具有的经济实力必须达到特定规模或特定数额”。之所以作出这种调整,也是因为认定是否具备经济实力的关键在于该集团或组织所获得的经济利益是否足以支持组织运行、发展以及实施相应的犯罪活动。

3. 目的要素

认定经济特征的另一个重要依据就是黑社会性质组织获取经济利益后是否将所获经济利益全部或部分用于违法犯罪活动或者维系犯罪组织的生存、发展。黑社会性质组织也正是利用其所具有的经济资源,资助该组织的犯罪活动,由此形成组织发展壮大的完整闭环,在获得利益后,对于利益如何分配、如何使用都在所不问,只要其中一部分用于豢养组织成员、维护组织稳定、壮大组织势力的作用即可认定。通过司法实践案例的分析,一般认定的支持方式主要有几个方面:为犯罪活动提供工具、经费;为组织成员发放工资、红利;为受伤的组织成员提供医疗费;为逃避司法机关处罚进行贿赂、买通等。

(三)行为特征

黑社会性质组织实施犯罪活动过程中,有着具体的犯罪行为,它对黑社会性质组织的成立具有重要意义,是该组织必不可少的法律特征。从某种意义上说,如果没有具体犯罪行为,黑社会性质组织是不可能成立的。2009 年《最高人民法院、最高人民检察院、公安部办理黑社会性质组织犯罪案件座谈会纪要》规定:暴力性、胁迫性和有组织性是黑社会性质组织行为方式的主要特征,但有时也会采取一些“其他手段”。根据司法实践经验,《刑法》第 294 条规定的“其他手段”主要包括以暴力、威胁为基础,在利用组织势力和影响对他人形成心理强制或威慑的情况下,进行所谓的“谈判”“协商”“调解”;滋扰、哄闹、聚众等其他干扰、破坏正常经济、社会生活秩序的非暴力手段。

根据这一规定,在认定黑社会性质组织时,不但需要查明其组织结构的存在,而且需要考察其所从事的具体犯罪行为。在认定黑社会性质组织之前,首先应当确定具体犯罪行为是否成立?所有涉黑的犯罪行为必须是单独构成犯罪的,并不以黑社会性质组织是否成立为前提。如果在认定这些犯罪行为的基础上,同时具备黑社会性质组织的行为特征,才能为黑社会性质组织的成立提供客观根据。因此,总结在认定黑社会性质组织的行为特征时应当包括两个方面:手段要素、程度要素。

1. 手段要素

黑社会性质组织在犯罪活动中通常采用暴力手段,因而具有比较明显的暴力性,但在特殊情况下,也会采用非暴力手段,但暴力或以暴力相威胁始终是黑社会性质组织实施犯罪活动的基本手段,并随时可能付诸实施。

实施暴力的行为人通过暴力行为,能够或者希望能够对相对人进行压制,使相对人无法反抗,或者直接惩罚相对人的反抗行动。随着对黑社会性质组织的严厉打击与专项整治活动的开展,黑社会性质组织的犯罪成本越来越高,作为黑社会性质组织表征性的暴力行为,不得不趋于隐蔽,由此出现了暴力的另一种形态,即“软暴力”。暴力“软、硬”的区分标准,在于所造成伤害的性质主要是物理伤害还是精神伤害。物理伤害主要源于物理性的、直接性的暴力,常见的做法是打砸抢,包括对人的暴力与对物的暴力,而针对物的暴力,在黑社会犯罪中十分多见。精神伤害则源于精神或心理性的、间接性的暴力,常见的做法就是滋扰、纠缠、哄闹、聚众造势等。

对此,2018 年《办理黑恶势力犯罪的指导意见》明确规定:黑社会性质组织实施的犯罪活动包括非暴力性的犯罪活动,但暴力或以暴力相威胁始终是黑社会性质组织实施犯罪活动的基本手段,并随时可能付诸实施。暴力、威胁色彩虽不明显,但实际是以组织的势力、影响和犯罪能力为依托,以暴力、威胁的现实可能性为基础,足以使他人产生恐惧、恐慌进而形成心理强制或者足以影响、限制人身自由、危及人身财产安全或者影响正常生产、工作、生活的手段,属于《刑法》第 294 条第 5 款第(3)项中的其他手段,包括但不限于所谓的谈判、协商、调解以及滋扰、纠缠、哄闹、聚众造势等手段。

在认定黑社会性质组织的过程中,“软暴力”手段与传统暴力性手段相比,具有相当性、等值性。无论黑社会性质组织采用“硬暴力”性手段,还是采用“软暴力”手段,抑或两种手段兼而有之,均对判断其是否符合黑社会性质组织的行为特征没有实质影响。这也是司法实践中对于“套路贷”犯罪,行为人及其团伙成员经常使用的“软暴力”手段,成为认定其涉黑犯罪的一项重要考量标志的原因。

2. 程度要素

黑社会性质组织实施的具体犯罪行为不但要有暴力性，而且这种暴力必须达到相当严重的程度。如果仅是轻微的暴力，不可能构成黑社会性质组织，但可能构成"套路贷"犯罪。笔者认为程度要素是区分"套路贷"犯罪和黑社会性质组织犯罪的一大关键特征。

2009年《最高人民法院、最高人民检察院、公安部办理黑社会性质组织犯罪案件座谈会纪要》指出："黑社会性质组织实施的犯罪活动主要包括以下情形：由组织者、领导者直接组织、策划、指挥、参与实施的犯罪活动；由组织成员以组织名义实施，并得到组织者、领导者认可或者默许的犯罪活动；多名组织成员为逞强争霸、插手纠纷、报复他人、替人行凶、非法敛财而共同实施，并得到组织者、领导者认可或者默许的犯罪活动；组织成员为组织争夺势力范围、排除竞争对手、确立强势地位、谋取经济利益、维护非法权威或者按照组织的纪律、惯例、共同遵守的约定而实施的犯罪活动；由黑社会性质组织实施的其他犯罪活动。"

为确立、维护、扩大组织的势力、影响、利益或者按照纪律规约、组织惯例多次实施犯罪活动，侵犯不特定多人的人身权利、民主权利、财产权利，破坏经济秩序、社会秩序，应当认定为"有组织地多次进行犯罪活动，为非作恶，欺压、残害群众"。多次实施违法犯罪活动，具体包括手段的多样性、犯罪的多次性，以及违法犯罪种类的惯常性和伴随性。手段的多样性是指"硬暴力"、威胁和"软暴力"手段；犯罪的多次性需要达到多次构成犯罪的程度。[1]

符合以下情形之一的，应当认定为是黑社会性质组织实施的犯罪活动：(1)为该组织争夺势力范围、打击竞争对手、形成强势地位、牟取经济利益、树立非法权威、扩大非法影响、寻求非法保护、增强犯罪能力等实施的；(2)按照该组织的纪律规约、组织惯例实施的；(3)组织者、领导者直接组织、策划、指挥、参与实施的；(4)由组织成员以组织名义实施，并得到组织者、领导者认可或者默许的；(5)多名组织成员为逞强争霸、插手纠纷、报复他人、替人行凶、非法敛财而共同实施，并得到组织者、领导者认可或者默许的；(6)其他应当认定为黑社会

[1] 参见黄京平：《恶势力及其软暴力犯罪探微》，载《中国刑事法杂志》2018年第3期。

性质组织实施的。

(四)危害性特征

危害性特征是黑社会性质组织的本质特征和属性。[1] 有黑社会性质组织通过犯罪活动对一定区域或行业形成非法控制或重大影响,严重破坏经济、社会生活秩序,这一特征就是危害性特征,也被称为非法控制性特征。危害性特征是黑社会性质组织其他三个特征相互影响、相互作用、共同促生的本质特征,在司法实践中,除前三个特征之外,第四个特征更加难以把握与认定。之所以这么讲,因为危害性特征属于黑社会性质组织的程度性特征,是一个犯罪组织发展到一定程度,组织结构趋于稳定,组织内部有了明确的价值追求,形成较强的能量与破坏力,逐渐具备与主流社会相对抗的能力。

单从对法益侵害的严重程度讲,故意杀人罪、抢劫罪、绑架罪等严重暴力犯罪的社会危害性未必不及黑恶势力犯罪,但黑社会性质组织不仅侵害国家、社会和他人权利,更重要在于其称霸一方,在一定区域或者行业内,形成非法控制或者重大影响,体现出与政府对社会有效管理和控制的根本性对抗。因此,有学者认为决定黑社会性质组织区别于一般犯罪集团的根本性标志是黑社会性质组织的危害性特征,笔者也认同这个观点:判断一个犯罪组织是否具备社会危害性特征,应从三个要素来考量:范围要素、程度要素、结果要素。

黑社会性质犯罪组织的四个特征不是相互孤立的,而是相辅相成、相互包含的关系,不能机械地套用四个特征,更不能仅从数量上对特征进行判断,要充分运用体系解释,全面考虑其组织发展的阶段,以及在当地产生的严重影响等。比如在组织特征中能反映出危害性特征,在行为特征中能反映出组织特征,在经济特征中能体现出组织特征,危害性特征又体现黑社会性质犯罪组织最本质的特征,等等。因此,在判断犯罪组织是否具备危害性特征时要结合犯罪组织的组织特征、经济特征、行为特征来判断该组织是否具备危害性特征。

为了更好地阐述观点,笔者搜索了以下案例,用以案说法的形式对“套路贷”犯罪中的涉黑涉恶问题展开进一步的分析和探讨。

---

[1] 参见张卫兵:《论黑社会性质组织的构成要素》,载《中国审判》2010年第12期。

典型案例 **有组织地通过犯罪活动或者其他手段获取经济利益，具有一定的经济实力，并支持该组织的活动，采取暴力、胁迫或者其他手段，有组织地实施非法高利放贷、暴力讨债等一系列犯罪活动，为非作恶，欺压、残害群众，通过实施犯罪活动，称霸一方，对当地多家企业正常生产、经营和群众的正常生活秩序造成重大影响，严重破坏当地社会、经济、生活、司法秩序，应认定为组织、领导黑社会性质组织罪**

——余某、张某甲、张某乙等组织、领导、参加黑社会性质组织案

【案号】(2019)桂04刑终14号

【案情简介】

被告人张某甲于2006年4月刑满释放后，通过追讨债务积累资金，发放高利贷，以此为基础，发展组织成员。2006年6月26日成立了××市鸿展投资有限公司，以公司为依托实施高利放贷，并形成以其本人为首的黑社会性质组织。2011年，王某某通过与张某甲合作方式成立“香城公司”加入该组织，与张某甲等人共同实施非法高利放贷。该组织通过实施犯罪活动谋取经济利益，严重破坏社会、经济、生活、司法秩序。该黑社会性质组织具有以下特征：

(1)该组织有明确的组织者、领导者，骨干成员基本固定，组织结构稳定，层级、分工明确，有组织成员认可的成文或不成文规约。

被告人张某甲曾因参加黑社会性质组织罪于2000年4月13日被判处刑罚，2006年被释放后，雇请刑满释放人员和社会闲散人员追讨1996~1998年发放高利贷的旧债(含以前犯罪遗留债务)和发放新的高利贷。2006年至2010年，张某甲先后出资成立“××市鸿展投资有限公司”(以下简称鸿展公司)和“××市鸿诚地产咨询有限公司”(以下简称鸿诚公司)，将组织成员安排在两公司，依托公司继续发放高利贷，实施犯罪活动，黑社会性质组织初步形成。2011年10月，张某甲和王某某签订协议，共同出资成立“香城公司”发放高利

贷。随着王某某及被告人江某某的加入,该组织经济实力进一步扩大,共同实施多种犯罪活动以牟取非法利益,在××市及周边形成了以张某甲为组织者、领导者,以亲属、朋友为纽带,以“鸿展公司”“鸿诚公司”“香城公司”三公司为据点,先后纠集被告人王某某、张某乙(张某甲的大儿子)、张某丙(张某甲的二儿子)、黄某(张某甲的外甥女)、江某某、张某丁(张某甲的侄子)为骨干成员,黄某(廖某之子)、龙某某、徐某某、伍某某、张某某、刘某某(黄某某的丈夫)为积极参加者,黄某某(张某甲的二儿媳)、廖某某(张某甲的妻子)、林某某(张某甲的大儿媳)、徐某某、廖某某(廖某甲的妹妹)、张某某(张某甲的大姐)、余某、林某某、彭某某等其他被告人为一般参加者的黑社会性质组织。张某甲作为该组织的组织者、领导者,对组织的骨干成员作出分工,由其本人及王某某负责筹集、提供资金,以组织成员的个人名义对外高利放贷,安排黄某负责管理、核对“鸿展公司”“鸿诚公司”的高利放贷及非法收益账目,由黄某、江某某共同负责管理、核对“香城公司”的高利放贷及非法收益账目,形成专门记录放贷、收息、发放组织成员工资、福利、提成、报销等的记录本;安排张某乙、张某丙、黄某、江某某等人主要负责汇款、制造虚假银行流水(“走账”);安排张某乙、张某丙、张某丁负责组织该组织内成员实施以暴力、威胁手段追收高利贷;安排张某乙、张某丙分别领导、指挥其他组织成员实施强迫交易、非法拘禁、敲诈勒索,或者以虚构的事实、证据进行诉讼。该组织形成了成文或不成文的守则、规定,张某甲在组织中拥有绝对权威,其他组织成员均接受其领导,服从其安排;每个组织成员要提供个人的银行卡和身份证复印件给组织,用于发放高利贷和收取利息、罚息;规定借款必须要对方多找一个人以上作为共同借款人,出借人一栏必须空出来不写,每月利息不写但要写上约定违约金;所有组织成员不能利用组织渠道获取自己个人利益,损害公司利益;规定组织成员使用“硬暴力”或“软暴力”手段要得到张某甲批准,或张某甲动手,其他组织成员才能动手,如有违反,则处以惩罚。

(2)有组织地通过犯罪活动或者其他手段获取一定的经济利益,以支持该组织的活动,扩大经济实力。

被告人张某甲组织其成员向社会上不特定对象发放高利贷并以暴力、胁迫等手段追收高额利息等方式,获取了大量的非法利益,不断扩张其组织经济实力,用以维系该组织的生存发展,支持该组织开展犯罪活动。经司法会计鉴定,以张某甲为首的组织以“鸿展公司”“鸿诚公司”“香城公司”为依托向社会公开非法高利放贷总额达人民币 41,503.525 万元(以下币种均为人民币),获取利息收入 10,275.7327 万元。为笼络组织成员更好地为张某甲本人及其组织效命,有能力实施犯罪活动,该组织依靠其经济实力,担负作案费用,购买作案工具,用于犯罪活动。该组织为控制、管理组织成员,犯罪获取的非法利益予以利益分配,维系该组织生存和发展,发放工资,组织成员工资每月 1500 ~ 3000 元以上不等;追讨高利贷利息的,获得所收利息 10% 的提成,追讨罚息的,参与成员和该组织各获得所收罚息 50% 的非法收益,以激励组织成员积极参与实施违法活动;对为组织实施犯罪过程中受伤的组织成员提供治疗费用,如黄某在参与寻衅滋事案被打伤,经张某甲和王某某默许,黄某记账,在“香城公司”账目内进行了报销;对组织成员不定时发放物品等以拉拢组织成员。为更有效地实施犯罪行为,该组织将强占被害人的汽车供组织成员使用,购买油漆等工具对被害人的门口、村口附近喷写逼债标语,而且用于追债过程中其他的花销及跟踪被害人的住宿、餐费、油费均给予报销,且参与讨债人员每人每天获得 100 ~ 500 元补助。

2013 年 11 月,以张某甲为首的犯罪组织从被害人黄某某手中强迫取得梧州市大自然农业有限公司后(以下简称大自然公司)投入了大量组织违法所得进行扩充,其中从黄某尾数为 1766 的涉黑账户内投资到大自然公司账户达 660 多万元,且利用大自然公司的账户收取高利放贷利息。为扩大该组织经济利益,强行建设大自然公司停车场、聚众斗殴、欺压村民。大自然公司已成为该组织的活动、经济据点,获取经济利益,以支持该组织活动。

(3)该组织以暴力、威胁或者其他手段,有组织地多次进行犯罪活动,为非作恶,欺压、迫害群众。

至 2016 年 12 月,以被告人张某甲为首的犯罪组织在其本人的组织、策划、指挥下,组织骨干成员张某乙、张某丙、张某丁及积极参加者黄某、龙某某、徐某某、伍某某、徐某某等人针对未能及时归还或者还不起高利贷的欠债者,或者与其发生冲突、进行对抗的群众，有组织地实施了虚假诉讼、非法拘禁、敲诈勒索、诈骗、寻衅滋事、强迫交易、聚众斗殴等一系列犯罪行为。

(4)该组织通过实施犯罪活动，树立组织强势，在梧州市区及周边形成重大影响，严重破坏社会、经济、生活、司法秩序。

以被告人张某甲为首的犯罪组织实施上述一系列犯罪行为，造成多名被害人心理畏惧，不敢反抗，不敢报案，导致被害人妻离子散、家破人亡、有家不能归，如使用跟踪、滋扰、暴力等手段追讨债务，多名被害人无法承受，致被害人黄某某与其妻子离婚；致被害人黄某某、吴某某、吕某某、乐某某、黎某某及家属搬离住所，或远走他乡，或被迫回乡下生活；致被害人范某不堪债务压力而自杀身亡。干扰、破坏多家公司、企业、机关单位的正常生产、经营、工作秩序，致使其不能正常生产、经营。同时，张某甲还利用该组织的势力和影响，对他人形成心理强制或威慑，为非作恶，欺压群众，对××市周边地区的社会生活秩序和经济秩序造成严重危害，如××市××镇××村的村民受到聚众斗殴的影响，内心既气愤又害怕。制造大量虚假诉讼导致司法资源严重浪费，严重破坏了当地司法秩序，影响恶劣。

该组织成员有组织地实施了已指控的诈骗17宗49起、寻衅滋事4起、非法拘禁4起、敲诈勒索7起、强迫交易2起、聚众斗殴1起。此外，该组织成员还实施了6起违法行为。

被告人张某甲组织、领导人数较多的稳定的黑社会性质组织，有组织地通过犯罪活动或者其他手段获取经济利益，具有一定的经济实力，并支持该组织的活动，采取暴力、胁迫或者其他手段，有组织地实施非法高利放贷、暴力讨债等一系列犯罪活动，为非作恶，欺压、残害群众，通过实施犯罪活动，称霸一方，对梧州市及其周边多家企业正常生产、经营和群众的正常生活秩序造成重大影响，严重破坏当地社会、经济、生活、司法秩序。张某甲作为黑社会性质组织的组织者、领导者和该犯罪集团的首要分子，应当按照其所组织、领导的黑社会性质组织所犯全部罪行承担法律责任。张某甲以非法占有为目的，组织、领导、安排组织成员骗取他人财物，数额特别巨大；多次纠集他人以随意拦截、辱骂、恐吓他人的方式实施寻衅滋事，严重破坏社会秩序；为索取债务非法剥夺他人人身自由;以非法占有为目的,强行索取他人财物,数额特别巨大;以暴力、威胁手段强迫他人转让房产及公司股份,情节特别严重;组织、策划、纠集多人聚众斗殴,严重破坏社会秩序;违法案件6起。其行为已触犯刑律,分别构成组织、领导黑社会性质组织罪、诈骗罪、寻衅滋事罪、非法拘禁罪、敲诈勒索罪、强迫交易罪、聚众斗殴罪。张某甲一人犯数罪,依法应适用数罪并罚。

【裁判观点及结论】

法院判决,被告人张某甲犯组织、领导黑社会性质组织罪,判处有期徒刑15年,剥夺政治权利5年,并处没收个人全部财产;犯诈骗罪,判处有期徒刑15年,剥夺政治权利5年,并处罚金人民币3000万元;犯寻衅滋事罪,判处有期徒刑7年6个月,并处罚金人民币400万元;犯非法拘禁罪,判处有期徒刑3年;犯敲诈勒索罪,判处有期徒刑15年,剥夺政治权利4年,并处罚金人民币5000万元;犯强迫交易罪,判处有期徒刑7年,并处罚金人民币100万元;犯聚众斗殴罪,判处有期徒刑9年5个月。决定执行有期徒刑25年,剥夺政治权利5年,并处没收个人全部财产。

【律师点评】

本案是比较有代表性的黑社会性质组织犯罪,黑社会性质组织的认定,需要对四个特征进行综合评判和整体的衡量。一是坚持依法认定原则。根据法律和事实,犯罪组织在四个特征的任何一个特征上明显不符合法定标准和要求时,不能人为拔高认定为黑社会性质组织犯罪。同时,对于四个特征都符合法定标准,仅在某个特征的某一细节上存在一定欠缺的,如黑社会组织形成的标志不明显等,不能纠缠于细枝末节,降格为一般集团犯罪。二是坚持实质判断原则。危害性特征是黑社会性质组织的本质特征,要以“危害性特征”为实质判断的核心,对“危害性特征”非常典型,其他特征不是十分典型的犯罪组织,如人数较少,存续时间较短,层级不是十分鲜明,获取的经济利益数额不大等,也可以认定为黑社会性质组织。三是坚持标准相对稳定原则。除法律政策作出调整外,对黑社会性质组织四个特征的认定标准,应保持相对稳定,不能因人为因素时宽时严。即使因政策调整认定标准发生变化的,也要在可以掌握的变化幅度内,尽量选择与以往标准接近的变化标准,将变化幅度控制在最小范围内。

保持黑社会性质组织认定标准的稳定，有利于被告人对司法裁判的接受，有利于对社会公众的教育引导，也有利于树立司法的公信与权威。本案中，一审、二审法院对黑社会性质四个特征的认定标准，既契合两高两部《办理黑恶势力犯罪的指导意见》精神，也符合《全国部分法院审理黑社会性质组织犯罪案件工作座谈会纪要》的要求，保持了对于黑社会性质组织认定标准的相对稳定性。

二、“套路贷”涉刑案件涉黑认定标准

讨论“套路贷”涉刑案件是否涉黑的认定，首先要对“套路贷”犯罪模式进行分析，具体“套路”模式可以简要概括为：组建借贷公司或网贷平台—借贷人前来借贷—签订空白合同或虚高借条—走银行流水—故意放少量款—肆意认定违约—要求提供担保或强行平账（上述流程再走一遍）—软硬兼施进行讨债—获得非法所得。

前文中已经就黑社会性质组织的本质与认定作了具体阐述，对于“套路贷”涉刑案件犯罪组织是否属于黑社会性质组织，关键在于其是否符合“四个特征”，此外，“套路贷”犯罪作为一种特殊的新型的有组织犯罪，同时也具备一些其他传统犯罪组织没有的新要素、新特征，在认定黑社会性质组织时应当重新检视。

（一）组织特征

黑社会性质组织要求组织特征具备两个要素，即组织结构要素与组织成员要素。组织结构要素要求首先要形成较稳定的犯罪组织，其次要有严格的组织纪律；组织成员要素要求首先要核心成员稳定，其次是成员数量达到人数较多。

通过搜索近年来关于“套路贷”涉刑案件的相关司法判例，“套路贷”犯罪团伙化明显，内部分工明确，具有一定的组织性，但是否符合黑社会性质组织的组织特征要求，还需具体问题具体分析。“套路贷”犯罪组织往往是以设立借贷公司为根基，具有自己较为稳定的组织结构，日常经营活动场所固定，人数较多且分工明确，办事流程较为固定清晰，并且所属成员基本都要听从公司实际控制人的安排，因此组织特征基本符合黑社会性质组织的要求。

这里值得注意的是，组织结构要素中较稳定的犯罪组织要求黑社会性质组织一般存续时间相对较长，这是因为一般组织在短时间内难以形成强有力的影响力及控制力。但是“套路贷”犯罪组织的形成时间普遍较短，即组织构建快速，从成立公司、网罗人员到组织形成往往只需几个月的时间，之所以在短时间内可以达到这种效果是因为公司、企业的组织结构在一定程度上符合黑社会性质组织的内部构造，因而成立公司、企业是黑社会性质组织吸纳并管理组织成员的最佳方式之一。

其中认定是否符合黑社会性质组织的关键是看其公司成立后组织内部关系与构成，具体就是犯罪组织虽然成立时间短，但是是否依然可以建立起分工明确、体系紧密的内部组织结构。如果组织领导者是公司、企业的总负责人、骨干成员担任下设部门或分公司的负责人，组织成员是公司基层工作成员，并且该组织体系可以随着组织发展程度继续细化，那么就可以认定其具备黑社会性质组织的组织特征。反之公司虽然短时间内成立，但是只有个别少数人听命于组织领导者，其他人员只负责相应工作得到相应回报，不具有领导关系，又无法认定为骨干成员，成员间关系并不紧密，多为临时纠集而共同犯罪，则不宜认定其具备黑社会性质组织的组织特征。综上，公司化是“套路贷”涉黑犯罪中具有普遍性、持续性的特征，因此在认定时要重点对于其组织内部关系与构成进行分析。

（二）经济特征

黑社会性质组织要求经济特征具备三个要素，即手段要素、规模要素、目的要素。手段要素是指黑社会性质组织通过犯罪活动或者其他手段获取经济利益，其获利途径往往是多样化的，既包括合法途径也包括非法途径。规模要素是指黑社会性质组织要具有一定的经济实力，一定的经济实力是黑社会性质组织坐大成势、称霸一方的基础。目的要素是指黑社会性质组织获取经济利益后是否将所获经济利益全部或部分用于违法犯罪活动或者维系犯罪组织的生存、发展。

“套路贷”犯罪组织公司化以后，以公司为依托的套路贷犯罪行为与正常的公司管理行为，两者高度重合、难以区分，致使“套路贷”犯罪组织是否符合黑社会性质组织经济特征的认定模糊化、简单化。在实践中,“套路贷”犯罪组织通常是以签订虚高金额的借贷合同来牟求非法利益,一般手段要素与规模要素都符合黑社会性质组织的经济特征,此外公司其他合法财产不应归于非法财产中,但是若将合法财产用于支持其犯罪活动,则可以认定为其符合目的要素的特征。

(三)行为特征

黑社会性质组织要求行为特征具备两个要素,即手段要素与程度要素。手段要素是指黑社会性质组织在犯罪活动中通常采用暴力手段,因而具有比较明显的暴力性,但在特殊情况下,也可以采用非暴力手段,但暴力或以暴力相威胁始终是黑社会性质组织实施犯罪活动的基本手段,并随时可能付诸实施。程度要素是指黑社会性质组织实施的具体犯罪行为不但要有暴力性,而且这种暴力必须达到相当严重的程度。

在“套路贷”犯罪中常常需要多种行为集合在一起,相互配合、相互协调,并非单一行为能独立完成。随着时代的变迁,“套路贷”犯罪组织在实施犯罪行为中除去有形的外部“硬暴力”,如寻衅滋事、敲诈勒索、非法拘禁、非法入侵住宅等常规手段外,更为常见的手段是前文介绍过的一种新型暴力,即“软暴力”,对“软暴力”的概念,前文中已经具体说明,在此不再赘述。“套路贷”涉刑案件凡是涉及黑恶势力的,几乎都存在以“硬暴力”或“软暴力”的方式进行非法占取借贷方的财物。“套路贷”涉刑案件使用暴力的特殊性在于其犯罪手段的暴力程度往往会比较低,甚至仅实施“软暴力”手段就可以实现非法控制。例如,以泼油漆、打骚扰电话滋扰家属、尾随被害人等方式逼迫被害人还贷,并累加收取高额劳务费、违约费以牟利均是典型的“软暴力”行为。

(四)危害性特征

黑社会性质组织要求危害性特征具备三个要素,即范围要素、程度要素、结果要素。范围要素是指黑社会性质组织其影响范围限定在“一定区域”或者“一定行业”内,实践中通常称为“区域控制”或者“行业控制”。程度要素是指其要达到“严重破坏经济、社会生活秩序”的程度。结果要素是指在黑社会性质组织发展过程中所追求的危害后果达到某种非法控制程度或者产生重大影响,从而对一定区域或者行业的正常秩序造成冲击乃至重构。

“套路贷”犯罪由于其特殊性,一般不会局限于一定区域内,同时也并不排斥其他同业竞争者,不追求在行业内形成垄断地位。之所以这么讲,主要是因为“套路贷”犯罪这一行为本质是以借贷人为中心,借贷人的地域性决定了“套路贷”犯罪的地域性,同时只要控制了借贷人便可以直接获取非法利益,不需要垄断整个行业或者直接破坏经济秩序、社会秩序。因此,基于“套路贷”涉黑犯罪特征形态的特殊性,非法控制特征的认定也具有不同之处,具体应当理解为通过实施犯罪活动,对借贷人实施人身强制或心理强制,破坏被害人及其亲友的社会生活秩序,达到牟取非法利益的目的。

黑社会性质组织犯罪作为严重妨害社会公共秩序的犯罪,在具体认定“套路贷”犯罪组织是否符合黑社会性质组织的危害性特征时应严格区分对被害人非法控制的程度,首先要看被害人人数是否为多名,若没有多名被害人则不足以认定该犯罪组织影响一定的社会生活秩序;其次看是否对上述被害人进行身体强制或心理强制,从而达到严重影响被害人或其亲友正常生活秩序的程度,比如通过非法拘禁、非法入侵住宅、电话滋扰、尾随、泼油漆等手段致使被害人不敢反抗从而非法获利的情形。其中,是否对被害人形成非法控制状态应当以被害人及其亲属的认识为主要判断标准。

综上,由于决定黑社会性质组织区别于一般犯罪集团的根本性标志是黑社会性质组织的危害性特征,如果该犯罪组织并没有达到上述所描述的认定标准,即使在组织特征、经济特征、行为特征均符合黑社会性质组织的特征,也不能将其认定为黑社会性质组织。但如果该犯罪组织对被害人已经进行非法控制,却在组织特征、行为特征、经济特征等方面并不完全满足“四个特征”的内容时,应当充分考虑组织结构、行为方式、经济特征的表现是否合理。如果为了实现非法控制,其组织结构、行为方式等存在部分变化且该变化不足以根本性地改变《刑法》对黑社会性质组织的界定时,就可以认定为黑社会性质组织。

总之,在认定“套路贷”案件犯罪组织是否属于黑社会性质组织时,绝对不能机械对照、生搬硬套“四个特征”，而是要把握黑社会性质组织的核心与实质，四者综合考虑，审慎认定。

三、“套路贷”涉黑案例分析

典型案例 **“套路贷”涉黑组织借助民事诉讼、“软暴力”等非传统强制性手段实施的新型黑恶势力犯罪**

——谭某、敖某某等组织、领导、参加黑社会性质组织罪、非法拘禁罪

【案号】(2018)粤01刑终42号

【案情简介】

1.组织、领导、参加黑社会性质组织的事实

2007年至2015年，谭某、敖某某依托广东××投资担保有限公司(以下简称九鼎公司)，以个人或九鼎公司名义对外发放高利贷，先后纠集××直、朱某某、吴某某、褚某某、隗某某、孙某某、贺某某、杨某某以及刘某某、骆某、汪某某、成某某、赵某某、李某、王某某、周某、龚某某、焦某某等人，对无法归还高利贷的被害人，采取非法拘禁、敲诈勒索、寻衅滋事、威胁、恐吓、殴打等手段追讨债务，或者逼迫被害人将高利贷利息包含在借款金额内重新写成借据，借机侵吞被害人的房产、公司或者其他财产，逐步形成了以谭某、敖某某为组织、领导者，××直、朱某某、吴某某、褚某某为骨干成员，隗某某、孙某某、贺某某为积极参加者，骆某、汪某某、成某某、赵某某、李某、王某某、周某、龚某某、焦某某等人为一般参加者的黑社会性质组织。

作为该黑社会性质组织的组织者、领导者，谭某、敖某某对内统一管理、明确等级、严格分工，对外承揽追债事务，从中收取30%～35%的高额回报，并将部分犯罪所得作为对组织成员的报酬。谭某、敖某某还通过成立多个公司，扩大经营范围，在广州、鹤山、湛江、阳江等地多次进行犯罪活动，为黑社会性质组织的生存和发展聚敛巨额财产，严重破坏了当地的社会生活秩序，影响恶劣。

2. 黑社会性质组织实施的具体犯罪事实

(1)对被害人刘某1、刘某2、余某1寻衅滋事、非法拘禁的事实

2008年9月,被害人刘某1为购买商铺物业向某鼎公司借款人民币250万元,月息4.5%,期限2个月,九鼎公司扣除第1个月利息后仅支付给被害人刘某1人民币239万元。后因九鼎公司故意扣留被害人刘某1的房产证,致使被害人刘某1无法向银行贷款而未能按期归还欠款。

2008年11月,谭某、敖某某以追讨欠款为名,先后组织、领导、指挥褚某某、吴某某、隗某某、孙某某、××直以及骆某、周某、李某、赵某某、王某某、汪某某等人多次到被害人刘某1的住处本市海珠区同福东路××号福兴大厦××房,对被害人刘某1及其家属进行拦截、恐吓、跟踪、阻止外出,并砸门、喷红漆、破坏监控设备,严重影响被害人刘某1及其家属的正常生活;到被害人刘某1经营的本市海珠区同福中路×巷×号及南华中路×号首层商铺进行打砸闹事、喷红漆,驱赶前来消费的客人,强拿硬要、任意损毁、占用财物,严重影响该休闲中心和商铺的正常经营。

2009年3月24日18时许,被害人刘某1在途经本市海珠区双桂坊12号时,遭褚某某拦截,谭某、敖某某、吴某某等人随后赶到,双方到海幢派出所处理纠纷。次日,被害人刘某1走出海幢派出所时,被谭某、敖某某等人带到本市海珠区广东京粤水产大厦进行威胁、恐吓,强迫签订空白合同。

2009年5月18日,被害人刘某1为躲避谭某等人的骚扰,和其姐姐刘某2、其儿子余某1逃至本市番禺区钟村镇锦绣香江小区。同日22时许,谭某、敖某某获悉后,组织、领导、指挥吴某某、隗某某、孙某某以及赵某某、骆某、王某某、李某等人,驾车到本市番禺区钟村镇锦绣生态园门口的工商银行附近,将途经此处的被害人刘某2、余某1强行掳上车,先后带至本市天河体育中心、番禺区祈福新村康怡雅园八街×号九鼎公司宿舍、广州大道中东方国际饭店进行控制。其间,谭某、敖某某、吴某某等人殴打被害人余某1的头部,对两名被害人进行威胁、恐吓,逼迫签订空白合同。次日15时许,又将两名被害人带至天河南派出所,利用逼迫被害人签订的合同制造经济纠纷的假象,并在派出所门口继续监视被害人。同月20日凌晨3时许,钟某3派出所民警将被害人刘某2、

余某1带离天河南派出所，并抓获在天河南派出所门口负责监视的孙某某以及骆某、李某。

谭某以被害人刘某1欠债为由向广东省鹤山市人民法院提起民事诉讼。2010年1月19日上午，谭某组织、指挥吴某某、焦某某及律师到法院代表九鼎公司出庭，同时组织、领导、指挥××直以及周某、骆某、汪某某等人将开完庭走出法院门口的被害人刘某1强行掳上车带至郊外无人处进行威胁、恐吓、殴打（经鉴定，被害人刘某1右颞部软组织瘀血肿胀、右上臂中段皮下出血、右手背皮下出血，损伤未达轻伤），逼迫被害人刘某1签订空白合同，后将被害人刘某1带至鹤山市杰洲派出所，谭某安排吴某某、焦某某等人赶到杰洲派出所配合，被害人刘某1后被民警带离。

（2）非法拘禁被害人封某的事实

2008年9月初，广东湛大集团有限公司（以下简称湛大集团）董事长封某军向九鼎公司借款人民币1000多万元，合同还款期届满后，湛大集团因资金链断裂而无力偿还。同年11月底，敖某某受谭某指派，纠集褚某某、骆某等人将封某军的弟弟封某从佛山市高明区强行掳至广州市天河区天河城周边路段进行拘禁。其间，谭某、敖某某指挥褚某某、骆某等人轮流对被害人封某进行看押，限制其人身自由，并不断以暴力威胁其还款。时至2009年3月，被害人封某才借机逃脱。

（3）非法拘禁、敲诈勒索被害人贾某1的事实

被害人贾某1系湛大集团董事长封某军向九鼎公司借款人民币1000多万元的担保人。2013年3月10日9时许，因封某军无力还款，谭某、敖某某指使××直、朱某某、贺某某、孙某某以及刘某某等人在广州白云国际机场将贾某1强行掳走，后指使××直、朱某某、孙某某以及刘某某等人将贾某1带至白云区一处偏僻荒山进行殴打，胁迫贾某1替封某军还钱未果，便强迫贾某1在一批空白借条上签名、捺指印，再将贾某1带至三元里派出所，并在派出所外安排人员严密监视。同日22时30分，××直等人将贾某1转移至某水疗馆、九鼎公司办公室等地继续看押。时至3月12日晚，××直、贺某某、孙云涛以及刘某某等人在某水疗馆内胁迫贾某1支付人民币10万元方能离开，贾某1在支付现金

人民币6万元后被释放。数日后，贾某1又向××直的账号汇入人民币4万元。

(4)非法拘禁、敲诈勒索被害人吴某华的事实

2012年6月，被害人吴某华因资金周转困难，以2%的月息向谭某借款人民币100万元，还款期限为6个月，并约定由吴某华提供其一辆雷某2小轿车作为担保。同年9月7日，谭某、敖某某在上述债权未到期的情况下，指挥××直、朱某某、贺某某、孙某某等人至吴某华的办公地点追债，至同日19时许，双方仍未能谈妥，××直、贺某某等人将吴某华强行带至三元里派出所，以经济纠纷为由，夸大、虚假陈述事实，欺骗派出所干警，并在派出所外安排人员进行严密监视。其间，谭某、敖某某在派出所内不断以威胁、恐吓等手段逼迫吴某华还钱。次日凌晨1时许，谭某等人在吴某华还款人民币5万元并重新签下人民币95万元的欠款借条后才让吴某华离开。

2012年12月19日20时许，谭某、敖某某得知吴某华行踪后，指挥××直、朱某某、孙某某、贺某某、刘某某以及同案人逯某占(另案处理)等人在本市白云区三元里大道附近的高速公路匝道口，采取制造交通事故的方式逼停吴某华的车后，再次以经济纠纷调解为由将吴某华及其家属带至三元里派出所，吴某华及其家属数次想离开均被××直等人逼回派出所。至同月21日下午，××直、朱某某等人又将吴某华带至广州火车东站附近的“九号行馆”水疗馆继续进行看押，时至同月24日。其间，××直等人强行要求吴某华支付在“九号行馆”消费的人民币14,000元。

2012年12月25日，刘某某及张某1、王某军等人均由谭某安排向吴某华追债。同日19时许，吴某华因长时间被控制而身体不适被送往本市天河区第十二人民医院治疗，期间张某1认为吴某华诈病而殴打吴某华，刘某某不满张某1等人参与该宗追债而使其提成减少，在医院追打张某1、王某军，致两人受伤。

(5)强迫交易、帮助伪造证据的事实

2012年7月、8月，鹤山市长业混凝土有限公司(以下简称长业公司)当时的法定代表人朱某2向某鼎公司借款人民币200万元，月息5%。2014年3月，李某1通过与长业公司法定代表人、股东朱某3(朱某2的儿子)签订承包合同掌控管理长业公司后，拒绝再向谭某支付利息。2014年7月朱某3自杀，而朱

某2因涉嫌贷款诈骗被抓，上诉人谭某得知以上情况后，于2014年8月2日上午，联合长业公司另一股东温某，指使朱某某、杨某某及一批社会人员到长业公司位于鹤山的厂址，通过暴力、胁迫手段强迫长业公司管理人员交出公司印章及重要文件，并将李某1在长业公司的工作人员赶走。

同年8月，谭某以与温某合作经营长业公司为由，安排杨某某担任长业公司总经理。2014年8月9日，谭某指使九鼎公司人员采取暴力、胁迫等手段让被害人温某签下同意合作经营的“会议纪要”，并指使朱某某利用虚假材料进行工商登记注册“鹤山市九鼎长业混凝土有限公司”，用于日后取代长业公司。2014年8月28日，谭某纠集××直、朱某某、杨某某、孙某某以及其他九鼎公司人员至长业公司厂址，对被害人温某及其家属采取暴力、胁迫等手段，迫使被害人温某交出公章。

谭某为进一步掌控长业公司，伪造多份虚假合同及其他书面材料，利用上诉人杨某某管理长业公司公章的便利，为长业公司委托律师并以九鼎公司名义将长业公司诉至广东省阳江市江城区人民法院，朱某某作为九鼎公司法定代表人串通长业公司律师在庭上出示、确认上述虚假证据，导致该法院在被害人温某等人不知情的情况下，作出九鼎公司拥有长业公司场地、设备的长期租赁使用权的判决。谭某遂将该判决结果作为其拥有长业公司的经营权和资产的依据。

(6)对被害人陈某1非法拘禁、敲诈勒索的事实

2012年，深圳深德泰资产管理有限公司老板陈某1为购买林地向广州铭誉物业管理有限公司借款，到期后未能归还欠款。2013年7月，广州铭誉物业管理有限公司委托谭某、敖某某所在的广州银鼎财务咨询有限公司向陈某1追讨该笔欠款。

2014年1月28日15时许，谭某、敖某某组织、领导、指挥××直、贺某某、成某某、同案人逯某占(另案处理)等人，驾车去到深圳市福田区园博园酒店，在上岛咖啡店门口将被害人陈某1强行掳上车，暴力控制被害人，将其从深圳市带到广州市某偏僻处，威胁、恐吓被害人还款。同日22时许，谭某等人得知被害人陈某1的家属报警后，安排××直等人将被害人陈某1带至本市天河区黄

村派出所,并安排人在派出所门口监视。至同月 30 日 19 时许,双方在派出所内签下还款人民币 300 万元的协议后离开派出所。随后,谭某、敖某某、××直、贺某某等人将被害人陈某 1 先后带至本市某酒店、本市天河区水汇桑拿健身中心进行拘禁,强迫被害人陈某 1 刷卡支付拘禁期间的费用共计人民币 25,752 元,至同月 31 日 11 时许收取被害人陈某 1 的汇款人民币 200 万元后才让其离开。

(7)敲诈勒索被害人乐某 1 的事实

2014 年 7 月 21 日,被害人乐某 1 因经营困难,以 9% 的月息,借期 3 个月的条件向某鼎公司借款人民币 30 万元。同年 10 月,被害人乐某 1 无力还款,谭某同意乐某 1 延长还款期,只需按时支付利息。2014 年 12 月 23 日至 2015 年 1 月 5 日,谭某、敖某某得知被害人乐某 1 的经营状况不佳,遂指挥××直、贺某某、龚某某、成某某以及同案人逯某占(另案处理)等人强行驻守在被害人乐某 1 所经营的品美餐饮有限公司内,肆意在店内免费吃喝,胁迫乐某 1 同意其每天收取该店的营业款 1.4 万元(合计人民币 19.6 万元,其中 14 万元作为归还九鼎公司的借款,其余 5.6 万元作为××直等人的"保护费")。2015 年 1 月 6 日至 17 日,在被害人乐某 1 已经还清欠款的情况下,谭某、敖某某指挥××直、贺某某、孙某某、龚某某以及同案人万某 1(另案处理)等人仍强行驻守在被害人乐某 1 所经营的品美餐饮有限公司内,继续免费吃喝,每天索要 3000 元的"保护费"(合计人民币 3.6 万元),被害人乐某 1 被迫答应。2015 年 1 月 18 日,民警到场处理,××直等人逃离现场。

2015 年 1 月 2 日 20 时许,××直、贺某某和龚某某根据谭某的安排,在本市海珠区翠宝路乐某 4 酒家内,为显示九鼎公司实力,阻挠被害人周某 1、周某 2 向乐某 1 追讨货款,对被害人周某 1、周某 2 二人进行殴打(经鉴定,周某 1 的损伤属轻微伤,周某 2 的损伤未达轻微伤),后××直、贺某某被闻信赶到现场的公安人员带回派出所调查。敖某某为此事赔偿人民币 2 万元给两名被害人,后指使××直等人向乐某 1 强行索取人民币 2 万元。

【裁判观点及结论】

1. 关于黑社会性质组织罪

本案中,谭某、敖某某以九鼎公司为依托,对外发放高利贷,收取高额利息,在九鼎公司内部成立保全部(维权部)、风控部等部门,雇用××直、吴某某、褚某某、隗某某、朱某某等人专门负责追债、暴力讨债,统一管理,层级、分工明确,形成较稳定的犯罪组织。该组织持续时间较长,人数较多,谭某、敖某某是该组织的发起者、创建者,对整个组织的发展、运行、活动进行决策、指挥、管理,是该组织的组织者、领导者;××直、吴某某、褚某某直接听命于谭某、敖某某,分别有自己的手下,并多次指挥或者积极参与实施有组织的犯罪活动、作用突出,朱某某曾长时间担任公司法人代表,直接听命于谭某、敖某某,并多次参与有组织的犯罪活动,在犯罪组织中起重要作用,均是该组织的骨干成员;孙某某、刘某某、贺某某多次积极参与该组织的犯罪活动且作用突出,隗某某直接听命于谭某、敖某某,仅指挥或者积极参与该组织刚形成时的犯罪活动,均是该组织的积极参加者;骆某、杨某某、汪某某、成某某、赵某某、周某、李某、王某某、龚某某、焦某某等人知道或者应当知道该组织是以实施犯罪为基本活动内容,仍加入其中并接受其领导和管理,是该组织的一般参加者。

该组织一方面通过“内单”向债务人收取高额利息,另一方面通过“外单”替其他债权人收数,收取巨额提成;在追债过程中,该组织成员还通过强拿硬要、逼迫债务人抵押财物等方式为组织牟利。该组织将获取的部分经济利益用于豢养组织成员,维系组织的生存、发展,还成立了多个公司、分公司,扩大经营范围,将牟取的钱财投入多行业以商养黑,壮大组织势力。

该组织通过有组织地多次实施非法拘禁、敲诈勒索、寻衅滋事等犯罪活动,欺压、残害群众,扩大组织影响,或者以债务纠纷为由强迫被害人到派出所进行协商、调解,对被害人形成强大的心理强制,逼迫债务人偿还高利贷。

该组织长期以非法手段追收高利贷,在广州一带的借贷追收行业具有较高知名度,并在广州、鹤山、湛江、阳江等地多次进行犯罪活动,致使合法权利遭受犯罪活动侵害的多名被害人不敢通过正当途径举报、控告,干扰、破坏与债务人有关的公司的正常生产、经营秩序,造成严重社会影响,严重破坏经济、社会生活秩序。

综上,以谭某、敖某某为首的组织已具备黑社会性质组织的组织特征、经济特征、行为特征及危害性特征,依法应当认定为黑社会性质组织。相关意见理由不成立,不予采纳。

2. 关于对被害人刘某1、刘某2、余某1寻衅滋事、非法拘禁的事实

关于在被害人刘某1住处、二商铺处寻衅滋事的事实,经查,被害人陈述、证人证言、上诉人和原审被告人的供述等证据证实,谭某为向被害人刘某1追讨高利贷,甚至不顾被害人刘某1等人的报警,有组织地多次派人对被害人及其家属住处等地进行拦截、恐吓、跟踪、阻止人员外出,到被害人的二商铺处打砸闹事、喷红漆,驱赶前来消费的客人,强拿硬要、任意损毁、占用财物,其行为与寻衅滋事罪的构成要件相符,应追究谭某、敖某某及其他相关参与人员的刑事责任。

关于非法拘禁被害人刘某2、余某1的事实,经查,有被害人刘某2、余某1的陈述以及隗某某、孙某某、赵某某、骆某、李某的供述等证据证实,足以认定。孙某某、骆某、李某曾因本单事实被刑事拘留,后因证据不足被取保候审,如前所述,现有新的证据足以认定其参与本单的犯罪事实,因此,原判追究其本单犯罪事实的刑事责任,同时扣除其曾因本单犯罪被羁押的时间,不存在重复评价的问题。

关于非法拘禁被害人刘某1的事实,经查,被害人刘某1的陈述、××直、汪某某的供述以及伤情鉴定意见等证据证实谭某、吴某某、××直等人参与本单事实的行为;但仅被害人一人指认敖某某,证据不足,不宜认定敖某某有具体参与本单事实的行为,尽管如此,本单属黑社会性质组织的犯罪行为,敖某某作为组织者、领导者,应对此承担相应的刑事责任。因此,相关上诉意见理由不成立,不予采纳。

3. 关于非法拘禁被害人封某的事实

经查,被害人封某的陈述、褚某某和骆某的供述等证据证实,谭某、敖某某指使褚某某、骆某等人将封某从高明强行带到广州,限定其活动区域,非法剥夺其人身自由长达数月,足以认定。至于追诉期限的问题,经查,被害人在案发期间内已向公安机关提出了控告,当时公安机关未作为刑事案件立案处理,根据本案的具体犯罪事实,公安机关应当立案而不予立案的,不受追诉期限的限制。因此,相关上诉意见理由不成立,不予采纳。

4. 关于非法拘禁、敲诈勒索被害人贾某1的事实

关于非法拘禁的事实，经查，现有证据证实××直、朱某某有参与非法拘禁被害人贾某1的行为，其间殴打被害人；敖某某作为组织者、领导者，还有具体参与本单事实的行为，足以认定；但现仅××直供认贺某某有参与到荒山上殴打被害人的行为，而现场参与的其他人员朱某某、孙某某、刘某某均未供认，不予认定。

关于敲诈勒索的事实，经查，现有被害人贾某1的陈述、上诉人××直、孙某某的供述证实，且贾某1辨认出孙某某就是与他谈判的“胖子”，××直就是提出要他交钱才放人的人，足以认定。

因此，相关上诉意见理由不成立，不予采纳。另，虽然贺某某及其辩护人未就本单事实提出上诉，但现有证据不宜认定其有殴打被害人的行为。

5. 关于非法拘禁、敲诈勒索被害人吴某华的事实

经查，现有证据证实被害人吴某华被非法控制在水疗馆内，变相剥夺人身自由24小时以上，而且还被迫支付××直、朱某某等人在此期间所产生的费用，谭某、敖某某是组织者、领导者，朱某某是具体参与者，均应对此承担相应的刑事责任。相关上诉意见理由不成立，不予采纳。

6. 关于强迫交易、帮助伪造证据的事实

经查，现有证据证实，谭某采用暴力、胁迫等手段强迫被害人温某违背自身意愿，签订所谓的“会议纪要”、交出长业公司公章，以达到侵吞该公司资产的目的，其行为与强迫交易罪的构成要件相符；其间，××直、朱某某、杨某某、孙某某受谭某指使，参与了部分强迫交易的行为，均应承担相应的刑事责任。谭某还伪造证据，以九鼎公司名义向长业公司提起虚假诉讼，妨害司法秩序，严重侵害了长业公司的合法权益，因该行为发生在2014年，应按行为时的法律，以帮助伪造证据罪追究谭某的刑事责任；其间，杨某某作为谭某安插在长业公司的管理人员，为谭某伪造证据提供便利，应以共犯论处。相关上诉意见理由不成立，不予采纳。

7. 关于对被害人陈某1非法拘禁、敲诈勒索的事实

经查，证人徐某1指认谭某夫妇有去深圳将被害人掳上车的行为，证人徐

某1、谭某均指认本单追债系敖某某具体负责,成某某指认本单追债系谭某带队去深圳的,足以认定谭某、敖某某组织、领导、指挥本单非法拘禁被害人的行为。被害人陈某1的陈述、××直的供述结合银行刷卡记录等证据证实,非法拘禁期间,被害人被迫支付其被看押期间所产生的费用,本单犯罪事实属于有组织的共同犯罪,谭某、敖某某作为组织者、领导者应对此承担全部责任。相关上诉意见理由不成立,不予采纳。

法院判决:谭某犯组织、领导黑社会性质组织罪,判处有期徒刑7年6个月,并处没收财产人民币2000万元;犯非法拘禁罪,判处有期徒刑2年6个月;犯敲诈勒索罪,判处有期徒刑3年,并处罚金人民币1万元;犯寻衅滋事罪,判处有期徒刑2年;犯强迫交易罪,判处有期徒刑2年,并处罚金人民币1万元;犯帮助伪造证据罪,判处有期徒刑9个月;犯非法占用农用地罪,判处有期徒刑1年,并处罚金人民币5000元;犯单位行贿罪,判处有期徒刑2年6个月;犯重婚罪,判处有期徒刑9个月。总和刑为有期徒刑22年,并处没收财产人民币2000万元、罚金人民币25,000元。决定执行有期徒刑17年,并处没收财产人民币2000万元、罚金人民币25,000元。

敖某某犯组织、领导黑社会性质组织罪,判处有期徒刑7年,并处没收财产人民币2000万元;犯非法拘禁罪,判处有期徒刑2年3个月;犯敲诈勒索罪,判处有期徒刑3年,并处罚金人民币1万元;犯寻衅滋事罪,判处有期徒刑1年9个月;犯非法占用农用地罪,判处有期徒刑6个月,并处罚金人民币3000元。总和刑为有期徒刑14年6个月,并处没收财产人民币2000万元,罚金人民币13,000元。决定执行有期徒刑10年,并处没收财产人民币2000万元、罚金人民币13,000元。

【律师点评】

上述案例中的被告人谭某参与“套路贷”犯罪并涉黑,其犯罪团伙依托涉案的担保公司,在珠三角等地非法放高利贷,对借贷人采取非法拘禁、敲诈勒索、恐吓、殴打等暴力手段追讨债务,并恶意叠加涉案债务金额,借机侵吞被害人财产,牟取高额利益。在审理该案时,法院对涉案财产线索设置了专门的质证环节,将侦查机关收集到的被告人涉案财产线索作为涉案证据的一部分,在法庭调查环节进行专门的举证、质证,就该财产是否与犯罪相关、是属于被告人的个人财产还是被告人的家庭共同财产等问题进行质证,对于属于被告人家庭财产的情形,需要区别对待,被告人的家属未涉案的,共同财产需要析产,属于案外人的财产不能认定为涉案财产来进行处分;被告人家属也涉案的情形则相对容易处理些。

涉黑案件的财产处理一直是司法实务界的一个难题,财产刑的处置和执行贯彻的是我国严厉的刑事司法政策,比如“打财断血”作为严厉打击涉黑恶犯罪的重要手段,目的就是摧毁涉黑组织的经济基础。没有了经济基础为依托,黑恶势力就像失去了土壤的树苗,必将走向灭亡。司法机关建立健全涉案资产分类处置模式、涉案资产证据协调机制、审执协调机制等,应当全面客观公正地查清黑恶势力的财产以及利益链条,充分运用查封、扣押、冻结、追缴、没收等措施,斩断利益链,将黑恶势力连根拔起,杜绝其死灰复燃的可能。

在严厉打击涉黑恶组织犯罪的同时,尤其是具有“套路贷”情节的涉黑恶犯罪,都会面临财产刑的判决和执行问题,基于立法层面的“严打”必然会有一定的副作用,比如“打错”—“判错”—“执行错”。在这个过程中,法律共同体将如何致力于减少此种副作用?或者将这种副作用降到最低值,值得深思。

第三节　“套路贷”案件中的涉恶犯罪的难点

一、恶势力组织犯罪的本质与认定

根据《办理黑恶势力犯罪的指导意见》第 14 条及《办理恶势力案件若干问题的意见》第 4 条规定,恶势力是指经常纠集在一起,以暴力、威胁或者其他手段,在一定区域或者行业内多次实施犯罪活动,为非作恶,欺压百姓,扰乱经济、社会生活秩序,造成较为恶劣的社会影响,但尚未形成黑社会性质组织的犯罪组织。这一表述,既明确了恶势力与黑社会性质组织间的内在联系,也厘清了恶势力与普通犯罪团伙的关系。作为一种共同犯罪的特殊形式,恶势力在组织形式、行为方式、危害后果等方面与黑社会性质组织均有一定的相似之处，虽尚未达到黑社会性质组织的严重程度，但已经初具雏形，如果不加以限制和打击，就有可能发展成为黑社会性质组织。恶势力团伙、恶势力犯罪集团、黑社会性质组织是一个递进关系，恶势力犯罪集团是恶势力团伙的高级形式，恶势力团伙和恶势力犯罪集团是黑社会性质组织的雏形和前身。

相较于黑社会性质组织在刑法中的明确规定，恶势力仅在具有司法解释属性的规范性文件中有所规定，效力层级相对较低，缺乏统一、客观、可操作性的判定标准。《刑法》条文中虽无“恶势力”的概念，但司法实务界早已达成共识，即“恶势力”是黑社会性质组织的雏形。因此在认定恶势力时，要深刻理解和准确把握“黑”与“恶”的关系以及恶势力与普通犯罪团伙的区别，依据抽象的宽严相济政策或者用足具有“普适性”的条文实现依法从严打击，避免认定扩大化、随意化，确保“打准打实”的原则落到实处。参照黑社会性质组织罪的四大特征，恶势力也有其基本特征：组织特征、行为特征、危害性特征。在下文中，笔者将根据上述文件中对恶势力的相关规定及解释，结合司法实践中的难点，阐述恶势力的本质与认定标准。

(一)组织特征

恶势力相较于黑社会性质组织，在组织特征方面，首先要求组织成员一般为3人或3人以上，既包括纠集者与一般参加者之和，也包括纠集者与未被起诉到法院的参与人员之和，比如其中部分成员系未成年人或丧失行为能力而未被起诉的行为人或已受到刑事处罚的人员。在实践中，有观点认为，由于《办理黑恶势力犯罪的指导意见》与《办理恶势力案件若干问题的意见》中对于恶势力的描述均为“一般为3人以上”，因此对于2人共同多次实施的犯罪活动，造成较为恶劣社会影响的，也完全可以认定为“恶势力”，对此观点笔者并不赞成，首先恶势力作为一类犯罪组织，其应区别于一般的共同犯罪，2人实施犯罪活动，在实践中可以造成的社会影响十分有限，为非作恶，欺压百姓的特征表现得并不十分明显，因此在认定恶势力犯罪中，对于成员人数的还是要严格按3人为下限进行把握。

其次恶势力组织要求纠集者、骨干成员相对固定，并且经常纠集在一起实施犯罪活动。《办理恶势力案件若干问题的意见》明确“纠集者,是指在恶势力实施的犯罪活动中起组织、策划、指挥作用的违法犯罪分子”。关于恶势力的其他成员,《办理恶势力案件若干问题的意见》坚持了主客观相一致原则,要求行为人需要在主观认识上“知道或者应当知道与他人经常纠集在一起是为了共同实施违法犯罪”,在主观意志上要有加入恶势力的意愿,即“仍按照纠集者的组织、策划、指挥”,在客观行为上“参与违法犯罪活动”,方可认定为恶势力成员。对于那些主观上并无加入恶势力意愿,仅因临时雇用或被雇用、利用或被利用以及受蒙蔽参与少量恶势力犯罪活动的人员,一般不应认定为恶势力成员。从实践情况来看,行为人有无参与恶势力实施的犯罪活动一般能够通过充分的证据直观反映,而行为人的主观认知与态度则要结合其参与犯罪活动时的具体行为、所起作用、与其他恶势力成员间的关系等事实予以认定。

在实践中,恶势力成员之间通常随机聚合,组织松散,多以亲情、乡情或职业关系而纠集在一起,组织成员之间虽没有严密的规约、制度等作为束缚,一般在作案后即时解散,具有随机性、即时性、流动性的特征,但在主犯纠集下可随时聚集,组织形式又具有相对稳定性。相对于黑社会性质组织架构,恶势力并无固定、严格的组织架构,人员相对松散、组织结构不成熟,但具有常态化、频繁化的特征。但是恶势力作为一类违法犯罪组织,其成员需要有一定的稳定性,尤其是重要成员之间具有相对的固定性、组织性。

(二)行为特征

与黑社会性质组织一样,“恶势力”在实施违法犯罪活动过程中,同样有着具体的犯罪行为,对此《办理恶势力案件若干问题的意见》概括为“经常纠集在一起,以暴力、威胁或者其他手段,在一定区域或者行业内多次实施违法犯罪活动”,所谓“经常纠集在一起”是指犯罪嫌疑人、被告人于两年之内共同多次实施违法犯罪活动,此外纠集在一起实施违法犯罪行为要求持续一定的时间,如果被告人行为间隔时间过长,则在一定时期内形成的危害性、给老百姓造成的恐惧感不会造成持续的影响,故不应认定为恶势力。如果持续的时间过短,仅为几个小时,行为的危害尚未达到对一定区域、一定人群的危害感,也不应认定为恶势力。

恶势力实施的违法犯罪活动，主要为强迫交易、故意伤害、非法拘禁、敲诈勒索、故意毁坏财物、聚众斗殴、寻衅滋事，但也包括具有为非作恶、欺压百姓特征，主要以暴力、威胁为手段的其他违法犯罪活动。与“主要实施”相对应，开设赌场、组织卖淫、强迫卖淫、贩卖毒品、运输毒品、制造毒品、抢劫、抢夺、聚众扰乱社会秩序、聚众扰乱公共场所秩序、交通秩序以及聚众“打砸抢”等，是恶势力案件中伴随实施的违法犯罪活动。之所以称为“伴随实施”，是因为这些违法犯罪活动在恶势力案件中虽然也很常见，但有的缺少公开性，有的没有具体被害人，有的危害后果仅限于侵害财产权，还有的往往事出有因，故在通常情况下，仅有这些违法犯罪活动还不足以体现恶势力“为非作恶，欺压百姓”的特征，因此在仅有前述伴随实施的违法犯罪活动，且不能认定具有为非作恶、欺压百姓特征的，一般不应认定为恶势力。

恶势力的行为特征还具有一定的公开性、随意性，除了暴力行为，“软暴力”的比例越来越高，尤其是黑恶势力发展到一定程度后，更加青睐犯罪成本更低、惩治更加困难的“软暴力”手段，通过纠缠、滋扰、聚众闹事等持续对被害人施加心理强制，进而实现组织之非法目的。比如为了牟取利益，会通过工程建设、拆迁、“套路贷”、“高利贷”、开设赌场、组织卖淫等合法与非法行为插手特定区域或行业的经济活动。

除上述情形外，《办理恶势力案件若干问题的意见》中“对于反复实施强迫交易、非法拘禁、敲诈勒索、寻衅滋事等单一性质的违法行为，单次情节、数额尚不构成犯罪，但按照刑法或者有关司法解释、规范性文件的规定累加后应作为犯罪处理的，在认定是否属于‘多次实施违法犯罪活动’时，可将已用于累加的违法行为计为1次犯罪活动，其他违法行为单独计算违法活动的次数”。之所以如此规定主要考虑违法行为是恶势力违法犯罪活动的重要组成部分，对于认定恶势力意义重大。特别是对那些“大罪不犯，小恶不断”的团伙，如果其行为符合“为非作恶、欺压百姓”特征，且已造成较为恶劣的社会影响的，完全有必要作为恶势力打击处理。

（三）危害性特征

恶势力造成的危害后果直接表现为扰乱经济、社会生活秩序，造成较为恶劣的社会影响,同时恶势力的危害后果具有复合性,既可能侵犯被害人的人身权、财产权、民主权利,还可能侵犯经济、社会生活秩序。另外,被告人实施的威胁、要挟等行为具有引发暴力犯罪的潜在可能,极易导致侵犯公民人身权、健康权行为的发生,并严重扰乱行业的经营秩序,且犯罪行为持续时间长、次数多、收益大,对社会秩序危害严重。

《办理恶势力案件若干问题的意见》第10条借鉴黑社会性质组织犯罪危害性特征的规定,从侵害对象及其数量、违法犯罪次数、手段、规模、人身损害后果、经济损失数额、违法所得数额、引起社会秩序混乱的程度以及对人民群众安全感的影响程度等方面提出了认定恶势力危害后果的方向性指引。对恶势力的防控及惩治,要严格依照刑事法律、司法解释和规范性文件的要求,坚持法定标准、法定程序,准确把握“打早打小”与“打准打实”的关系。在保持高压态势的同时,切实贯彻宽严相济刑事政策,准确把握恶势力的定义、特征及具体界分,做到宽严有据、罚当其罪,实现政治效果、法律效果和社会效果的有机统一。

二、“套路贷”涉恶案例分析

典型案例一 对尚未形成较稳定的犯罪组织,首要分子对成员的控制力、约束力较弱,为组织利益、以组织名义实施的犯罪活动较少,未在一定区域形成非法控制和重大影响的,即使实施了较为严重的暴力犯罪,也不能认定为黑社会性质组织犯罪或恶势力犯罪集团

——唐某伟、李某情等人故意伤害罪、寻衅滋事罪

【案号】(2018)渝刑终142号

【案情简介】

2015年年底至2017年2月,被告人唐某伟、李某情通过为赌场工作人员发工资,年底聚餐发红包,垫付医疗费,代为支付赔偿款,召集娱乐消费,提供砍刀,钢管等作案工具等手段,先后笼络、纠集被告人陈某、杨某某、肖某某、龙某、

骆某、蒋某、杨某某、龙某、杨某、于某某、张某某等人,在重庆市大足区实施故意伤害、聚众斗殴、开设赌场、寻衅滋事等犯罪活动,逐渐形成以唐某伟、李某情为首的恶势力团伙,在该地区造成较为恶劣的社会影响。

该恶势力团伙的具体犯罪事实如下:

(1)聚众斗殴事实(略)。

(2)故意伤害事实(略)。

(3)寻衅滋事事实(略)。

(4)开设赌场事实(略)。

【裁判观点及结论】

被告人唐某伟故意伤害他人致1人死亡、2人轻伤;随意殴打他人,情节恶劣;在公共场所起哄闹事,造成公共场所秩序严重混乱;以营利为目的开设赌场,非法抽头渔利70余万元,情节严重,其行为已构成故意伤害罪、寻衅滋事罪、开设赌场罪,依法应予处罚。唐某伟一人犯数罪,应数罪并罚。唐某伟在故意伤害何某2的共同犯罪中起主要作用,系主犯。唐某伟曾因故意犯罪被判处有期徒刑,刑罚执行完毕后5年内又犯应当判处有期徒刑以上刑罚之罪,系累犯,依法从重处罚。被告人李某情故意伤害他人致1人死亡、2人轻伤;随意殴打他人,情节恶劣;以营利为目的开设赌场,非法抽头渔利70余万元,情节严重,其行为已构成故意伤害罪、寻衅滋事罪、开设赌场罪,依法应予处罚。李某情一人犯数罪,应数罪并罚。李某情在故意伤害何某2的共同犯罪中起主要作用,系主犯。李某情曾因故意犯罪被判处有期徒刑,刑罚执行完毕后5年内又犯则应当判处有期徒刑以上刑罚之罪,系累犯,依法从重处罚。

一审判决:(1)被告人唐某伟犯故意伤害罪,判处无期徒刑,剥夺政治权利终身;犯寻衅滋事罪,判处有期徒刑3年6个月;犯开设赌场罪,判处有期徒刑5年,罚金20万元。决定执行无期徒刑,剥夺政治权利终身,罚金20万元。(2)被告人李某情犯故意伤害罪,判处无期徒刑,剥夺政治权利终身;犯寻衅滋事罪,判处有期徒刑2年6个月;犯开设赌场罪,判处有期徒刑4年6个月,罚金10万元。决定执行无期徒刑,剥夺政治权利终身,罚金10万元。

重庆市高级人民法院认为,上诉人唐某伟故意伤害他人致1人死亡、2人轻伤;随意殴打他人,情节恶劣;在公共场所起哄闹事,造成公共场所秩序严重混乱;以营利为目的开设赌场,非法抽头渔利70余万元,情节严重,其行为已构成故意伤害罪、寻衅滋事罪、开设赌场罪,依法应予处罚。唐某伟一人犯数罪,应数罪并罚。唐某伟在故意伤害何某2的共同犯罪中起主要作用,系主犯。唐某伟曾因故意犯罪被判处有期徒刑,刑罚执行完毕后5年内又犯则应当判处有期徒刑以上刑罚之罪,系累犯,依法从重处罚。

上诉人李某情故意伤害他人致1人死亡、2人轻伤;随意殴打他人,情节恶劣;以营利为目的开设赌场,非法抽头渔利70余万元,情节严重,其行为已构成故意伤害罪、寻衅滋事罪、开设赌场罪,依法应予处罚。李某情一人犯数罪,应数罪并罚。李某情在故意伤害何某2的共同犯罪中起主要作用,系主犯。李某情曾因故意犯罪被判处有期徒刑,刑罚执行完毕后5年内又犯则应当判处有期徒刑以上刑罚之罪,系累犯,依法从重处罚。关于李某情及其辩护人提出李某情不是恶势力团伙首要分子的上诉、辩护意见。法院认为,在案多名团伙成员及证人均证实团伙成员听命于唐某伟、李某情二人,唐某伟、李某情均是“大哥”,在案证据证实唐某伟、李某情采取安排人员到赌场上班、聚会发红包等方式纠集蒋某、龙某、杨某某、肖某某、陈某、杨某某、骆某、杨某、张某某、龙某、于某某等人在大足地区多次实施故意伤害、寻衅滋事、开设赌场等犯罪活动,为非作恶,欺压百姓,扰乱当地经济、社会生活秩序,形成了以唐某伟、李某情为首,蒋宏、某某、杨某某、肖某某、陈某、杨某某、骆某、杨某、张某某、龙某、于某某为团伙成员的恶势力团伙。故李某情及其辩护人提出李某情不是该团伙首要分子的意见不能成立。

二审驳回上诉,维持原判。

【律师点评】

本案中,公安机关以涉黑犯罪移送审查起诉,检察机关坚持法治思维,改变案件的定性,以恶势力犯罪起诉至法院,最终,法院以恶势力犯罪裁判的典型案例。

之所以有这样的结果,笔者认为主要是因为:一是围绕黑社会性质组织犯罪构成,准确判定涉黑涉恶。黑社会性质组织犯罪中,组织特征、经济特征、行为特征、危害性特征是一个有机整体，缺一不可。在围绕“四个特征”审查时，要认真审查、分析“四个特征”之间的内在关系，特别要注重审查危害性特征，危害性特征是本质特征。对于组织成员、犯罪事实相对较多，但是组织特征较弱，为组织利益实施的违法犯罪活动较少，非法控制特征不明显的犯罪案件，即使组织成员实施了较为严重的暴力犯罪，也不能认定为黑社会性质组织犯罪。二是围绕犯罪集团的认定标准，准确认定是恶势力犯罪集团还是恶势力。恶势力犯罪集团，是符合恶势力全部认定条件，同时又符合犯罪集团法定条件的犯罪组织，具体表现为有多名组织成员，有明显的首要分子，重要成员较为固定，组织成员经常纠集在一起，共同故意多次实施恶势力惯常实施的犯罪活动或其他犯罪活动。对未形成固定重要成员，成员之间关系相对松散，未多次实施有组织有预谋犯罪的，不宜认定为恶势力犯罪集团。在我国司法实践中，要依法区分恶势力犯罪集团和恶势力，同时充分运用《刑法》总则中关于共同犯罪的规定，准确区分主从犯，依法惩处。三是准确理解把握“打早打小”和“打准打实”的实质内涵。“打早打小”要求对黑恶势力及早打击，尤其是对恶势力犯罪要及早打击，防止其坐大成势，发展成为黑社会性质组织，产生严重社会危害。“打准打实”是本着实事求是的态度，在准确查明事实的基础上，构成什么罪，就按什么罪判处刑罚，既不能“降格”也不能“拔高”。特别在办理涉案人员、涉案事实众多的涉黑恶案件中，要坚持法治标准，防止因降低认定标准而“拔高”认定为涉黑犯罪或者涉恶集团犯罪。

典型案例二　彭某春等 21 人恶势力犯罪集团案

本案属于涉案人员众多，有组织地实施多起犯罪活动，犯罪组织结构清晰，在当地造成恶劣社会影响，已经构成恶势力犯罪集团，但鉴于该组织没有明确的层级和职责分工，未制定形成“组织纪律”和活动规约，没有足以支持该组织运行、发展以及实施犯罪活动的经济实力，也未在一定区域或行业内形成非法控制或者重大影响，检察机关未认定其为黑社会性质组织犯罪。

【案号】(2019)川刑终 148 号

【案情简介】

具体犯罪事实如下：

一、被告人彭某春、谭某洪、肖某洪、林某彬、张某亮、郑某才、凌某隆、郑某雷故意伤害犯罪事实。

2017 年某日，被告人彭某春到某农家乐吃晚饭时，与晏某 2 发生争执，并向被告人谭某洪、肖某洪讲了同晏某 2 发生争执的事。随后在晏某 2 等人乘车离开后，彭某春邀约多人将车停在晏某 2 车前后将晏某 2 车围住。彭某春指认后，凌某隆打晏某 2 一拳，肖某洪、谭某洪、林某彬、张某亮、郑某才、郑某雷等人对晏某 2 拳打脚踢。彭某春持铝合金棒猛击晏某 2 头部，将晏某 2 击伤。晏某 2 推开人群沿公路往书楼镇方向逃离，彭某春驾车搭载张某亮、郑某才追赶，郑某雷、肖某洪、谭某洪、林某彬、凌某隆等人也跟在车后追赶。晏某 2 跑了约 200 米后，不慎滑入悬崖下的金沙江中。案发当晚，彭某春和肖某洪、谭某洪商议叫郑某才去顶罪，郑某才同意后，彭某春、肖某洪、谭某洪、郑某才先后到公安机关投案，凌某隆、林某彬、张某亮、郑某雷先后被传唤到案。除郑某雷外，其余人最初均未如实供述犯罪事实。随后公安机关在晏某 2 落水处附近发现晏某 2 的尸体。经法医鉴定，晏某 2 系溺水死亡。案发后，彭某春、谭某洪、郑某雷、肖某洪、林某彬分别赔偿被害人亲属的经济损失，肖某洪获得被害人亲属谅解。

二、被告人彭某春、陈某、徐某 1 聚众斗殴犯罪事实。

2011 年某日，唐某 1 在 × × 人民广场处打谢某胸部一拳。被告人彭某春见状上前阻止时，唐某 1 伙同方某、杨某等人将彭某春打倒在地。彭某春即邀约被告人陈某前来帮忙。陈某又邀约被告人徐某等人，携带钢管、砍刀、扳手等赶到人民广场与彭某春等人会合。后在屏山县人民医院附近，彭某春、陈某、徐某等人持械追打唐某 1 等人，致唐某 1 全身多处挫裂伤。经法医鉴定，唐某 1 头部所受损伤属轻伤。案发后，彭某春赔偿了唐某 1 的医药费等费用，唐某 1 表示谅解。

三、被告人彭某春、谭某洪、肖某洪、林某彬、曹某平、徐某、曹某和、陈某、陈昌平、陈某 1、凌某松、徐某华、李某、黄某、肖某亮寻衅滋事犯罪事实。

2011 年某日，被告人彭某春在 × × 人民广场看见之前与其有矛盾的王某 2，即邀约他人上前殴打王某2,随后被警察制止。当日17时许,彭某春与王某2再次发生打斗,并用匕首刺王某2数刀。后王某2入院治疗,经诊断其背部、左腰、双上肢多处刀刺伤。后彭某春赔偿了王某2的经济损失。

2012年某日,被告人彭某春、谭某洪、李某等人在歌厅唱歌时,彭某春与李某上楼叫在火锅店上班的李某的女朋友黄某2到歌厅玩耍。因黄某2不同意,李某借故打黄某2的同事李某3一耳光。火锅店老板张某1、刘某云夫妇闻悉后与李某、彭某春争吵,李某、彭某春随即伙同谭某洪等人用啤酒瓶和拳头殴打张某1,致张某1头部受伤,并将店内的1台电脑、1个鱼缸、1扇窗户玻璃等物品砸坏。后在他人送张某1去医院时,彭某春持刀将张某1的右手中指刺伤。经鉴定,张某1的左额部损伤属轻微伤。

2012年某日,被告人李某在××处因会车与陈某2、李某1发生争执后,打电话告诉被告人陈某。陈某随即邀约被告人彭某春、陈某1、黄某平、肖某亮、凌某松等人赶到事发处,并将摩托车作为路障停在公路中间。陈某2、李某1随后驾车到达该处时见有路障下车询问,彭某春、陈某、陈某1、肖某亮、黄某平、凌某松等人用拳脚殴打陈某2、李某1,将二人打倒在地。其间,彭某春捡石块打、砸陈某2、李某1。事后为逃避法律制裁,陈某指使陈某1、黄某平向公安机关投案顶罪。经鉴定,李某1的伤情属轻伤,陈某2的伤情属轻微伤。案发后,陈某代陈某1赔偿了李某1、陈某2的经济损失。

2013年某日,被告人彭某春和杨某滢(另处)在××宾馆借故生事与周某发生口角,继而殴打周某。与周某同行的王某3见状上前制止时,彭某春、杨某滢殴打王某3。其间,杨某滢持弹簧刀连刺王某3的右腰、右臀、右大腿等处数刀。王某3跑开后,彭某春、杨某滢再次殴打周某。经鉴定,王某3的损伤属轻微伤。案发后,彭某春和杨某滢赔偿了王某3的经济损失。

2015年某日,被告人彭某春、谭某洪、黄某驾驶摩托车前往××山林区采集竹笋,见进山道路因施工被禁止通行,即要求看守路障的蒋某1放行,被拒绝。谭某洪拿出采集竹笋用的弯刀将路障栏杆砍断后强行进山。当日19时许,三人下山返回至路障处时再次要求蒋某1放行,蒋某1拒绝并要求三人赔偿修复栏杆损失。争执中,谭某洪拿出弯刀向蒋某1砍去,蒋某1躲开后捡木棒向谭某洪打去,将谭某洪的头部打伤。彭某春随即打电话叫被告人肖某洪、曹某和、曹某平、徐某华等人上山来帮忙,黄某也打电话叫被告人徐某上山来帮忙。徐某华将此情况告诉被告人陈某、陈某1、黄某平、凌某松、徐某1等人。曹某和、曹某平接到彭某春的电话后又邀约被告人牟某旭、林某彬和袁某等人。随后,各被告人又相互联系,驾乘数辆汽车一同前往××。与彭某春、谭某洪、黄某会合后,彭某春指认蒋某1,陈某叫嚣有民警在场也要打。随后,彭某春、肖某洪、谭某洪、黄某、牟某旭、徐某、徐某1、黄某平、凌某松等人不顾在场民警劝阻,先后将蒋某1打倒在路障旁边的工棚内,将段某打倒在公路边的排水沟里。其中,彭某春、肖某洪在殴打蒋某1时使用了木棒。在彭某春欲继续殴打已躲进旁边警车上的魏某时,陈某喊“走了”,众被告人随即返回车上逃离现场。经鉴定,蒋某1右手损伤致第1指(拇指)末指节粉碎性骨折,属轻伤二级。

四、被告人彭某春、谭某洪、林某彬、曹某平、徐某、徐某1的违法事实。

2010年某日,被告人彭某春酒后在公路上因阻拦丁某、周某1驾驶工程车辆,与二人发生争执,随后持刀将丁某、周某1砍伤。××公安局对彭某春处以行政拘留10日并罚款500元。

2011年某日,被告人彭某春在××人民广场与李某洪发生争执,继而扭打。被他人劝开后,彭某春持剪刀刺伤李某红的背部。××公安局对彭某春行政拘留5日。

2011年某日,被告人彭某春打电话邀约××火锅店服务员黄某2出去玩耍被拒绝后,用砖头将该火锅店的一扇窗户玻璃砸烂。

2012年某日,被告人彭某春的叔父彭某品在倒车时与王某1发生口角。随后彭某春赶到现场殴打王某1,持刀砍击王某1。××公安局对彭某春罚款200元。

【裁判观点及结论】

四川省宜宾市中级人民法院判决认为,被告人彭某春多次纠集同案人在屏山县锦屏镇、龙溪乡、书楼镇实施故意伤害、聚众斗殴、寻衅滋事等犯罪活动和开设赌场、随意殴打他人、任意损毁公私财物等违法活动,为非作恶、逞强耍横、欺压百姓,逐渐形成以彭某春为首要分子的恶势力犯罪集团,被告人陈某、谭某洪参与三起犯罪活动,肖某洪参与两起犯罪活动,且在故意伤害致人死亡犯罪中起主要作用,均属恶势力犯罪集团的重要成员,被告人林某彬、张某亮、郑某才、凌某隆、郑某雷、徐某、曹某平、黄某平、陈某1、凌某松、徐某、李某、曹某和、徐某华、黄某、牟某旭、肖某亮积极参与彭某春恶势力犯罪集团的犯罪活动,均属恶势力犯罪集团的组织成员。对彭某春应按恶势力犯罪集团所犯的全部罪行处罚。

四川省宜宾市中级人民法院一审判决被告人彭某春犯故意伤害罪,判处无期徒刑,剥夺政治权利终身,犯聚众斗殴罪,判处有期徒刑5年,犯寻衅滋事罪,判处有期徒刑8年,并处罚金10万元,数罪并罚,决定执行无期徒刑,剥夺政治权利终身,并处罚金10万元。

四川省高级人民法院认为,上诉人(原审被告人)彭某春自2010年以来,纠集上诉人(原审被告人)谭某洪、肖某洪、陈某等人在屏山县锦屏镇、龙溪乡、书楼镇实施故意伤害、聚众斗殴、寻衅滋事等犯罪活动和开设赌场、随意殴打他人、任意损毁公私财物等违法活动,逐渐形成以彭某春为首要分子,谭某洪、肖某洪、陈某为重要成员,上诉人(原审被告人)林某彬、张某亮、郑某才、凌某隆、徐某、陈某1、李某、曹某和、牟某旭和原审被告人曹某平、徐某、黄某平、郑某雷、凌某松、徐某华、黄某、肖某亮为组织成员的恶势力犯罪集团,为非作恶、逞强耍横、欺压百姓,严重扰乱当地的经济、社会生活秩序。对彭某春应按恶势力犯罪集团所犯的全部罪行处罚。

关于各上诉人及辩护人提出不构成恶势力犯罪集团,或者不属于恶势力犯罪集团成员的意见。经查,彭某春等人相互纠集,有明显的首要分子,重要成员较为固定,多次在屏山县锦屏镇等地实施故意伤害、聚众斗殴、寻衅滋事等犯罪活动,为非作恶、逞强耍横、欺压百姓,已构成恶势力犯罪集团。该上诉及辩护意见不予采纳。法院最终裁定:驳回上诉,维持原判。

【律师点评】

对涉案人数众多且时间跨度大的犯罪案件,检察机关如果就案办案,没有坚持深挖彻查,极易导致对恶势力犯罪不能“打早打小”“打准打实”。检察机关审查该类案件时,要强化介入侦查引导取证意识,对移送审查起诉的聚众斗殴、寻衅滋事、非法拘禁、敲诈勒索等案件加强重点研判，对案件中反映出来的犯罪事实、涉案人员、社会影响等情况进行综合分析、关联对比，认真梳理查找隐藏的恶势力违法犯罪线索，通过追诉漏罪、漏犯精准打击。审查中如发现有恶势力惯常实施的犯罪，要注重审查的亲历性，通过全面阅卷、讯问犯罪嫌疑人、听取被害人意见、走访涉案地区群众等方式，查明违法犯罪次数、手段、规模、人身损害结果、经济损失数额、违法所得数额、引起社会秩序混乱程度以及对人民群众安全感的影响程度等，对是否系恶势力犯罪作出准确认定。同时，要注重依法惩治犯罪，立足法律规定和犯罪事实，准确把握恶势力、恶势力犯罪集团与黑社会性质组织犯罪之间的界限。

本案中，以被告人彭某春为首的恶势力犯罪集团为逞强立威和争夺当地水果收购生意，欺行霸市、横行乡里，有组织地实施多起犯罪活动，严重危害当地人民群众的人身安全、财产安全，造成恶劣的社会影响。检察机关在审查起诉过程中，未局限于移送审查起诉案件事实，而是主动作为，通过退回补充侦查与自行补充侦查相结合，认真审查，严把案件质量关，依法追诉12起遗漏的犯罪事实和13名遗漏的集团成员，并依法认定彭某春等人构成恶势力犯罪集团，对其从重处罚，实现了对恶势力犯罪的精准打击和不枉不纵。

三、“套路贷”案件涉恶认定标准

在司法实践中，“套路贷”案件犯罪组织最终被认定为恶势力犯罪组织或恶势力犯罪集团比最终认定为黑社会性质组织更为常见，这主要因为“套路贷”犯罪组织构成恶势力的情况较为常见。

前文中已经就恶势力犯罪组织或恶势力犯罪集团的本质与认定作了具体阐述，对于“套路贷”涉刑案件犯罪组织是否属于恶势力犯罪组织或恶势力犯罪集团，关键在于其是否符合有对应的组织特征、行为特征及危害性特征。此外，“套路贷”犯罪作为一种特殊的新型有组织犯罪，同时也具备一些传统其他犯罪组织没有的新要素、新特征，在认定恶势力犯罪组织或恶势力犯罪集团时应当重新检视。

(一)组织特征

在“套路贷”涉恶化犯罪中,往往会有多人聚集在一起共同谋划并实施犯罪,即具有组织实体。组织性是“套路贷”涉恶化犯罪的基本特征,恶势力组织要求成员为3人或3人以上,同时要求纠集者、骨干成员相对固定,并且经常纠集在一起实施犯罪活动,尤其是重要成员之间具有相对的固定性、组织性。

前文已介绍过“套路贷”犯罪团伙化明显,内部分工明确,具有一定的组织性,且往往以设立借贷公司为根基。但是在“套路贷”涉刑案件中,也可能会存在一些恶势力成员通过在网上形成固定的微信群、QQ群进行互帮互助,即一旦有成员提出通过敲诈、勒索等向借款人催讨逾期债务时,就全体出动。而后所获得利益,根据在犯罪中的具体分工不同分取非法利益。尽管每次实施犯罪时的纠集者并不固定,但是由于成员之间通过网络聊天工具经常聚集在一起,也符合恶势力的组织特征。

在司法实践中,部分“套路贷”案件的涉恶性质较为明显,但是对于个体涉案人员是否属于恶势力成员存在争议。恶势力成员主要分为两类:纠集者和其他成员。

在“套路贷”犯罪涉及恶势力或恶势力集团中纠集者、骨干成员相对固定,较为容易判断,问题在于恶势力的其他成员的认定。因为对于其他成员并没有固定要求,比如,上文中通过在网上形成固定的微信群、QQ群聚集的其他成员,具有一定的流散性,如何确定哪些人属于恶势力则显得尤为必要。在《办理恶势力案件若干问题的意见》中,从正面与反面对恶势力的其他成员进行了认定。正面认定以主客观一致为标准,认为主观上明知是恶势力或恶势力集团,客观上仍接受纠集者领导实施犯罪活动的属于其他分子;反面认定中,对临时雇佣、被利用以及受蒙蔽的人一般不应认定为恶势力成员。

此外在“套路贷”犯罪的实施过程中无论是放贷过程,还是催款过程,这两个部分中均有大量公司招聘的普通业务员参与,这些普通的业务员也容易参与到“套路贷”犯罪甚至“套路贷”恶势力犯罪中,但对其违法性认识应结合实际情况具体分析,而不能笼统地将其全部列为恶势力成员。

(二)行为特征

恶势力在实施犯罪活动过程中的犯罪行为,具体概括为经常纠集在一起,以暴力、威胁或者其他手段,在一定区域或者行业内多次实施犯罪活动,包括手段的多样性,犯罪的多次性,以及犯罪种类的惯常性和伴随性。手段的多样性是指“硬暴力”、威胁和“软暴力”手段,犯罪的多次性需要达到多次构成犯罪的程度,同时恶势力的行为具有一定的公开性、随意性。

在“套路贷”犯罪中,常常是多种行为集合在一起,相互配合,相互协调,几乎都存在以“硬暴力”或“软暴力”的方式非法占取借贷人财产的现象,对于“套路贷”犯罪来说,主要的违法犯罪种类包括诈骗、敲诈勒索、虚假诉讼等;伴随的违法犯罪种类可能涉及故意伤害、非法拘禁、寻衅滋事、侵犯公民个人信息等。正如我国学者所说“主要的违法犯罪种类体现的是恶势力的本质,而伴随的违法犯罪种类则体现恶势力的特色”。

(三)危害性特征

恶势力造成的危害后果直接表现为扰乱经济、社会生活秩序,造成较为恶劣的社会影响,同时恶势力的危害后果具有复合性,既可能侵犯被害人的人身权、财产权、民主权利,也可能造成被害人的心理强制或恐惧,还可能侵犯经济、社会生活秩序。要注意的是与认定黑社会性质组织要求非法控制或重大影响不同,认定恶势力犯罪组织只需要造成较大影响即可。

前文已介绍过“套路贷”犯罪由于其犯罪特征特殊性,只要控制了借贷人便可以直接获取非法利益,不需要垄断整个行业或者直接破坏经济秩序、社会秩序。因此其危害性特征的认定也具有不同之处,具体应当理解为通过实施违法犯罪活动,对借贷人实施人身强制或心理强制,破坏被害人及其亲友的社会生活秩序,实现非法占取借贷人财产的目的。

在“套路贷”犯罪恶势力的认定标准中,危害性特征标准存在相当大的争议,在司法实践中常常是当检察机关或者法院在认定“套路贷”犯罪满足组织标准与行为标准之后,就默认该犯罪团伙或者集团扰乱经济、社会生活秩序,造成比较恶劣的社会影响,而其危害性特征描述得非常抽象,进而在一定程度上被弱化。

总之,在认定“套路贷”案件犯罪组织是否属于恶势力犯罪组织或恶势力犯罪集团时,绝对不能机械地对照、生搬硬套上述“三个特征”,而是要把握其核心与实质,三者综合考虑,审慎认定。如果在“套路贷”犯罪中使用“软暴力”多次对被害人的住宅喷漆、跟踪滋扰等,直接扰乱被害人的社会生活,则只能认定为恶势力,但如果其追求周围居民或者群众的恐惧与紧张,对直接被害人以外的其他人形成心理与行为的控制,则很可能触及涉黑问题。

典型案例 程某军等恶势力团伙犯罪案

【案号】(2018)苏1291刑初242号刑事判决书

【案情简介】

1. 寻衅滋事事实

2014年至2017年,被告人程某军纠集被告人严某洋、毛某军等人,在泰州市姜堰区张甸镇,多次实施随意殴打他人、强拿硬要、损毁财物等行为。其中,被告人程某军参与寻衅滋事8起,被告人严某洋参与寻衅滋事9起,被告人毛某军参与寻衅滋事3起。具体分述如下。

(1)2014年5月,许某甲、陈某丁向被告人程某军经营的捷顺公司租赁宝马牌汽车1辆,张某丙提供担保。后许某甲将汽车抵押给他人。程某军遂多次纠集被告人严某洋向三人索要车辆。2014年5月25日,程某军伙同严某洋为索要车辆,采用扇耳光、拳打脚踢的方法对陈某丁、张某丙实施殴打,并与赶至现场的张某丙父母发生揪打,后派出所出警处理。同年7月17日,程某军、严某洋再次为追要车辆,采用拳打脚踢、用拖鞋扇耳光等方法,对张某丙实施殴打,并逼迫张某丙出具人民币33万元的借条。后张某丙报警,经派出所处理后拿回借条。

(2)2014年7月的一天,被告人程某军为索要其借给李某戊的借款,先后2次用扳手砸坏李某戊父亲李某丁家中窗户玻璃,并将1辆面包车堵在李某丁家门口3个月,影响其家庭正常生活。

(3)2014 年年底的一天晚上,被告人程某军以被害人陈某乙拉劝架将其衣服撕扯坏为由,与陈某乙发生争吵,并伙同被告人严某洋对陈某乙实施殴打。后被围观群众阻拦。几天后,被告人程某军在张甸镇新大桥浴室偶遇陈某乙时,再次以上述事由对陈某乙实施殴打。

(4)2016 年 1 月,单某乙向被告人程某军借款,单某丙提供担保。后因单某乙无力偿还,程某军纠集被告人严某洋、毛某军向单某丙讨要欠款。2016 年 4 月的一天,受程某军安排,严某洋、毛某军将单某丙带至捷顺公司追要欠款。毛某军脚踢单某丙迫使其下跪,并与严某洋二人逼迫单某丙写还款计划后让其离开。

(5)2016 年 5 月,被告人程某军为讨要欠款,多次伙同他人至陈某丙经营的中勤织布厂,采取拉电、堵门、起哄闹事的方式阻挠工厂生产,导致工厂无法正常经营而停产。

(6)2016 年 7 月的一天,被告人程某军因琐事与陈某丁发生争吵,并于次日将车堵在陈某丁经营的不锈钢店门外,影响该店的正常经营。

(7)2016 年 2 月,朱某乙向被告人程某军借款人民币 6 万元,程某军要求朱某乙出具人民币 12 万元的借条。后因朱某乙无力偿还,2016 年 12 月的一天,程某军伙同被告人毛某军至朱某乙家中讨要欠款。其间,程某军持方凳欲砸朱某乙,朱某乙母亲申某上前阻拦被砸中腰部,致左侧第 6、第 7 根肋骨骨折。后程某军强扣朱某乙东风牌汽车 1 辆,由被告人毛某军开回。经鉴定,申某损伤程度达到轻伤二级。

2. 诈骗事实

2016 年 1 月至 2018 年 5 月,被告人程某军单独或者伙同被告人高某华、毛某军、严某洋,实施“套路贷”犯罪行为,并以捏造的事实提起民事诉讼,通过虚假诉讼方式骗取他人财物。其中,被告人程某军诈骗数额为人民币 43 万元(其中诈骗既遂人民币 27 万元,诈骗未遂人民币 6 万元,诈骗中止人民币 10 万元),被告人高某华、毛某军参与诈骗数额为人民币 6 万元,被告人严某洋参与诈骗数额为人民币 23,000 元。所得赃款,被告人严某洋、毛某军各分得人民币 1000 元,余款由被告人程某军所得。具体分述如下。

(1)2016 年 1 月,单某乙向被告人程某军借款人民币 5 万元,程某军要求单某乙出具人民币 10 万元的借条,单某丙提供担保。单某乙支付 3 个月利息计人民币 12,000 元后无力偿还本息,程某军遂纠集被告人严某洋、毛某军以暴力手段向单某丙讨要欠款。2016 年 9 月 30 日,程某军以上述人民币 10 万元借条向泰州市姜堰区人民法院提起民事诉讼,要求单某乙夫妻及单某丙夫妻偿还人民币 10 万元债务。泰州市姜堰区人民法院于 2016 年 11 月 15 日作出(2016)苏 1204 民初 5784 号民事判决,判令单某乙夫妻及单某丙给付程某军人民币 10 万元本金及利息。2017 年 2 月,程某军向泰州市姜堰区人民法院申请强制执行。2018 年 4 月,被告人程某军与单某乙夫妻达成以物抵债执行和解协议,单某乙夫妻以泰州市姜堰区锦尚名苑×号楼×××室装潢费用折抵人民币 10 万元。泰州市姜堰区人民法院于 2017 年 4 月 25 日作出结案通知书,上述民事判决执行完毕。

(2)2016 年 1 月,单某乙向被告人程某军借款人民币 10 万元,陈某丙为保证人,被告人程某军要求单某乙出具人民币 20 万元借条。单某乙支付当月利息人民币 15,000 元后,无力偿还本息。2016 年 3 月,程某军要求单某乙将自己的 1 辆长安牌汽车进行质押,得款人民币 3 万元全部由程某军所得。2016 年 4 月的一天,程某军与严某洋事先商议后,在程某军向陈某丙索要借款利息时,严某洋将事先从程某军处取得的人民币 2 万元现金借给陈某丙,以获取高额利息。后陈某丙被迫以日息人民币 500 元向严某洋借款人民币 2 万元用于偿还程某军人民币 10 万元借款利息,并在还款时向严某洋支付了人民币 2 万元借款利息人民币 3000 元。严某洋收到人民币 2 万元后,将钱款拿给程某军,就人民币 3000 元利息,程某军、严某洋、毛某军各分得人民币 1000 元。2016 年 5 月,程某军多次伙同他人,采用“软暴力”手段,向陈某丙索要债务。2016 年 5 月 9 日,被告人程某军以上述人民币 20 万元借条向泰州市姜堰区人民法院提起民事诉讼,要求陈某丙偿还人民币 20 万元债务。泰州市姜堰区人民法院于 2016 年 5 月 25 日作出(2016)苏 1204 民初 2504 号民事判决,判令陈某丙给付程某军人民币 20 万元本金及利息。2016 年 8 月,被告人程某军向泰州市姜堰区人民法院申请强制执行,后又撤销执行申请,泰州市姜堰区人民法院于 2017

年9月裁定终结执行。

(3)2016年2月,朱某乙向被告人程某军借款人民币6万元,月息人民币9000元,高某华作为担保人,程某军要求朱某乙出具人民币12万元借条。朱某乙、高某华偿还了3个月的利息计人民币27,000元后无力偿还本息。2016年12月的一天,程某军伙同毛某军至朱某乙家中,程某军使用暴力手段讨要欠款,并由毛某军开走朱某乙东风牌汽车1辆。2017年3月21日,程某军向泰州市姜堰区人民法院提起民事诉讼,要求朱某乙夫妻和高某华偿还人民币12万元债务,后因高某华系泰州市姜堰区人民陪审员,该案移交由兴化市人民法院审理。在兴化市人民法院开庭审理过程中,高某华谎称朱某乙借款金额为人民币12万元,程某军为向法庭证明人民币12万元的来源,指使毛某军冒充其叔叔程某谎称曾送过人民币6万元给程某军。2017年8月31日,兴化市人民法院作出(2017)苏1281民初5411号民事判决,判令朱某乙夫妻和高某华给付程某军人民币12万元本金及利息。后程某军私下给付被告人高某华现金人民币4万元,由高某华转给程某军,造成高某华已还款人民币4万元的虚假资金流水。2017年11月,程某军向兴化市人民法院申请强制执行朱某乙夫妻,要求朱某乙夫妻偿还人民币12万元及利息。因朱某乙夫妻无可供执行财产,兴化市人民法院于2018年5月12日终结本次执行程序。

【裁判观点及结论】

被告人程某军纠集被告人严某洋、毛某军随意殴打他人、强拿硬要、任意损毁财物,其行为均已构成寻衅滋事罪,且部分犯罪系共同犯罪,均应依法惩处。被告人程某军以非法占有为目的,采用胁迫的方式索取他人财物,数额较大,其行为已构成敲诈勒索罪,应依法惩处。被告人程某军单独或者伙同被告人严某洋、毛某军以非法占有为目的,采取虚构事实、隐瞒真相的方法,骗取他人财物,被告人程某军、毛某军诈骗数额巨大,被告人严某洋诈骗数额较大,其行为均已构成诈骗罪,且部分犯罪系共同犯罪,依法应予惩处。被告人单某龙伙同被告人朱某故意伤害他人身体,致他人轻伤,其行为均已构成故意伤害罪,且系共同犯罪,依法应予惩处。被告人程某军、严某洋、毛某军在判决宣告以前一人犯数罪,应当数罪并罚。被告人程某军已着手实施诈骗犯罪行为,部分犯罪因意志以外的原因未能得逞,系犯罪未遂,可以比照既遂犯从轻处罚;部分犯罪在犯罪过程中自动放弃犯罪,系犯罪中止,依法应当减轻处罚。被告人毛某军已着手实施诈骗犯罪行为,因意志以外的原因未能得逞,系犯罪未遂,依法予以减轻处罚。被告人程某军、单某龙、朱某在共同犯罪中起主要作用,被告人严某洋在寻衅滋事共同犯罪中起主要作用,系主犯,应当按照其所参与的全部犯罪处罚。被告人毛某军在共同犯罪中起次要作用,被告人严某洋在诈骗共同犯罪中起次要作用,系从犯,依法予以从轻或者减轻处罚。被告人程某军、单某龙、朱某自动投案,如实供述自己的罪行,系自首,依法予以从轻处罚。被告人严某洋、毛某军归案后如实供述自己的罪行,依法予以从轻处罚。被告人程某军、严某洋、毛某军、单某龙、朱某在庭审中均表示认罪认罚,依法予以从宽处理。被告人程某军有劣迹、被告人严某洋有前科、劣迹,均酌情予以从重处罚。被告人程某军赔偿部分被害人经济损失,取得被害人谅解,酌情予以从轻处罚。被告人严某洋赔偿部分被害人经济损失,取得被害人谅解,主动退出违法所得,预缴财产刑保证金,酌情予以从轻处罚。被告人毛某军主动退出违法所得,预缴财产刑保证金,酌情予以从轻处罚。被告人单某龙、朱维主动赔偿被害人经济损失,取得被害人谅解,酌情予以从轻处罚。

鉴于被告人毛某军居住地社区矫正机构不同意对其进行社区矫正,故对被告人毛某军不予适用缓刑。鉴于被告人单某龙、朱某居住地社区矫正机构同意对其进行社区矫正,故均给予一定的缓刑考验期限。

【律师点评】

本案以被告人程某军为首的恶势力团伙在进行“套路贷”犯罪时,诱骗被害人出具双倍金额的借条以达到虚增债务的目的,并通过制造资金走账流水或现金给付照片,有预谋地形成虚假给付本金的“事实”。在被害人无力偿还虚高本息时,程某军等人采用殴打等暴力手段向被害人及其关联人索要“债务”,或借助诉讼通过虚假证据骗取法院作出有利于其的民事判决,进而通过申请法院强制执行实际占有被害人的财产。人民法院对被告人程某军等人以恶势力团伙认定既是基于其行为不仅侵害了被害人的合法权益,还严重妨害了司法秩序,本案多名被告人实施的犯罪行为侵犯的法益属于复杂客体,“套路贷”犯罪只是其恶势力犯罪其中的一种。

附录　法律法规司法解释

1. 中华人民共和国刑法(节录)

(1979 年 7 月 1 日第五届全国人民代表大会第二次会议通过　1997 年 3 月 14 日第八届全国人民代表大会第五次会议修订　根据 1998 年 12 月 29 日第九届全国人民代表大会常务委员会第六次会议通过的《全国人民代表大会常务委员会关于惩治骗购外汇、逃汇和非法买卖外汇犯罪的决定》、1999 年 12 月 25 日第九届全国人民代表大会常务委员会第十三次会议通过的《中华人民共和国刑法修正案》、2001 年 8 月 31 日第九届全国人民代表大会常务委员会第二十三次会议通过的《中华人民共和国刑法修正案(二)》、2001 年 12 月 29 日第九届全国人民代表大会常务委员会第二十五次会议通过的《中华人民共和国刑法修正案(三)》、2002 年 12 月 28 日第九届全国人民代表大会常务委员会第三十一次会议通过的《中华人民共和国刑法修正案(四)》、2005 年 2 月 28 日第十届全国人民代表大会常务委员会第十四次会议通过的《中华人民共和国刑法修正案(五)》、2006 年 6 月 29 日第十届全国人民代表大会常务委员会第二十二次会议通过的《中华人民共和国刑法修正案(六)》、2009 年 2 月 28 日第十一届全国人民代表大会常务委员会第七次会议通过的《中华人民共和国刑法修正案(七)》、2009 年 8 月 27 日第十一届全国人民代表大会常务委员会第十次会议通过的《全国人民代表大会常务委员会关于修改部分法律的决定》、2011 年 2 月 25 日第十一届全国人民代表大会常务委员会第十九次会议通过的《中华人民共和国刑法修正案(八)》、2015 年 8 月 29 日第十二届全国人民代表大会常务委员会第十六次会议通过的《中华人民共和国刑法修正案(九)》、2017 年 11 月 4 日第十二届全国人民代表大会常务委员会第三十次会议通过的《中华人民共和国刑法修正案(十)》和 2020 年 12 月 26 日第十三届全国人民代表大会常务委员会第二十四次会议通过的《中华人民共和国刑法修正案(十一)》修正)①

第五节　金融诈骗罪

第一百九十二条　【集资诈骗罪】以非法占有为目的，使用诈骗方法非法集资，数额较大的，处三年以上七年以下有期徒刑，并处罚金；数额巨大或者有其他严重情节的，处七年以上有期徒刑或者无期徒刑，并处罚金或者没收财产。

单位犯前款罪的，对单位判处罚金，并对其直接负责的主管人员和其他直接责任人员，依照前款的规定处罚。

第一百九十三条　【贷款诈骗罪】有下列情形之一，以非法占有为目的，诈骗银行或者其他金融机构的贷款，数额较大的，处五年以下有期徒刑或者拘役，并处二万元以上二十万元以下罚金；数额巨大或者有其他严重情节的，处五年以上十年以下有期徒刑，并处五万元以上五十万元以下罚金；数额特别巨大或者有其他特别严重情节的，处十年以上有期徒刑或者无期徒刑，并处五万元以上五十万元以下罚金或者没收财产：

（一）编造引进资金、项目等虚假理由的；

（二）使用虚假的经济合同的；

（三）使用虚假的证明文件的；

（四）使用虚假的产权证明作担保或者超出抵押物价值重复担保的；

（五）以其他方法诈骗贷款的。

第一百九十四条　【票据诈骗罪】有下列情形之一，进行金融票据诈骗活动，数额较大的，处五年以下有期徒刑或者拘役，并处二万元以上二十万元以下罚金；数额巨大或者有其他严重情节的，处五年以上十年以下有期徒刑，并处五万元以上五十万元以下罚金；数额特别巨大或者有其他特别严重情节的，处十年以上有期徒刑或者无期徒刑，并处五万元以上五十万元以下罚金或者没收财产：

（一）明知是伪造、变造的汇票、本票、支票而使用的；

（二）明知是作废的汇票、本票、支票而使用的；

（三）冒用他人的汇票、本票、支票的；

（四）签发空头支票或者与其预留印鉴不符的支票，骗取财物的；

（五）汇票、本票的出票人签发无资金保证的汇票、本票或者在出票时作虚假记载，骗取财物的。

【金融凭证诈骗罪】使用伪造、变造的委托收款凭证、汇款凭证、银行存单等其他银行结算凭证的，依照前款的规定处罚。

法宝联想：中央法规　3 篇地方法规　8 篇草案　2 篇法律动态　1 篇司法案例　2338 篇案例报道　1 篇期刊　76 篇律所实务　3 篇专题参考　21 篇本条变迁智能发现

第一百九十五条　【信用证诈骗罪】有下列情形之一，进行信用证诈骗活动的，处五年以下有期徒刑或者拘役，并处二万元以上二十万元以下罚金；数额巨大或者有其他严重情节的，处五年以上十年以下有期徒刑，并处五万元以上五十万元以下罚金；数额特别巨大或者有其他特别严重情节的，处十年以上有期徒刑或者无期徒刑，并处五万元以上五十万元以下罚金或者没收财产：

（一）使用伪造、变造的信用证或者附随的单据、文件的；

（二）使用作废的信用证的；

（三）骗取信用证的；

（四）以其他方法进行信用证诈骗活动的。

第一百九十六条　【信用卡诈骗罪】有下列情形之一，进行信用卡诈骗活动，数额较大的，处五年以下有期徒刑或者拘役，并处二万元以上二十万元以下罚金；数额巨大或者有其他严重情节的，处五年以上十年以下有期徒刑，并处五万元以上五十万元以下罚金；数额特别巨大或者有其他特别严重情节的，处十年以上有期徒刑或者无期徒刑，并处五万元以上五十万元以下罚金或者没收财产：

（一）使用伪造的信用卡，或者使用以虚假的身份证明骗领的信用卡的；

（二）使用作废的信用卡的；

（三）冒用他人信用卡的；

（四）恶意透支的。

前款所称恶意透支，是指持卡人以非法占有为目的，超过规定限额或者规定期限透支，并且经发卡银行催收后仍不归还的行为。

【盗窃罪】盗窃信用卡并使用的，依照本法第二百六十四条的规定定罪处罚。

第一百九十七条　【有价证券诈骗罪】使用伪造、变造的国库券或者国家发行的其他有价证券，进行诈骗活动，数额较大的，处五年以下有期徒刑或者拘役，并处二万元以上二十万元以下罚金；数额巨大或者有其他严重情节的，处五年以上十年以下有期徒刑，并处五万元以上五十万元以下罚金；数额特别巨大或者有其他特别严重情节的，处十年以上有期徒刑或者无期徒刑，并处五万元以上五十万元以下罚金或者没收财产。

第一百九十八条　【保险诈骗罪】有下列情形之一，进行保险诈骗活动，数额较大的，处五年以下有期徒刑或者拘役，并处一万元以上十万元以下罚金；数额巨大或者有其他严重情节的，处五年以上十年以下有期徒刑，并处二万元以上二十万元以下罚金；数额特别巨大或者有其他特别严重情节的，处十年以上有期徒刑，并处二万元以上二十万元以下罚金或者没收财产：

（一）投保人故意虚构保险标的，骗取保险金的；

（二）投保人、被保险人或者受益人对发生的保险事故编造虚假的原因或者夸大损失的程度，骗取保险金的；

（三）投保人、被保险人或者受益人编造未曾发生的保险事故，骗取保险金的；

（四）投保人、被保险人故意造成财产损失的保险事故，骗取保险金的；

（五）投保人、受益人故意造成被保险人死亡、伤残或者疾病，骗取保险金的。

有前款第四项、第五项所列行为，同时构成其他犯罪的，依照数罪并罚的规定处罚。

单位犯第一款罪的，对单位判处罚金，并对其直接负责的主管人员和其他直接责任人员，处五年以下有期徒刑或者拘役；数额巨大或者有其他严重情节的，处五年以上十年以下有期徒刑；数额特别巨大或者有其他特别严重情节的，处十年以上有期徒刑。

保险事故的鉴定人、证明人、财产评估人故意提供虚假的证明文件，为他人诈骗提供条件的,以保险诈骗的共犯论处。

第二百条 【单位犯金融诈骗罪的处罚规定】单位犯本节第一百九十四条、第一百九十五条规定之罪的,对单位判处罚金,并对其直接负责的主管人员和其他直接责任人员,处五年以下有期徒刑或者拘役,可以并处罚金;数额巨大或者有其他严重情节的,处五年以上十年以下有期徒刑,并处罚金;数额特别巨大或者有其他特别严重情节的,处十年以上有期徒刑或者无期徒刑,并处罚金。

2. 最高人民法院、最高人民检察院、公安部、司法部关于办理"套路贷"刑事案件若干问题的意见

(2019年2月28日最高人民法院、最高人民检察院、公安部、司法部 法发〔2019〕11号发布)

为持续深入开展扫黑除恶专项斗争,准确甄别和依法严厉惩处"套路贷"违法犯罪分子,根据刑法、刑事诉讼法、有关司法解释以及最高人民法院、最高人民检察院、公安部、司法部《关于办理黑恶势力犯罪案件若干问题的指导意见》等规范性文件的规定,现对办理"套路贷"刑事案件若干问题提出如下意见:

一、准确把握"套路贷"与民间借贷的区别

1. "套路贷",是对以非法占有为目的,假借民间借贷之名,诱使或迫使被害人签订"借贷"或变相"借贷""抵押""担保"等相关协议,通过虚增借贷金额、恶意制造违约、肆意认定违约、毁匿还款证据等方式形成虚假债权债务,并借助诉讼、仲裁、公证或者采用暴力、威胁以及其他手段非法占有被害人财物的相关违法犯罪活动的概括性称谓。

2. "套路贷"与平等主体之间基于意思自治而形成的民事借贷关系存在本质区别,民间借贷的出借人是为了到期按照协议约定的内容收回本金并获取利息,不具有非法占有他人财物的目的,也不会在签订、履行借贷协议过程中实施

虚增借贷金额、制造虚假给付痕迹、恶意制造违约、肆意认定违约、毁匿还款证据等行为。

司法实践中,应当注意非法讨债引发的案件与“套路贷”案件的区别,犯罪嫌疑人、被告人不具有非法占有目的,也未使用“套路”与借款人形成虚假债权债务,不应视为“套路贷”。因使用暴力、威胁以及其他手段强行索债构成犯罪的,应当根据具体案件事实定罪处罚。

3. 实践中,“套路贷”的常见犯罪手法和步骤包括但不限于以下情形:

(1)制造民间借贷假象。犯罪嫌疑人、被告人往往以“小额贷款公司”“投资公司”“咨询公司”“担保公司”“网络借贷平台”等名义对外宣传,以低息、无抵押、无担保、快速放款等为诱饵吸引被害人借款,继而以“保证金”“行规”等虚假理由诱使被害人基于错误认识签订金额虚高的“借贷”协议或相关协议。有的犯罪嫌疑人、被告人还会以被害人先前借贷违约等理由,迫使对方签订金额虚高的“借贷”协议或相关协议。

(2)制造资金走账流水等虚假给付事实。犯罪嫌疑人、被告人按照虚高的“借贷”协议金额将资金转入被害人账户,制造已将全部借款交付被害人的银行流水痕迹,随后便采取各种手段将其中全部或者部分资金收回,被害人实际上并未取得或者完全取得“借贷”协议、银行流水上显示的钱款。

(3)故意制造违约或者肆意认定违约。犯罪嫌疑人、被告人往往会以设置违约陷阱、制造还款障碍等方式,故意造成被害人违约,或者通过肆意认定违约,强行要求被害人偿还虚假债务。

(4)恶意垒高借款金额。当被害人无力偿还时,有的犯罪嫌疑人、被告人会安排其所属公司或者指定的关联公司、关联人员为被害人偿还“借款”,继而与被害人签订金额更大的虚高“借贷”协议或相关协议,通过这种“转单平账”“以贷还贷”的方式不断垒高“债务”。

(5)软硬兼施“索债”。在被害人未偿还虚高“借款”的情况下,犯罪嫌疑人、被告人借助诉讼、仲裁、公证或者采用暴力、威胁以及其他手段向被害人或者被害人的特定关系人索取“债务”。

二、依法严惩“套路贷”犯罪

4. 实施“套路贷”过程中，未采用明显的暴力或者威胁手段，其行为特征从整体上表现为以非法占有为目的，通过虚构事实、隐瞒真相骗取被害人财物的，一般以诈骗罪定罪处罚；对于在实施“套路贷”过程中多种手段并用，构成诈骗、敲诈勒索、非法拘禁、虚假诉讼、寻衅滋事、强迫交易、抢劫、绑架等多种犯罪的，应当根据具体案件事实，区分不同情况，依照刑法及有关司法解释的规定数罪并罚或者择一重处。

5. 多人共同实施“套路贷”犯罪，犯罪嫌疑人、被告人在所参与的犯罪中起主要作用的，应当认定为主犯，对其参与或组织、指挥的全部犯罪承担刑事责任；起次要或辅助作用的，应当认定为从犯。

明知他人实施“套路贷”犯罪，具有以下情形之一的，以相关犯罪的共犯论处，但刑法和司法解释等另有规定的除外：

(1)组织发送“贷款”信息、广告，吸引、介绍被害人“借款”的；

(2)提供资金、场所、银行卡、账号、交通工具等帮助的；

(3)出售、提供、帮助获取公民个人信息的；

(4)协助制造走账记录等虚假给付事实的；

(5)协助办理公证的；

(6)协助以虚假事实提起诉讼或者仲裁的；

(7)协助套现、取现、办理动产或不动产过户等，转移犯罪所得及其产生的收益的；

(8)其他符合共同犯罪规定的情形。

上述规定中的“明知他人实施‘套路贷’犯罪”，应当结合行为人的认知能力，既往经历，行为次数和手段，与同案人、被害人的关系、获利情况、是否曾因“套路贷”受过处罚、是否故意规避查处等主客观因素综合分析认定。

6. 在认定“套路贷”犯罪数额时，应当与民间借贷相区别，从整体上予以否定性评价，“虚高债务”和以“利息”“保证金”“中介费”“服务费”“违约金”等名目被犯罪嫌疑人、被告人非法占有的财物，均应计入犯罪数额。

犯罪嫌疑人、被告人实际给付被害人的本金数额,不计入犯罪数额。

已经着手实施“套路贷”,但因意志以外原因未得逞的,可以根据相关罪名所涉及的刑法、司法解释规定,按照已着手非法占有的财物数额认定犯罪未遂。既有既遂,又有未遂,犯罪既遂部分与未遂部分分别对应不同法定刑幅度的,应当先决定对未遂部分是否减轻处罚,确定未遂部分对应的法定刑幅度,再与既遂部分对应的法定刑幅度进行比较,选择处罚较重的法定刑幅度,并酌情从重处罚;二者在同一量刑幅度的,以犯罪既遂酌情从重处罚。

7. 犯罪嫌疑人、被告人实施“套路贷”违法所得的一切财物,应当予以追缴或者责令退赔;对被害人的合法财产,应当及时返还。有证据证明是犯罪嫌疑人、被告人为实施“套路贷”而交付给被害人的本金,赔偿被害人损失后如有剩余,应依法予以没收。

犯罪嫌疑人、被告人已将违法所得的财物用于清偿债务、转让或者设置其他权利负担,具有下列情形之一的,应当依法追缴:

(1)第三人明知是违法所得财物而接受的;

(2)第三人无偿取得或者以明显低于市场的价格取得违法所得财物的;

(3)第三人通过非法债务清偿或者违法犯罪活动取得违法所得财物的;

(4)其他应当依法追缴的情形。

8. 以老年人、未成年人、在校学生、丧失劳动能力的人为对象实施“套路贷”,或者因实施“套路贷”造成被害人或其特定关系人自杀、死亡、精神失常、为偿还“债务”而实施犯罪活动的,除刑法、司法解释另有规定的外,应当酌情从重处罚。

在坚持依法从严惩处的同时,对于认罪认罚、积极退赃、真诚悔罪或者具有其他法定、酌定从轻处罚情节的被告人,可以依法从宽处罚。

9. 对于“套路贷”犯罪分子,应当根据其所触犯的具体罪名,依法加大财产刑适用力度。符合刑法第三十七条之一规定的,可以依法禁止从事相关职业。

10. 三人以上为实施“套路贷”而组成的较为固定的犯罪组织,应当认定为犯罪集团。对首要分子应按照集团所犯全部罪行处罚。

符合黑恶势力认定标准的,应当按照黑社会性质组织、恶势力或者恶势力犯罪集团侦查、起诉、审判。

三、依法确定“套路贷”刑事案件管辖

11.“套路贷”犯罪案件一般由犯罪地公安机关侦查,如果由犯罪嫌疑人居住地公安机关立案侦查更为适宜的,可以由犯罪嫌疑人居住地公安机关立案侦查。犯罪地包括犯罪行为发生地和犯罪结果发生地。

“犯罪行为发生地”包括为实施“套路贷”所设立的公司所在地、“借贷”协议或相关协议签订地、非法讨债行为实施地、为实施“套路贷”而进行诉讼、仲裁、公证的受案法院、仲裁委员会、公证机构所在地,以及“套路贷”行为的预备地、开始地、途经地、结束地等。

“犯罪结果发生地”包括违法所得财物的支付地、实际取得地、藏匿地、转移地、使用地、销售地等。

除犯罪地、犯罪嫌疑人居住地外,其他地方公安机关对于公民扭送、报案、控告、举报或者犯罪嫌疑人自首的“套路贷”犯罪案件,都应当立即受理,经审查认为有犯罪事实的,移送有管辖权的公安机关处理。

黑恶势力实施的“套路贷”犯罪案件,由侦办黑社会性质组织、恶势力或者恶势力犯罪集团案件的公安机关进行侦查。

12.具有下列情形之一的,有关公安机关可以在其职责范围内并案侦查:

(1)一人犯数罪的;

(2)共同犯罪的;

(3)共同犯罪的犯罪嫌疑人还实施其他犯罪的;

(4)多个犯罪嫌疑人实施的犯罪存在直接关联,并案处理有利于查明案件事实的。

13.本意见自2019年4月9日起施行。

3. 最高人民法院、最高人民检察院、公安部、司法部印发关于办理非法放贷刑事案件若干问题的意见

（2019 年 7 月 23 日最高人民法院、最高人民检察院、公安部、司法部法发[2019]24 号发布）

为依法惩治非法放贷犯罪活动，切实维护国家金融市场秩序与社会和谐稳定，有效防范因非法放贷诱发涉黑涉恶以及其他违法犯罪活动，保护公民、法人和其他组织合法权益，根据刑法、刑事诉讼法及有关司法解释、规范性文件的规定，现对办理非法放贷刑事案件若干问题提出如下意见：

一、违反国家规定，未经监管部门批准，或者超越经营范围，以营利为目的，经常性地向社会不特定对象发放贷款，扰乱金融市场秩序，情节严重的，依照刑法第二百二十五条第（四）项的规定，以非法经营罪定罪处罚。

前款规定中的“经常性地向社会不特定对象发放贷款”，是指 2 年内向不特定多人（包括单位和个人）以借款或其他名义出借资金 10 次以上。

贷款到期后延长还款期限的，发放贷款次数按照 1 次计算。

二、以超过 36% 的实际年利率实施符合本意见第一条规定的非法放贷行为，具有下列情形之一的，属于刑法第二百二十五条规定的“情节严重”，但单次非法放贷行为实际年利率未超过 36% 的，定罪量刑时不得计入：

（一）个人非法放贷数额累计在 200 万元以上的，单位非法放贷数额累计在 1000 万元以上的；

（二）个人违法所得数额累计在 80 万元以上的，单位违法所得数额累计在 400 万元以上的；

（三）个人非法放贷对象累计在 50 人以上的，单位非法放贷对象累计在 150 人以上的；

（四）造成借款人或者其近亲属自杀、死亡或者精神失常等严重后果的。

具有下列情形之一的,属于刑法第二百二十五条规定的“情节特别严重”:

(一)个人非法放贷数额累计在1000万元以上的,单位非法放贷数额累计在5000万元以上的;

(二)个人违法所得数额累计在400万元以上的,单位违法所得数额累计在2000万元以上的;

(三)个人非法放贷对象累计在250人以上的,单位非法放贷对象累计在750人以上的;

(四)造成多名借款人或者其近亲属自杀、死亡或者精神失常等特别严重后果的。

三、非法放贷数额、违法所得数额、非法放贷对象数量接近本意见第二条规定的“情节严重”“情节特别严重”的数额、数量起点标准,并具有下列情形之一的,可以分别认定为“情节严重”“情节特别严重”:

(一)2年内因实施非法放贷行为受过行政处罚2次以上的;

(二)以超过72%的实际年利率实施非法放贷行为10次以上的。

前款规定中的“接近”,一般应当掌握在相应数额、数量标准的80%以上。

四、仅向亲友、单位内部人员等特定对象出借资金,不得适用本意见第一条的规定定罪处罚。但具有下列情形之一的,定罪量刑时应当与向不特定对象非法放贷的行为一并处理:

(一)通过亲友、单位内部人员等特定对象向不特定对象发放贷款的;

(二)以发放贷款为目的,将社会人员吸收为单位内部人员,并向其发放贷款的;

(三)向社会公开宣传,同时向不特定多人和亲友、单位内部人员等特定对象发放贷款的。

五、非法放贷数额应当以实际出借给借款人的本金金额认定。非法放贷行为人以介绍费、咨询费、管理费、逾期利息、违约金等名义和以从本金中预先扣除等方式收取利息的,相关数额在计算实际年利率时均应计入。

非法放贷行为人实际收取的除本金之外的全部财物,均应计入违法所得。

非法放贷行为未经处理的,非法放贷次数和数额、违法所得数额、非法放贷对象数量等应当累计计算。

六、为从事非法放贷活动,实施擅自设立金融机构、套取金融机构资金高利转贷、骗取贷款、非法吸收公众存款等行为,构成犯罪的,应当择一重罪处罚。

为强行索要因非法放贷而产生的债务,实施故意杀人、故意伤害、非法拘禁、故意毁坏财物、寻衅滋事等行为,构成犯罪的,应当数罪并罚。

纠集、指使、雇佣他人采用滋扰、纠缠、哄闹、聚众造势等手段强行索要债务,尚不单独构成犯罪,但实施非法放贷行为已构成非法经营罪的,应当按照非法经营罪的规定酌情从重处罚。

以上规定的情形,刑法、司法解释另有规定的除外。

七、有组织地非法放贷,同时又有其他违法犯罪活动,符合黑社会性质组织或者恶势力、恶势力犯罪集团认定标准的,应当分别按照黑社会性质组织或者恶势力、恶势力犯罪集团侦查、起诉、审判。

黑恶势力非法放贷的,据以认定“情节严重”“情节特别严重”的非法放贷数额、违法所得数额、非法放贷对象数量起点标准,可以分别按照本意见第二条规定中相应数额、数量标准的50%确定;同时具有本意见第三条第一款规定情形的,可以分别按照相应数额、数量标准的40%确定。

八、本意见自2019年10月21日起施行。对于本意见施行前发生的非法放贷行为,依照最高人民法院《关于准确理解和适用刑法中“国家规定”的有关问题的通知》(法发〔2011〕155号)的规定办理。

4. 最高人民法院关于对为索取法律不予保护的债务非法拘禁他人行为如何定罪问题的解释

(2000年6月30日最高人民法院审判委员会第1121次会议通过

法释〔2000〕19号)

为了正确适用刑法,现就为索取高利贷、赌债等法律不予保护的债务,非法拘禁他人行为如何定罪问题解释如下：

行为人为索取高利贷、赌债等法律不予保护的债务，非法扣押、拘禁他人的，依照刑法第二百三十八条的规定定罪处罚。

5. 最高人民法院关于审理黑社会性质组织犯罪的案件具体应用法律若干问题的解释

（2000年12月4日由最高人民法院审判委员会第1148次会议通过
2000年12月5日公布　自2000年12月10日起施行　法释〔2000〕42号）

为依法惩治黑社会性质组织的犯罪活动，根据刑法有关规定，现就审理黑社会性质组织的犯罪案件具体应用法律的若干问题解释如下：

第一条　刑法第二百九十四条规定的“黑社会性质的组织”，一般应具备以下特征：

（一）组织结构比较紧密，人数较多，有比较明确的组织者、领导者，骨干成员基本固定，有较为严格的组织纪律；

（二）通过违法犯罪活动或者其他手段获取经济利益，具有一定的经济实力；

（三）通过贿赂、威胁等手段，引诱、逼迫国家工作人员参加黑社会性质组织活动，或者为其提供非法保护；

（四）在一定区域或者行业范围内，以暴力、威胁、滋扰等手段，大肆进行敲诈勒索、欺行霸市、聚众斗殴、寻衅滋事、故意伤害等违法犯罪活动，严重破坏经济、社会生活秩序。

第二条　刑法第二百九十四条第二款规定的“发展组织成员”，是指将境内、外人员吸收为该黑社会组织成员的行为。对黑社会组织成员进行内部调整等行为，可视为“发展组织成员”。

港、澳、台黑社会组织到内地发展组织成员的，适用刑法第二百九十四条第二款的规定定罪处罚。

第三条 组织、领导、参加黑社会性质的组织又有其他犯罪行为的,根据刑法第二百九十四条第三款的规定,依照数罪并罚的规定处罚;对于黑社会性质组织的组织者、领导者,应当按照其所组织、领导的黑社会性质组织所犯的全部罪行处罚;对于黑社会性质组织的参加者,应当按照其所参与的犯罪处罚。

对于参加黑社会性质的组织,没有实施其他违法犯罪活动的,或者受蒙蔽、胁迫参加黑社会性质的组织,情节轻微的,可以不作为犯罪处理。

第四条 国家机关工作人员组织、领导、参加黑社会性质组织的,从重处罚。

第五条 刑法第二百九十四条第四款规定的“包庇”,是指国家机关工作人员为使黑社会性质组织及其成员逃避查禁,而通风报信,隐匿、毁灭、伪造证据,阻止他人作证、检举揭发,指使他人作伪证,帮助逃匿,或者阻挠其他国家机关工作人员依法查禁等行为。

刑法第二百九十四条第四款规定的“纵容”,是指国家机关工作人员不依法履行职责,放纵黑社会性质组织进行违法犯罪活动的行为。

第六条 国家机关工作人员包庇、纵容黑社会性质的组织,有下列情形之一的,属于刑法第二百九十四条第四款规定的“情节严重”:

(一)包庇、纵容黑社会性质组织跨境实施违法犯罪活动的;

(二)包庇、纵容境外黑社会组织在境内实施违法犯罪活动的;

(三)多次实施包庇、纵容行为的;

(四)致使某一区域或者行业的经济、社会生活秩序遭受黑社会性质组织特别严重破坏的;

(五)致使黑社会性质组织的组织者、领导者逃匿,或者致使对黑社会性质组织的查禁工作严重受阻的;

(六)具有其他严重情节的。

第七条 对黑社会性质组织和组织、领导、参加黑社会性质组织的犯罪分子聚敛的财物及其收益,以及用于犯罪的工具等,应当依法追缴、没收。

6. 最高人民检察院关于强迫借贷行为适用法律问题的批复

（2014年4月11日　最高人民检察院第十二届检察委员会第十九次会议通过
高检发释字[2014]1号　2014年4月17日公布实施）

广东省人民检察院：

你院《关于强迫借贷案件法律适用的请示》（粤检发研字〔2014〕9号）收悉。经研究，批复如下：

以暴力、胁迫手段强迫他人借贷，属于刑法第二百二十六条第二项规定的“强迫他人提供或者接受服务”，情节严重的，以强迫交易罪追究刑事责任；同时构成故意伤害罪等其他犯罪的，依照处罚较重的规定定罪处罚。以非法占有为目的，以借贷为名采用暴力、胁迫手段获取他人财物，符合刑法第二百六十三条或者第二百七十四条规定的，以抢劫罪或者敲诈勒索罪追究刑事责任。

此复

7. 最高人民法院关于审理民间借贷案件适用法律若干问题的规定（2020年第二次修正）

（2015年6月23日最高人民法院审判委员会第1655次会议通过，根据2020年8月18日最高人民法院审判委员会第1809次会议通过的《最高人民法院关于修改〈关于审理民间借贷案件适用法律若干问题的规定〉的决定》第一次修正，
根据2020年12月23日最高人民法院审判委员会第1823次会议通过的《最高人民法院关于修改〈最高人民法院关于在民事审判工作中适用《中华人民共和国工会法》若干问题的解释〉等二十七件民事类司法解释的决定》第二次修正）

为正确审理民间借贷纠纷案件，根据《中华人民共和国民法典》《中华人民

共和国民事诉讼法》《中华人民共和国刑事诉讼法》等相关法律之规定，结合审判实践，制定本规定。

第一条 本规定所称的民间借贷，是指自然人、法人和非法人组织之间进行资金融通的行为。

经金融监管部门批准设立的从事贷款业务的金融机构及其分支机构，因发放贷款等相关金融业务引发的纠纷，不适用本规定。

第二条 出借人向人民法院提起民间借贷诉讼时，应当提供借据、收据、欠条等债权凭证以及其他能够证明借贷法律关系存在的证据。

当事人持有的借据、收据、欠条等债权凭证没有载明债权人，持有债权凭证的当事人提起民间借贷诉讼的，人民法院应予受理。被告对原告的债权人资格提出有事实依据的抗辩，人民法院经审查认为原告不具有债权人资格的，裁定驳回起诉。

第三条 借贷双方就合同履行地未约定或者约定不明确，事后未达成补充协议，按照合同相关条款或者交易习惯仍不能确定的，以接受货币一方所在地为合同履行地。

第四条 保证人为借款人提供连带责任保证，出借人仅起诉借款人的，人民法院可以不追加保证人为共同被告；出借人仅起诉保证人的，人民法院可以追加借款人为共同被告。

保证人为借款人提供一般保证，出借人仅起诉保证人的，人民法院应当追加借款人为共同被告；出借人仅起诉借款人的，人民法院可以不追加保证人为共同被告。

第五条 人民法院立案后，发现民间借贷行为本身涉嫌非法集资等犯罪的，应当裁定驳回起诉，并将涉嫌非法集资等犯罪的线索、材料移送公安或者检察机关。

公安或者检察机关不予立案，或者立案侦查后撤销案件，或者检察机关作出不起诉决定，或者经人民法院生效判决认定不构成非法集资等犯罪，当事人又以同一事实向人民法院提起诉讼的，人民法院应予受理。

第六条 人民法院立案后，发现与民间借贷纠纷案件虽有关联但不是同一事实的涉嫌非法集资等犯罪的线索、材料的,人民法院应当继续审理民间借贷纠纷案件,并将涉嫌非法集资等犯罪的线索、材料移送公安或者检察机关。

第七条　民间借贷纠纷的基本案件事实必须以刑事案件的审理结果为依据,而该刑事案件尚未审结的,人民法院应当裁定中止诉讼。

第八条　借款人涉嫌犯罪或者生效判决认定其有罪,出借人起诉请求担保人承担民事责任的,人民法院应予受理。

第九条　自然人之间的借款合同具有下列情形之一的,可以视为合同成立:

(一)以现金支付的,自借款人收到借款时;

(二)以银行转账、网上电子汇款等形式支付的,自资金到达借款人账户时;

(三)以票据交付的,自借款人依法取得票据权利时;

(四)出借人将特定资金账户支配权授权给借款人的,自借款人取得对该账户实际支配权时;

(五)出借人以与借款人约定的其他方式提供借款并实际履行完成时。

第十条　法人之间、非法人组织之间以及它们相互之间为生产、经营需要订立的民间借贷合同,除存在民法典第一百四十六条、第一百五十三条、第一百五十四条以及本规定第十三条规定的情形外,当事人主张民间借贷合同有效的,人民法院应予支持。

第十一条　法人或者非法人组织在本单位内部通过借款形式向职工筹集资金,用于本单位生产、经营,且不存在民法典第一百四十四条、第一百四十六条、第一百五十三条、第一百五十四条以及本规定第十三条规定的情形,当事人主张民间借贷合同有效的,人民法院应予支持。

第十二条　借款人或者出借人的借贷行为涉嫌犯罪,或者已经生效的裁判认定构成犯罪,当事人提起民事诉讼的,民间借贷合同并不当然无效。人民法院应当依据民法典第一百四十四条、第一百四十六条、第一百五十三条、第一百五十四条以及本规定第十三条之规定,认定民间借贷合同的效力。

担保人以借款人或者出借人的借贷行为涉嫌犯罪或者已经生效的裁判认定构成犯罪为由,主张不承担民事责任的,人民法院应当依据民间借贷合同与担保合同的效力、当事人的过错程度，依法确定担保人的民事责任。

第十三条 具有下列情形之一的，人民法院应当认定民间借贷合同无效：

（一）套取金融机构贷款转贷的；

（二）以向其他营利法人借贷、向本单位职工集资，或者以向公众非法吸收存款等方式取得的资金转贷的；

（三）未依法取得放贷资格的出借人，以营利为目的向社会不特定对象提供借款的；

（四）出借人事先知道或者应当知道借款人借款用于违法犯罪活动仍然提供借款的；

（五）违反法律、行政法规强制性规定的；

（六）违背公序良俗的。

第十四条 原告以借据、收据、欠条等债权凭证为依据提起民间借贷诉讼，被告依据基础法律关系提出抗辩或者反诉，并提供证据证明债权纠纷非民间借贷行为引起的，人民法院应当依据查明的案件事实，按照基础法律关系审理。

当事人通过调解、和解或者清算达成的债权债务协议，不适用前款规定。

第十五条 原告仅依据借据、收据、欠条等债权凭证提起民间借贷诉讼，被告抗辩已经偿还借款的，被告应当对其主张提供证据证明。被告提供相应证据证明其主张后，原告仍应就借贷关系的存续承担举证责任。

被告抗辩借贷行为尚未实际发生并能作出合理说明的，人民法院应当结合借贷金额、款项交付、当事人的经济能力、当地或者当事人之间的交易方式、交易习惯、当事人财产变动情况以及证人证言等事实和因素，综合判断查证借贷事实是否发生。

第十六条 原告仅依据金融机构的转账凭证提起民间借贷诉讼，被告抗辩转账系偿还双方之前借款或者其他债务的，被告应当对其主张提供证据证明。被告提供相应证据证明其主张后，原告仍应就借贷关系的成立承担举证责任。

第十七条 依据《最高人民法院关于适用〈中华人民共和国民事诉讼法〉的解释》第一百七十四条第二款之规定，负有举证责任的原告无正当理由拒不到庭，经审查现有证据无法确认借贷行为、借贷金额、支付方式等案件主要事实的,人民法院对原告主张的事实不予认定。

第十八条 人民法院审理民间借贷纠纷案件时发现有下列情形之一的,应当严格审查借贷发生的原因、时间、地点、款项来源、交付方式、款项流向以及借贷双方的关系、经济状况等事实,综合判断是否属于虚假民事诉讼:

(一)出借人明显不具备出借能力;

(二)出借人起诉所依据的事实和理由明显不符合常理;

(三)出借人不能提交债权凭证或者提交的债权凭证存在伪造的可能;

(四)当事人双方在一定期限内多次参加民间借贷诉讼;

(五)当事人无正当理由拒不到庭参加诉讼,委托代理人对借贷事实陈述不清或者陈述前后矛盾;

(六)当事人双方对借贷事实的发生没有任何争议或者诉辩明显不符合常理;

(七)借款人的配偶或者合伙人、案外人的其他债权人提出有事实依据的异议;

(八)当事人在其他纠纷中存在低价转让财产的情形;

(九)当事人不正当放弃权利;

(十)其他可能存在虚假民间借贷诉讼的情形。

第十九条 经查明属于虚假民间借贷诉讼,原告申请撤诉的,人民法院不予准许,并应当依据民事诉讼法第一百一十二条之规定,判决驳回其请求。

诉讼参与人或者其他人恶意制造、参与虚假诉讼,人民法院应当依据民事诉讼法第一百一十一条、第一百一十二条和第一百一十三条之规定,依法予以罚款、拘留;构成犯罪的,应当移送有管辖权的司法机关追究刑事责任。

单位恶意制造、参与虚假诉讼的,人民法院应当对该单位进行罚款,并可以对其主要负责人或者直接责任人员予以罚款、拘留;构成犯罪的,应当移送有管辖权的司法机关追究刑事责任。

第二十条 他人在借据、收据、欠条等债权凭证或者借款合同上签名或者盖章,但是未表明其保证人身份或者承担保证责任,或者通过其他事实不能推定其为保证人,出借人请求其承担保证责任的,人民法院不予支持。

第二十一条 借贷双方通过网络贷款平台形成借贷关系,网络贷款平台的提供者仅提供媒介服务,当事人请求其承担担保责任的,人民法院不予支持。

网络贷款平台的提供者通过网页、广告或者其他媒介明示或者有其他证据证明其为借贷提供担保,出借人请求网络贷款平台的提供者承担担保责任的,人民法院应予支持。

第二十二条 法人的法定代表人或者非法人组织的负责人以单位名义与出借人签订民间借贷合同,有证据证明所借款项系法定代表人或者负责人个人使用,出借人请求将法定代表人或者负责人列为共同被告或者第三人的,人民法院应予准许。

法人的法定代表人或者非法人组织的负责人以个人名义与出借人订立民间借贷合同,所借款项用于单位生产经营,出借人请求单位与个人共同承担责任的,人民法院应予支持。

第二十三条 当事人以订立买卖合同作为民间借贷合同的担保,借款到期后借款人不能还款,出借人请求履行买卖合同的,人民法院应当按照民间借贷法律关系审理。当事人根据法庭审理情况变更诉讼请求的,人民法院应当准许。

按照民间借贷法律关系审理作出的判决生效后,借款人不履行生效判决确定的金钱债务,出借人可以申请拍卖买卖合同标的物,以偿还债务。就拍卖所得的价款与应偿还借款本息之间的差额,借款人或者出借人有权主张返还或者补偿。

第二十四条 借贷双方没有约定利息,出借人主张支付利息的,人民法院不予支持。

自然人之间借贷对利息约定不明,出借人主张支付利息的,人民法院不予支持。除自然人之间借贷的外,借贷双方对借贷利息约定不明,出借人主张利息的,人民法院应当结合民间借贷合同的内容,并根据当地或者当事人的交易方式、交易习惯、市场报价利率等因素确定利息。

第二十五条 出借人请求借款人按照合同约定利率支付利息的,人民法院应予支持,但是双方约定的利率超过合同成立时一年期贷款市场报价利率四倍的除外。

前款所称“一年期贷款市场报价利率”，是指中国人民银行授权全国银行间同业拆借中心自2019年8月20日起每月发布的一年期贷款市场报价利率。

第二十六条　借据、收据、欠条等债权凭证载明的借款金额，一般认定为本金。预先在本金中扣除利息的，人民法院应当将实际出借的金额认定为本金。

第二十七条　借贷双方对前期借款本息结算后将利息计入后期借款本金并重新出具债权凭证，如果前期利率没有超过合同成立时一年期贷款市场报价利率四倍，重新出具的债权凭证载明的金额可认定为后期借款本金。超过部分的利息，不应认定为后期借款本金。

按前款计算，借款人在借款期间届满后应当支付的本息之和，超过以最初借款本金与以最初借款本金为基数、以合同成立时一年期贷款市场报价利率四倍计算的整个借款期间的利息之和的，人民法院不予支持。

第二十八条　借贷双方对逾期利率有约定的，从其约定，但是以不超过合同成立时一年期贷款市场报价利率四倍为限。

未约定逾期利率或者约定不明的，人民法院可以区分不同情况处理：

（一）既未约定借期内利率，也未约定逾期利率，出借人主张借款人自逾期还款之日起参照当时一年期贷款市场报价利率标准计算的利息承担逾期还款违约责任的，人民法院应予支持；

（二）约定了借期内利率但是未约定逾期利率，出借人主张借款人自逾期还款之日起按照借期内利率支付资金占用期间利息的，人民法院应予支持。

第二十九条　出借人与借款人既约定了逾期利率，又约定了违约金或者其他费用，出借人可以选择主张逾期利息、违约金或者其他费用，也可以一并主张，但是总计超过合同成立时一年期贷款市场报价利率四倍的部分，人民法院不予支持。

第三十条　借款人可以提前偿还借款，但是当事人另有约定的除外。

借款人提前偿还借款并主张按照实际借款期限计算利息的，人民法院应予支持。

第三十一条　本规定施行后，人民法院新受理的一审民间借贷纠纷案件，适用本规定。

2020年8月20日之后新受理的一审民间借贷案件，借贷合同成立于2020年8月20日之前，当事人请求适用当时的司法解释计算自合同成立到2020年8月19日的利息部分的，人民法院应予支持；对于自2020年8月20日到借款返还之日的利息部分，适用起诉时本规定的利率保护标准计算。

本规定施行后，最高人民法院以前作出的相关司法解释与本规定不一致的，以本规定为准。

8. 最高人民法院关于新民间借贷司法解释适用范围问题的批复

（2020年11月9日最高人民法院审判委员会第1815次会议通过
2020年12月29日公布　法释〔2020〕27号　自2021年1月1日起施行）

广东省高级人民法院：

你院《关于新民间借贷司法解释有关法律适用问题的请示》（粤高法〔2020〕108号）收悉。经研究，批复如下：

一、关于适用范围问题。经征求金融监管部门意见，由地方金融监管部门监管的小额贷款公司、融资担保公司、区域性股权市场、典当行、融资租赁公司、商业保理公司、地方资产管理公司等七类地方金融组织，属于经金融监管部门批准设立的金融机构，其因从事相关金融业务引发的纠纷，不适用新民间借贷司法解释。

二、其它两问题已在修订后的司法解释中予以明确，请遵照执行。

三、本批复自2021年1月1日起施行。